Kay Hoffman & Ursula Gerken-Haberzettl

NLP & spirituelle Dimensionen

BodyMind-Experimente

Kay Hoffman &
Ursula Gerken-Haberzettl

NLP & spirituelle Dimensionen

BodyMind-Experimente

Mit einem Vorwort von Bernd Isert

Junfermann Verlag • Paderborn
1998

Covergestaltung: Petra Friedrich

Coverfoto: Simon Battensby, Tony Stone Bilderwelten

Satz: La Corde Noire – Peter Marwitz, Kiel

Die Deutsche Bibliothek – CIP-Einheitsaufnahme
Hoffman, Kay:
NLP und spirituelle Dimensionen: BodyMind-Experimente / Kay Hoffman; Ursula Gerken-Haberzettl. Vorw. von Bernd Isert. – Paderborn: Junfermann, 1998.
ISBN 3-87387-357-5

ISBN 3-87387-357-5

Inhalt

Ursula Gerken-Haberzettl: Wo beginnt eine Time-Line? Ansätze einer erweiterten Time-Line-Arbeit

Vorwort

Zu den großen Geschenken des NLP gehört es, verschiedenste Modelle der Welt in ihrer Art zu würdigen und von ihnen zu lernen. Eine Haltung, die gar nicht selbstverständlich ist. Ob es um Religionen, Wissenschaftsgebiete, Therapieformen geht ... der Anspruch, auf der richtigen Seite zu stehen, bewacht den Weg ins Unbekannte und damit Unsichere. Und auch zahlreiche Anwender des NLP glauben, jenseits ihrer Weltmodelle sei Niemandsland.

Dieses Buch von Kay Hoffman und Ursula Gerken-Haberzettl geht den anderen, ursprünglichen Weg. Es verbindet Weltmodelle und Erfahrungswelten unterschiedlicher Herkunft – um das methodische Werkzeug, das uns für die Arbeit mit Menschen zur Verfügung steht, zu verfeinern und zu erweitern, und um neue Antworten auf die Frage nach dem eigenen Sein zu empfangen.

Es ist eine Einladung zum Experimentieren – kein Set neuer Überzeugungen und Regeln. Experimentieren mit dem, was sich die Vernunft nicht vorstellen kann, mit dem, was der Körper uns zu lehren hat, damit, wie Bekanntes und Unbekanntes ineinander übergehen und Neues entsteht.

Genau dies war die Quelle, aus der NLP entstand: Erkunden und Modellieren, wie Menschen denken und handeln, um sich weiterzuentwickeln. Wer sich auf die reine Wiederholung bekannter Techniken beschränkt, wird etwas versäumen. Um so schöner ist es, daß der Entdeckergeist hier Raum hat, daß respektvoll beschrieben wird, wie Weltmodelle sich aufeinander beziehen und in sinnlichen Erfahrungen nachvollzogen werden können.

Hier schreiben zwei Frauen, die die Landschaften, in welche sie einführen, selbst viele Jahre erkundet haben. Auf der Suche nach dem eigenen Weg haben sie das NLP als hilfreiches, methodenübergreifendes Forschungsmittel erkannt und genutzt.

Ursula Gerken-Haberzettl stellt Fragen, die sonst nicht üblich sind, solche nach dem Woher und Wohin, die der tägliche Alltag gern vergessen läßt. Sie beschreibt, wie das Wissen um Lebensthemen, um die eigene Mission und um Lernaufgaben der Seele dem persönlichen Weg Richtung und Sinn geben können – statt ihn endlos im Kreise verlaufen zu lassen: eine Therapie des Erkennens. Der Weg in die metaphorische oder real erlebte Welt vergangener Leben erweist sich als wichtiges Mittel und als eine Quelle verborgener Einsichten und Heilungschancen. Wer in der Lebensweg-Arbeit mit NLP über die Fixpunkte Zeugung oder Tod hinausgegangen ist, war vielleicht überrascht, daß da noch etwas kommt –, und daß dies einen Sinn macht, von Wert ist und genutzt werden kann, macht uns die Autorin deutlich. Es geht ihr nicht darum, neue NLP-Techniken zu entwickeln, sondern mit vorhandenen Mitteln über Grenzen der Alltagserfahrung hinaus das Leben in neue Perspektiven zu setzen. Dabei führt sie zugleich der Begriff „Wahrheit“ in eine neue Dimension, die Welt des Subjektiven, die dennoch alles andere als beliebig ist und über unsichtbare Fäden mit der realen Erfahrungswelt von Generationen, Kulturen, ja mit der Menschheitsgeschichte verbunden bleibt. Wahr ist hier, was Innen und Außen verbindet, wahr ist, was heilt. Das Modell verifiziert sich über die Wirkung. Ursula Gerken-Haberzettl versteht es, dem Weg ins Unbekannte ein sicheres Geländer und eine nachvollziehbare Struktur zu geben. Hierzu dient ihr das lösungsorientierte Rüstzeug des NLP ebenso wie der erlebte, Einsicht suchende Pfad der Reinkarnationsarbeit: Lösung und Einsicht finden zusammen. Viele Menschen mögen auf diesem Weg Erfahrungen machen, die sie tief und konstruktiv mit verborgenen Schichten ihres Wesens in Kontakt bringen. Durch die sich einlassende Erfahrung wird aus dem Denken ein Wissen, aus dem Modell ein Original persönlicher Wahrheit.

Kay Hoffman beschreibt als erfahrene Lebensforscherin und Autorin die Zusammenhänge zwischen den inneren und äußeren Erfahrungswelten. Sie sammelt, klärt und verknüpft östliche und westliche Beschreibungen von Spiritualität, klärt Begriffe, übersetzt sie in die Modellwelt des NLP und von dieser zurück in die Sprache so bekannter Bewußtseinsforscher und Exponenten des Neuen Denkens wie Jean Gebser, Ken Wilber, Stanislav Grof. Doch Kay Hoffman beschreibt nicht nur, sie lädt ein, zu erleben, zu entdecken und zu überprüfen: mit Experimenten, Meditationen, Übungen.

Wer NLP als Entdeckungsreise versteht, nicht in der Art, wie es am Markt präsentiert wird und auch nicht geknechtet zur alleinigen Zielverwirklichung, wird die Beschreibungen, Reflexionen und

Zusammenhänge genießen, welche Kay Hoffman darstellt, wird Weite und Freiheit spüren, die zu erschließen es aber auch Sachkundigkeit, Disziplin und Praxis braucht. Seit langem ist der Weg über den Körper und seine Verbindung mit dem Mind (es gibt kein deutsches Wort, was dem wirklich gerecht wird) ein Kraftfeld, in welchem die Autorin zu Hause ist, das sie kreiert und zelebriert. Und sie vermag es, auch andere hier ihre innere Heimat finden zu lassen. Spiritualität gedeiht in diesem Feld. Die Muster von Wahrnehmung, Bewegung, Ausdruck und Gedanken bedingen einander, tanzen miteinander. Eine Vielzahl von BodyMind-Experimenten macht dies erfahrbar. Was erlebt wird, wird gelernt, und der Gewinn ist Freiheit in Verbundenheit: Über Grenzen der Angst hinaus neue Wahlmöglichkeiten des Seins erschließen, bis hin zur Erfahrung der Trance und der Ekstase, wo das Body-Mind-Orchester sich selbst transzendierend gleichzeitig Ganzheit und Teil eines Ganzen ist.

Durch die Arbeit beider Autorinnen schimmert eine besondere Form von Liebe zu dem, was sie tun, wofür sie es tun und für wen. Diese Liebe scheint nicht personengebunden zu sein, ist nicht bedürftig oder abhängig, sondern so selbstverständlich wie das Atmen. Sie ist ausgerüstet mit vielen wertvollen Fähigkeiten, mit Klarheit und Erfahrung, eine „skillful love“, um ein Wort von Robert Dilts zu gebrauchen.

Und eben diese besondere Form von Liebe scheint viel mit dem zu tun zu haben, was immer mehr Menschen Spiritualität nennen. Ich weiß, daß es sich lohnt, sie zu entdecken.

Berlin, im März 1998
Bernd Isert

Kay Hoffman

NLP & spirituelle Dimensionen

Dies vorweg

„Die Tatsache, daß es nichts anderes gibt als die geistige Welt, nimmt uns die Hoffnung und gibt uns die Gewißheit." – *Franz Kafka*

Als ich begann, für mein neues Buchprojekt *NLP und spirituelle Dimensionen* Gedanken zu sammeln, und meine Freunde oder Kollegen zu dem Thema befragte, war das Feedback ebenso verblüffend wie niederschmetternd. Diejenigen, die vom NLP herkommen, meinten, daß NLP eine solide und realistische Technik der Lebensbewältigung sei und nichts mit Esoterik zu tun habe. Die Kollegen, die das Lager der Spiritualität vertreten, sagten wiederum, daß eine wahre Spiritualität keine Techniken bräuchte, und schon gar nicht die des NLP. Ich ließ mich trotzdem in meinem Vorhaben nicht beirren, denn meine ursprüngliche Vision besagte, daß das System des NLP sehr wohl um spirituelle Dimensionen bereichert werden könnte, ohne an Klarheit und Nüchternheit zu verlieren. Auch hatte ich lange genug innerhalb einer körper- und energie-orientierten Therapieszene gearbeitet, um zu wissen, daß die besten Absichten und die höchsten Einsichten nicht vermittelbar sind, wenn die einfachsten Gesetze von Kommunikation nicht beachtet werden.

Gegen NLP werden immer wieder die Vorwürfe von Technologie und Technokratie geäußert. NLP, so wird behauptet, unterwerfe sich den Zielen einer Machbarkeit, die jede Geistigkeit von vornherein ausschließt, da „der Geist weht, wo er will". Das Schicksal kann nicht in seinem Lauf korrigiert, das Glück, die Gnade nicht erzwungen werden. NLP, so lautet die Meinung, sei in seiner Ausrichtung auf Selbstbehauptung, auf produktive, effektive Aktivität, kurz: einzig und allein auf den Erfolg in dieser Welt einfach zu beschränkt und materialistisch orientiert – was in einzelnen Fällen durchaus so sein mag, aber nicht so bleiben muß, denn diese Ausrichtung ist für mich in keiner Weise ein verbindliches Lehrprogramm des NLP.

Ich nehme den Vorwurf der Machbarkeit als Herausforderung an, Techniken im Sinne von Anleitungen oder Einladungen zu entwickeln, die spirituelle Dimensionen eröffnen können, ohne Dogmen des Glaubens aufstellen zu müssen. Mein Ansatz ist experimentell, und ich habe gute Erfahrungen damit gemacht, denn ich muß niemanden überzeugen. Ich öffne das Fenster, und wenn der Geist weht, kann es durchaus auch sein, daß er hereinweht und die Bewohner eines zu eng gewordenen Wohnraumes inspiriert, draußen gäbe es mehr Raum als drinnen, so daß sie einen Schritt vor die Haustür wagen. Ein NLP-Trainer, den ich um Mitarbeit an diesem Buche bat, meinte, er habe mit Spiritualität nichts am Hut, weil er nicht an Höheres glaube. Ich hoffe, ihn mit diesem Buch neugierig machen zu können, denn alle Übungen, Trance-Reisen und Meditationen gehen von der nüchternen, aber sinnlichen Erfahrung des Alltags aus und kehren dorthin zurück. Ich sehe meinen Beitrag in einer Erweiterung der NLP-Konzepte, und nicht in einer grundsätzlichen Umfunktionierung der bestehenden Regeln. Die Frage, die wir uns experimentell stellen können, ist die: Ist Spiritualität erlernbar? Wenn ja, ist NLP als ein System des Lernens und Lehrens dazu geeignet, auch spirituelle Inhalte miteinzubeziehen?

Vor der Frage des Machenkönnens kommt immer die Frage des Machenwollens. Es ist durchaus legitim, sich zu fragen: Warum sollte ich? Was würde sich für mich verändern? Was habe ich davon? Spiritualität erwächst meist aus solchen drängenden Fragen nach dem Sinn, der allzu oft zunächst nur als Nutzen hinterfragt wird. Weiteres Fragen führt dann zur Sinnfindung, und schon während dieser Suche beginnt Spiritualität das Leben zu bestimmen. Spiritualität ist ja auch weder ein Naturereignis noch eine Naturbegabung, sondern das Resultat einer lebenslangen Einübung. Sicher mag ein motivierendes Anfangserlebnis im Sinne einer ekstatischen, mystischen oder auch erschütternden Erfahrung ausschlaggebend gewesen sein, um eine solche geistige Disziplin zu beginnen und als tagtägliche innere Verpflichtung auf sich zu nehmen, aber sicher reicht ein einziges Erlebnis nicht aus, ein ganzes Leben auf etwas auszurichten, was letztlich unsichtbar bleibt und in seinen Auswirkungen sich dem Zugriff einer simplen Kosten-Nutzen-Berechnung entzieht. In allen Traditionen und Schulen hören wir immer davon, daß tägliche Einübung darüber entscheidet, ob Spiritualität gelebt wird oder als Buchsammlung im Regal steht.

Ich hoffe sehr, daß durch das Lesen dieses Buches ersteres angeregt wird, wenngleich zweiteres sich nicht vermeiden läßt.

I. Einführung

1. Was ist eigentlich Spiritualität?

„Geist ist nicht eine späte Blüte am Baume Mensch, sondern er ist das, was den Menschen als solchen konstituiert." – *Martin Buber*

Im Duden läßt sich folgende Definition finden, die sich allerdings weder auf das Substantiv Spiritualität noch auf das Adjektiv spirituell bezieht, sondern Spiritualismus als eine Bewegung oder Lehre erwähnt. Spiritualismus ist danach eine metaphysische Lehre, die das Wirkliche als geistig oder als Erscheinungsweise des Geistigen annimmt. Sie steht damit im Gegensatz zum Materialismus. Spiritualismus ist aber auch eine theologische Richtung, die die unmittelbare geistige Verbindung des Menschen mit Gott annimmt, und sie steht im Gegensatz zu den Lehren der Offenbarung bzw. der Glaubensdogmen. Genau hier scheidet sich aber das Geistige vom Geistlichen, denn während der Geistliche einer Konfession angehören muß, um als solcher seinen Beruf ausüben zu können, steht es dem geistigen Mensch frei, als Freidenker oder als Mystiker, als Anhänger einer Tradition oder als eigenwilliger Einzelgänger auf den Pfaden der individuellen Annäherung wandelnd Anschluß an den Geist zu finden. Während ein religiöser Mensch jedoch vielleicht an eine Gemeinde und den Kultus der praktizierten Religion gebunden bleibt, bewegt sich ein spiritueller Mensch unabhängig von traditionellen Bindungen zwischen den Systemen geistiger Erfahrung.

Es stellt sich die Frage, wie Religiosität und Spiritualität sich zueinander verhalten, wobei es mir ratsam erscheint, vom Wort selbst und dessen etymologischer Wurzel auszugehen. Religion läßt sich vom lateinischen religare = zurückbinden ableiten. Religion ist, so verstanden, Rückbindung an Gott. Ebenso häufig jedoch ist die Ableitung vom lateinischen religere = wieder einsammeln und bündeln, oder relegere = wieder lesen, was Religion als einen durch heilige Sätze und Satzungen festgelegten Glauben ausweist und somit ein Bekenntnis zu eben jenen Glaubensinhalten voraussetzt, die immer wieder gelesen und ausgelegt werden. Religion wäre insofern eng an die sprachliche Formulierung ihrer Inhalte gebunden – wie das bei den sogenannten Hochreligionen ja auch der Fall ist.

Spiritualität hingegen leitet sich ab von spiritus = Geist, wobei Spiritus als vergällter Methylalkohol jenen geistigen Stoff meint, der auch Spirituosen ausmacht, nämlich hochprozentigen Alkohol. Das lateinische Wort selbst bedeutet ursprünglich: Hauch, Lufthauch, Atem, Leben, Seele, Geist usw. Das Wort spiritus gelangte jedoch in seiner stofflichen Bedeutung im 16. Jahrhundert in die Sprache der Alchimisten und wurde als Bezeichnung einer aus Pflanzen oder anderen Stoffen destillierten Flüssigkeit verwendet. Erst unter dem Einfluß des Spiritismus entwickelten sich Worte, die sich von spiritus ableiten und geistige Inhalte nicht-alkoholischer Natur bezeichnen. Während jedoch der Spiritismus sich mit Geistern der besseren Kategorie befaßt (englisch: spirits = Geister, im Gegensatz zu ghosts: = Gespenster) und in ihrer Beschwörung eine Methode der Heilung sieht, bedeutet Spiritualität nicht unbedingt einen Glauben an Geister oder die Beschäftigung mit ihnen. Im Gegenteil: Ein spiritueller Mensch strebt nach dem Ganzen, und das ist der Geist – groß geschrieben. Im Englischen ist Spirit der Große Geist, z.B. der indianischen Traditionen, jener Spirit, der einem Gott ähnlich die höchste mögliche Frequenz repräsentiert. Alle kleinen spirits haben auf ihre Weise Anteil am Spirit, ähnlich der Zugehörigkeit der Menschenkinder zu einem Gott als Vater oder der Zugehörigkeit der Schafe zu ihrem Hirten – eine Metapher, von der das Neue Testament ausführlich Gebrauch macht. Spiritualität ist, so gesehen, das Streben, aufs Ganze zu gehen und sich nicht durch die Vielfalt möglicher Aspekte und Manifestationen ablenken zu lassen.

Spiritualität ist aber auch die Erfahrung einer Zugehörigkeit, wobei die Zugehörigkeit so weit oben wie nur möglich angesetzt wird. Dostojewski sagt: „Der Mensch kann nicht bestehen, ohne etwas anzubeten." Dies bezieht sich auf eine im Gebet praktizierte Religion. Spiritualität hingegen könnte definiert werden als das metaphysische Grundbedürfnis des Menschen, sich nicht nur zu irgend etwas zugehörig zu fühlen, sondern sich in seiner Ausrichtung auf Zugehörigkeit hinein in die Weiten der Unendlichkeit und Unvergänglichkeit ausdehnen zu wollen.

1.1 Logische und neurologische Ebenen des Lernens oder die menschliche Fähigkeit, mehr zu lernen, als das Überleben verlangt

Was ist die Aufgabe des Nervenssystems? fragte Feldenkrais und bekam von seinen Schülern hundert Antworten, aber keine, die ihn befriedigte, denn die seiner Meinung nach richtige Antwort lautet: „Das Nervenssystem ist dazu da, das Chaos zu organisieren."

Das menschliche Nervensystem ist die Luxusausstattung eines Modells, das in unzähligen Varianten im Laufe der Evolution ausgebildet wurde. In seinen Anlagen gibt es viele Funktionen, die als Potential darauf warten, aktiviert zu werden, so daß sie erst bei entsprechender Gelegenheit zur Entfaltung kommen. Die neurologischen Ebenen können wie eine Check-Liste abgefragt werden und eröffnen möglicherweise in uns neue Bewußtseinsräume, die bisher als blinde Flecken nicht gefordert waren:

1. Die erste unterste Ebene fragt nach dem WO und WANN und ist durch die Sinne erschließbar. Sie betrifft alles, worauf wir reagieren, unsere Umgebung, unsere Umwelt, der soziale Kontext, in dem wir leben, andere Menschen, mit denen wir zu tun haben.

2. Die zweitunterste Ebene fragt nach dem WAS der Tätigkeiten und Handlungen, nach dem Verhalten, das wir an den Tag legen, unabhängig von dem Potential unserer Fähigkeiten.

3. Die drittunterste Ebene fragt nach dem WIE unserer Verhaltens- und Handlungsweisen, die wir entsprechend unserer Fertigkeiten, die wir gelernt haben, oder unserer Begabungen, mit denen wir geboren worden sind, ausführen.

4. Die vierte Ebene – von unten nach oben gezählt – fragt nach dem WARUM, nach den Werten und Glaubensüberzeugungen, die uns motivieren, das zu tun, was wir tun.

5. Die fünfte Ebene (die unterste Ebene der höheren Ebenen) fragt nach dem WER und der Identität. Dies schließt Fragen nach dem

Selbstbild, der Selbsteinschätzung und der Selbstverwirklichung ein. Robert Dilts spricht von dem inneren Auftrag (Mission) eines Menschen im Leben. Wir können es auch so formulieren: Welche Persönlichkeit muß ich leben, damit mein innerer Auftrag durch mich hindurch Gestalt annehmen und wirken kann? Womit muß ich mich identifizieren, um meine Identität aufzubauen und zu erhalten? Werte spielen eine große Rolle. Dabei stellt sich auch die Frage: Spiele ich mir selbst und den anderen nur etwas vor? Bin ich kongruent in dem, was ich lebe und vertrete?

6. Die sechste Ebene (die mittlere Ebene der höheren Ebenen) fragt nach dem WOFÜR und bezieht sich zunächst auf eine Zugehörigkeit im ganz konkreten Sinne, insofern ein Mensch immer in einem Lebenszusammenhang der Zuordnungen steht und sich einordnen muß. Solche Zugehörigkeiten können Klassen und Rassen sein, Gruppierungen und Klassifikationen, wie sie in der Familie und durch den Beruf entstehen, Bezugs-Konstellationen, wie sie sich durch den Lebensstil ergeben haben oder in die ein Mensch traditionsgemäß hineingeboren wurde. Es stellt sich die Frage nach der Rolle, die ich innerhalb meines sozialen Bezugsrahmens spiele bzw. spielen muß, um angenommen zu werden und einen Platz in der Gesellschaft zu haben.

7. Die siebte und oberste Stufe führt in Bereiche der „Transmission" (Begriff von Robert Dilts, abgeleitet von transmit = übermitteln) und fragt nach dem, was ein Mensch in der Welt bewirken, was er vermitteln oder vermachen möchte. Dies betrifft eine Zugehörigkeit, die ein tiefes Gefühl von Verbundenheit erwachsen läßt und durch die ein Mensch über sich selbst hinaus wachsen kann. Es ist die Zugehörigkeit zu etwas, das größer ist als er selbst. Wieder wird gefragt WOFÜR, aber die Frage führt, wenn sie konsequent weiterverfolgt wird, in den Bereich der Spiritualität. Die Intention hinter der Intention, die Absicht der Absicht, das Ziel jenseits von allem, was sich erreichen läßt, bestimmt die persönliche Ausrichtung und ist mehr als eine vorläufige Einordnung in den jeweiligen Lebenszusammenhang. Diese Zugehörigkeit schafft eine Verbundenheit und Verbindlichkeit, die über die Dauer der verschiedenen Bindungen innerhalb eines Lebens hinausgehend Kontinuität aufbaut.

Der Begriff der logischen Ebenen stammt von Robert Dilts, der jeder Ebene eine neurologische Ebene zuordnete, um im Bereich der Psychosomatik durch gezielte Interventionen heilende Wirkungen erzielen zu können. Dazu ist zu sagen, daß es natürlich unendlich viele mögliche logische Ebenen gibt, je nachdem, wie die logischen Ebenen angeordnet und definiert werden. „Logisch" werden die Ebenen dadurch, daß in einer bestimmten hierarchischen Staffelung bei jeder höheren Einstufung sich eine weitere Art der logischen Kategorie – eine neue Ebene – ergibt. Die Logik ermöglicht es, in Ordnungen zu denken, die nicht mehr konkret vorstellbar sind, die als abstrakte „Wahrheiten" jedoch das Denken beeinflussen und ausrichten. Ich habe das in einem Bild veranschaulicht: Ich gehe durch Räume, die begrenzt sind. Mit jeder Grenzüberschreitung gelange ich in einen neuen Raum. Räume öffnen sich hinter und vor und neben mir. Der Wechsel fällt mir zunehmend leichter, etwas beginnt sich in meinem Denken zu bewegen. Ordnung stellt sich ein, aber es ist eine ständig neu sich konstellierende Ordnung. Ich erlebe sie in meinen Träumen und erkenne sie wieder als etwas, was mir im Leben Orientierung gibt. Dabei bleibt alles abstrakt in dem Sinne, daß es nicht der Inhalt ist, der Wichtigkeit erhält, sondern die Form der Veränderung selbst. Es ist die Struktur des Prozesses, durch den der Wechsel geschieht, was mich „bildet", wobei mehr mein Unbewußtes als mein Bewußtsein bei diesem „Lernen" beteiligt ist. Durch dieses „Lernen" habe ich ein Gespür für das Sich-ständig-neu-ordnen, für die Weisheit der Selbstorganisation in mir entwickelt. Dies ist für mich von spiritueller Bedeutung.

Dilts ging bei der „Erfindung" seiner logischen und neurologischen Ebenen von den Ebenen des Lernens nach Gregory Bateson aus. Bateson unterscheidet verschiedene Arten des Lernens:

- das Lernen aus einer einzigen Erfahrung, „one-trial-learning", wie dies in jeder phobischen Reaktion geschieht;
- das Lernen aufgrund von Reaktionen, die sich wiederholt auf bestimmte Reize einstellen, das klassische Reiz-Reaktions-Muster (stimulus-response-pattern) der konditionierten Reflexe, wie es in der Verhaltenspsychologie anhand von Dressurbeispielen beschrieben wird, das Lernen durch trial-and-error;
- das Lernen aufgrund von Übertragung des Gelernten in andere Kontexte, das sogenannte Deutero-Lernen. Hier bedarf es des

abstrakten Denkens, insofern die konkrete Erfahrung aus ihrem konkreten Rahmen herausgenommen und in einen neuen, wiederum konkreten Rahmen gestellt wird. Ob die Übertragung gültig ist und der Rahmen stimmt, kann in einer konkreten Situation oder auch in einem Gedankenexperiment (siehe Future-Pace und Öko-Check) überprüft werden;

- das Lernen aufgrund einer weiteren Grenzüberschreitung, die eine neue Ebene eröffnet. Bateson schreibt selbst in seinen ethnologischen Beobachtungen, daß diese Art des Lernens sehr selten ist, und gibt leider kein Beispiel dafür an, so daß wir dazu aufgerufen sind, uns selbst Gedanken zu machen. Sicher hat es mit einem weiteren Wechsel von bekanntem Terrain auf unbekanntes zu tun und erfordert eine radikale Umstellung. Bei Dilts geschieht dieses Lernen auf der Ebene der Identität, der Zugehörigkeit und der Spiritualität. Ich denke an das radikale „Lernen“, das durch Selbstfindung, Bekehrung oder Erleuchtung geschieht. Ein solches Lernen bewirkt eine radikale Veränderung auch auf allen anderen Ebenen und ist, so gesehen, ein sehr effektives Lernen. Interessanterweise nimmt in der Werbung das Wort „spirit“ immer mehr zu, als sollten die Kunden von dieser höchsten Ebene aus dazu motiviert werden, ein konkretes Produkt zu kaufen. Auch in anderen Bereichen gewinnen Fragen nach dem Sinn und der spirituellen Bedeutung mehr und mehr Gewicht.

Die logischen Ebenen ordnen sich zwischen den Polen der Materialität (das Konkrete, die Gegebenheiten, die Notwendigkeit) und der Spiritualiät (das Abstrakte, das Mögliche, die Freiheit) an. Es geht dabei um Ordnungen. Sie beginnen auf der untersten Ebene mit Einordnungen, die von außen geschehen, und denen wir ausgesetzt sind, ohne daß sie viel bewirken können. In zunehmendem Maße sind wir fähig, aufgrund unseres Willens und unserer eigenen Entscheidungen Ordnungen zu verändern, indem wir neue Zuordnungen machen. Auf der höchsten Ebene ist unsere Zuordnung durch das Gefühl der Zugehörigkeit bestimmt. Es stellt sich die Frage: Wie muß ich mich fühlen, um mich in dieser Zuordnung so wohl zu fühlen, daß ich mich motiviert fühle, mich dort einzuordnen? Menschen haben ein tiefes Bedürfnis, sich in Ordnung zu fühlen. Ich möchte mich also in Ordnung fühlen, und diejenige Ordnung, die mir dieses Gefühl vermittelt, ist die Ordnung, für die ich mich entscheide. Veränderung auf dieser höchsten Ebene haben die tiefgreifendsten Auswirkungen auf das Ganze. Eine Ordnung auf dieser Ebene kann unserer Existenz eine Basis geben, die mehr noch als Leitlinien ausrichtet. Warum nicht gleich dort beginnen?

1.2 Meditation zum Thema Zugehörigkeit

Nehmen Sie sich Zeit und setzen Sie sich aufrecht, entspannt und bequem hin, so daß Sie entlang Ihrer Wirbelsäule die vertikale Achse spüren. Stellen Sie sich vor: Sie sind im Lot. Die Horizontale ist in Ihrem Körper durch die Weite und Breite vertreten, die Sie mehr und mehr mit jedem Atemzug erleben können. Sie spüren sie vor allem im Unterleib, im Beckenboden, als Gewicht auf der Sitzfläche. Alles darf da sein, so sein, wie es ist, das alles gehört zu Ihnen, kann zugelassen werden, muß nicht gehalten werden. Sie lösen sich, indem Sie loslassen, sich selbst zulassen, wie Sie gerade da sind, und Vertikale und Horizontale kreuzen sich in Ihrem Körper, geben Ihnen das Gefühl von Halt. Stellen Sie sich vor: eine breite Basis liegt auf dem Boden auf, ruht. Die vertikale Achse steht von selbst darin, genau in der Mitte, Ihr Kopf bildet vielleicht die Spitze eines ausgewogenen Dreiecks, der Kopf ruht locker auf dem Rumpf, schwimmt wie ein Ball auf der Wasseroberfläche. Die vertikale Achse hält Sie, Sie müssen nichts dazu tun. Sie nehmen Ihren Atem wahr und spüren, wie sich das Gefühl von Ausgeglichenheit in Ihrem Körper ausbreitet. Gleichzeitig haben Sie das Gefühl, wachsen zu können, sich ausbreiten, dehnen, ausstrecken zu können, ohne sich bewegen zu müssen. Es ist ein Gefühl der Sammlung, ohne daß Sie sich bewußt einsammeln müssen. Es ist alles schon da und konzentriert sich nun um einen Punkt in Ihnen, um einen Sammelpunkt, der tiefer und tiefer sinkt, während Sie fühlen, wie Sie ins Lot kommen. Es ist ein Gefühl, in Ordnung zu kommen. Die Ordnung stellt sich von selbst ein, auch dort, wo Sie sich noch nicht in Ordnung fühlten, kann jetzt Ordnung entstehen, und Sie merken, daß es ein ganz bestimmtes Körpergefühl ist, das Ihnen sagt, daß Sie angekommen sind. Vielleicht spüren Sie es an dem Bedürfnis, tief und erleichtert durchzuatmen. Vielleicht spüren Sie es an der Leichtigkeit, mit der Sie die Schwere zulassen können, einfach sein lassen können. Etwas hat sich verändert, und Sie nehmen es wahr, ohne es festhalten zu wollen. Stellen Sie sich vor: Sie kommen ins Lot. Alles hat sein Gewicht. Alles ist auf seine Weise wichtig, und auch wieder nicht. Sie kommen sich selbst auf die Spur, Sie kommen auf den Grund Ihres Lebens, indem Sie das Gewicht zulassen, sich von der Tiefe führen lassen, sinken. Sinken. Etwas in Ihnen ist leicht, unbelastet, befreit. Stellen Sie sich vor: Sie sind an die Quelle, an die Wurzel gekommen, Sie sind damit in Kontakt. Sie müssen nicht genau wissen, was es ist, wichtig ist nur, daß Sie sich dieses Körpergefühl, zutiefst in Ordnung zu sein, einprägen, immer wieder herholen, ganz in Ihr Bewußtsein einsinken lassen. „Jetzt ist es in Ordnung." „Ich bin da." „Jetzt."

Machen Sie diese Meditation öfters, lassen Sie es darauf ankommen, ob Sie in Ordnung kommen oder in Ordnung sind wie das letztemal oder ob es diesmal ganz anders ist. Machen Sie die Meditation wie ein Experiment, und lassen Sie sich auch mitten im Alltag durch folgende Fragen bewegen: In welche Ordnung habe ich mich eingefunden, als ich das Gefühl hatte, in Ordnung zu kommen und in Ordnung zu sein? Lassen Sie diese Frage offen, Sie müssen sie nicht beantworten. Es wird kein Bekenntnis von Ihnen gefordert. Diese Ordnung geht über alle schon bekannten Bekenntnisse hinaus.

1.3 BodyMind oder: der Geist, der sich seiner körperlichen Herkunft erinnert

> „Der Geist ist viel zu eng, als daß er sich selbst enthalten könnte. Wo kann jedoch der Teil von ihm sein, den er nicht enthält? Befindet er sich außerhalb und nicht in ihm selbst? Wie kann es also sein, daß der Geist sich nicht selbst begreifen kann? Ein großes Staunen steigt in mir auf, ich bin zutiefst verwundert. Der Mensch steigt staunend auf die Gipfel der Berge, bewundert die riesigen Wogen des Meeres, das breite Dahinströmen der Flüsse, die Grenzenlosigkeit des Ozeans, den Lauf der Sterne. Und doch versäumt er es, sich über sich selbst zu wundern." – *Augustinus*

Zugehörigkeit gibt Halt. Wir fühlen uns gestützt und genährt, wenn wir Zugehörigkeit erfahren. Wenn wir von uns sagen können, Teil einer größeren, höheren Einheit und Ganzheit zu sein, so ist es, als ob die Qualität des Größeren, Höheren auf uns überginge und uns adelte. Sicher ist die Sehnsucht nach Zugehörigkeit maßgeblich bestimmt von der Suche nach Wert und Bestand, nach Adel. Im religiösen Kontext wird oft von dem Status des Auserwähltseins gesprochen. Das Gefühl, ja, die Gewißheit, berufen zu sein, signalisiert dem Berufenen, ein Recht auf Teilhaberschaft zu haben – der Wahrheit direkt teilhaftig, wahr-haftig zu sein. Das macht die Faszination von Glaubenssystemen aus, die eine solche Teilhaberschaft in Aussicht stellen.

Es gibt aber noch eine andere Art von Zugehörigkeit, die allerdings zunächst der faszinierenden Grandiosität entbehrt, weil sie sich nicht auf eine höhere und größere Ganzheit bezieht, sondern das Ganze als jene Ganzheit ansieht, die mehr ist als die Summe ihrer Teile. Das Ganze ist die Natur. Und es gibt nichts dahinter oder über die Natur hinaus. Alles ist Natur, einschließlich des Menschen, der jedoch ein Gehirn ausgebildet hat, das jenes Bewußtsein entwickelte, das sich seiner selbst bewußt werden kann. Jenes Selbstbewußtsein erkennt sich also als Teil der Natur, wobei Natur nicht als Endprodukt eines von einem auswärtigen Schöpfergott verursachten Schöpfungsprozesses verstanden wird, sondern als vorläufiges Ergebnis eines kontinuierlichen Vorgangs der Selbstorganisation. Das schöpferische Prinzip ist in der Natur selbst enthalten. Der Mensch, der sich einer solchen Zugehörigkeit zu den natürlichen Prozessen der Selbstorganisation bewußt wird, erkennt eine ganz andere Art der Teilhaberschaft. Er baut ein Selbstbewußtsein auf, das sich nicht seiner biologischen, seiner körperlich-stofflichen Herkunft schämt, sondern die Vorgänge des Aufbaus bewußt miteinbezieht.

Bewußtsein, aus der Perspektive der Neurobiologie und der Kognitionswissenschaften und der uralten buddhistischen Meditationspraxis, erweist sich dann als eine fortwährende, ununterbrochene Produktion, eine Tätigkeit, ein Machen. Ich mache mir Gedanken. Ich mache mir Sorgen. Ich mache mir einen Reim auf etwas, ich mache mir den Sinn, den ich dann glauben will und glauben werde, denn auch den Willen dazu kann ich mir machen, wenn ich nur wirklich will bzw. überzeugt bin, daß es Sinn hat, dies zu wollen. Ich mache mir Vorstellungen von der Wirklichkeit und gehe den eigenen Machwerken auf den Leim. Sprache trägt dazu bei, die täuschend echte Illusion von Wirklichkeit als gemeinsame und allgemein verbindliche Wirklichkeit zu fixieren. Das Ich-Bewußtsein glaubt sich dem Unbewußten überlegen, weil es mit Hilfe des Willens sich gegen die Macht der Erinnerungen durchsetzen zu können glaubt. Aber im Körper sind alle Erinnerungen an die eigene Herkunft, an die eigene Bedingtheit und das Eingebundensein in die Natur, an die Zusammenhänge und Wechselwirkungen innerhalb jener evolutionären Prozesse der Selbstorganisation gespeichert.

Der Körper erinnert sich. Das Unbewußte bewahrt die Erinnerungen auf. Trance ist jenes Mittel, Kontakt zum Unbewußten aufzunehmen, um jene Erinnerungen wieder lebendig werden zu lassen. Statt Wahrhaftigkeit bietet diese Art von Zugehörigkeit Leibhaftigkeit an.

Wie C.G. Jung sagt: „Jeder zivilisierte Mensch ist, ungeachtet seiner Bewußtseinshöhe, in den tieferen Schichten seiner Psyche noch archaisch. So gut als unser Körper noch ein Säugetierkörper ist, der eine ganze Reihe von Relikten noch viel früherer, kaltblüterähnlicher Zustände in sich aufweist, so ist auch unsere Seele ein Entwicklungsprodukt, das, in seine Ursprünge zurückverfolgt, immer noch unzählige Archaismen zur Schau trägt." Statt jedoch die Archaismen der eigenen Natur zu verdammen oder zu verachten, kann ein durch Trance-Reisen erweitertes Selbstbewußtsein unmittelbare Erfahrungen von Wirklichkeit machen, ohne daß das Denken mit seinen Kommentaren, seinen begrifflichen Operationen, seinem Drang der Erklärung, Bewertung und Verwertung, Deutung, des Sinnmachens eingreifen muß. Ein solches spirituell-ökologisches Selbstbewußtsein erkennt die biologische Grundlage der Impulse, Triebe, Motive, der Gewohnheiten und eingefleischten Verhaltensmuster, ohne sie abspalten zu müssen. In der entsprechenden Meditation wird ein Innehalten zwischen dem Impuls zur Realisierung und der Produktion, der Realisation von Realität geübt. Wahrnehmung und Gewahrsein werden geübt, als Mittel einer Wahrheitsfindung jenseits des Anspruchs auf eine von den Prozessen der Produktion abgelöste, absolute und perfekte Wahrheit, die in sich abgeschlossen ist.

Wahrheit ist nicht die, wie es sie immer schon als solche gegeben hat und die ich nur finden muß, um an ihr teilzuhaben. Sondern: Wahrheit entsteht dort, wo ich sie zu finden glaube und sie durch meinen Glauben hervorrufe. Sich dessen bewußt zu sein, bedeutet, einen magischen Realismus zu praktizieren.

BodyMind ist jenes Körperbewußtsein, das sich seiner biologischen Herkunft und der Evolution des Gehirns erinnert und das sich in die ökologischen Zusammenhänge lebender Systeme eingebunden weiß. Der Körper wird hier zum heiligen Gefäß eines Wissens, das sich über die Zeitspanne der individuellen Existenz hinweg fortsetzt und so eine vegetative Kontinuität schafft, die die Kräfte der Regeneration, der Selbstorganisation, der Selbstheilung freisetzen kann.

Entgegen dem alten Modell einer Organisation, die von außen aufgesetzt, durch Kontrolle erzwungen und aufrechterhalten werden muß, kommen wir durch dieses neue Körperbewußtsein in Kontakt mit der Eigenschaft der Selbstorganisation. Der maßlosen und vermessenen Produktion des Ich-Willens steht das Prinzip der Regeneration entgegen. Kreativität und Erholung (auf englisch recreation) wechseln sich ab, ebenso wie sie sich gegenseitig bedingen. Das entsprechende „richtige" Verhalten, d.h. das Verhalten, das der Situation angemessen ist, wird durch den direkten Austausch mit der Umwelt, die ebenfalls ein Organismus ist, hervorgerufen. Unser Organismus ist fähig, auf den Ruf zu antworten – er ist zur Antwort fähig, in englisch: responsible. Motive müssen nicht erfunden werden, Motivation ergibt sich, und nicht durch Manipulation, sondern durch Kontakt, Austausch und Ausgleich zwischen den Organismen. Motivation ist nicht durch Ich-Willen bedingt, sondern durch Einsicht – eine körperlich bewußte, „vegetative" Einsicht, die den Bedürfnissen der Organismen Rechnung trägt.

Das Gefühl des Ichs, nicht im Körper gefangen, sondern dort zu Hause zu sein, führt zu einer Beheimatung in sich selbst, in der Welt, im Leben. BodyMind ist das Bewußtsein, das sich zugehörig weiß zu dem Organismus, der es hervorgebracht hat und erhält. Diese Zugehörigkeit hebt das existentielle Gefühl der Entfremdung auf.

BodyMind ist die Basis einer gelebten Ökologie. Ein solches neues Körperbewußtsein geht mit der zunehmenden Aktualität einer spirituellen Ökologie (siehe Theodore Roszak, Guy Claxton, etc.) einher.

1.4 BodyMind-Meditation: das Körpergedächtnis aktivieren

Dieser Text dient als Einleitung zu einer kurzen Meditation im Sitzen oder Liegen. Achten Sie darauf, daß Sie bequem liegen oder sitzen, und geben Sie sich ein paar Minuten Zeit, um es sich in einer Lage einzurichten, in der Sie ungefähr 10 Minuten bleiben wollen. Achten Sie auch darauf, daß Sie während der Zeit der Meditation ungestört sind, ziehen Sie sich an einen stillen Platz zurück, stellen Sie das Telefon ab, widmen Sie den Zeitraum von 10 Minuten ganz dieser Meditation, die Sie gestärkt und erfrischt in den Alltag zurückkehren lassen wird. In dieser Zeit wird es darum gehen, eine Mitte zu finden, die als ruhender Pol inmitten des Alltags Sie auch dann begleiten wird, wenn Sie meinen, keine Ruhe, keine Zeit und kein Gleichgewicht zu finden. Dann werden Sie erinnern ..., daß Ruhe, Zeit und Gleichgewicht immer möglich sind, und kaum haben Sie begonnen, dies in Ihr Gedächtnis zu rufen ..., wirkt der Zauber dieser Worte und führt Sie ... in einen angenehmen Zustand ... der Vergegenwärtigung ... alles dessen, was hinter Ihnen liegt ..., und es kann gut sein, daß Ihr Körper sich ein anderes Bild macht von seiner Herkunft ..., als das, was Ihre Persönlichkeit ... ausmacht ... Und während Sie schrittweise zählen, von 1 bis 10, ist es Ihnen möglich, die Zustände ..., durch die Sie geführt werden ..., zu beobachten, Zustände ..., die Sie immer tiefer und immer weiter nach innen führen ..., so daß Sie immer mehr ein Gefühl für das, was Ihnen der Körper, der Sie sind ..., entwickeln, immer mehr darauf kommen ..., was er Ihnen eigentlich bedeutet ..., was es für Sie für einen Sinn ergibt ..., in Ihrem Körper zu sein ...Vielleicht entdecken Sie nun, wie die Zustände damit zusammenhängen, nicht wie sondern auch wo und wann Sie sich befinden ..., als ob das Befinden davon abhängen würde, was Sie gerade daran finden ..., im Austausch mit allem ..., was Sie umgibt ..., was Ihr Leben ausmacht ..., was Ihnen wichtig ist ..., zu sein, und daß Sie es vielleicht jetzt ganz anders vorfinden ..., als Sie es gerade noch bei sich gedacht haben, und vielleicht erstaunt es Sie, daß sich alles ..., was Sie zu finden glauben ..., tatsächlich vorfindet ..., ohne daß Sie danach gesucht hätten ..., und es kann durchaus sein, daß Ihr Körper sich an etwas ... erinnert ..., während Sie jetzt in sich gehen ... und Raum finden ... für die Erfahrungen ..., die Ihr Körper aufgenommen und bewahrt hat ..., diese Wahrheiten, dieses Wissen ..., das Ihnen bewußt wird als ein Raum ..., der Ihnen zur Verfügung steht ..., wenn Sie ihn betreten, jetzt ..., und mit einem tiefen Atemzug ... den ganzen Körper ausfüllen ... und erfühlen ... was sich ganz natürlich ... aus der Geschichte ... ergibt ..., all die Fähigkeiten, die Ihr Körper ausgebildet hat ..., all die Kräfte und Stärken ..., die in seiner ursprünglichen Natur liegen ..., und Ihnen Rückendeckung geben ..., wenn Sie sich darauf beziehen möchten ..., und das alles in Beziehung zu sich selbst sehen können ... Sie kennen das sicher auch: Manchmal fühlt man sich wie ein Outsider im eigenen Körper, ein Outsider in der langen Evolution, die die lebendigen Organismen, den menschlichen Körper mit seiner selbstorganisierenden Weisheit hervorgebracht hat, so daß Sie jetzt bewußt wahrnehmen können, was für ein wunderbares Geschenk dies ist ..., all das Leben ..., das Sie in sich spüren ..., jetzt. Und manchmal ist es gut, sich als Outsider zu fühlen, denn das ermöglicht, den Blick von außen nach innen zu wenden ... und etwas wahrzunehmen ..., was sonst vielleicht unentdeckt und verborgen geblieben wäre ..., ebenso wie es seine Vorzüge hat, als Insider direkt von innen nach außen zu sehen und die Welt ... in einem ganz neuen Licht zu betrachten ... Und Sie wissen ja, daß es immer Sie selbst sind ..., um die es letztlich geht, und daß Sie deshalb ohne weiteres fähig sind ..., von einem Zustand zum anderen zu wechseln ..., mal als Outsider ungewohnte Einblicke ... zu gewinnen ..., von außen ... die Geschichte zu überblicken, oder mal als Insider ... von innen heraus die Dinge anzugehen, und Sie wissen ja, daß beides Einfluß ... auf Ihre Zukunft ... haben wird, wenn Sie sich Ihrer wunderbaren Herkunft ... im Rücken ... gegenwärtig sind. Sicher ist es Ihnen auch schon aufgefallen, daß es oft nur eines einzigen Schrittes, eines kleinen Stückchen des Verrückens ... bedarf, um wieder die große Ordnung ... zurechtzurücken ... Und Sie wissen ja, wie oft der Ruck ..., den Sie sich dazu geben, von allein kommt, sogar ohne daß Sie dies weiter bemerken ... So entsteht in Ihnen Weite..., und Zuversicht ... während Sie stufenweise wieder von 10 bis 1 zurückfinden und bei der Zahl Eins sich fühlen wie eine Eins..., gut beieinander ..., ganz da ..., frisch und munter ..., aufbruchsbereit ..., denn jetzt, das weiß Ihr Körper ..., geht es weiter ..., und Sie werden die erfreulichen Auswirkungen ... zuerst in Ihrem Alltag erspüren, körperlich, aber auch seelisch und geistig, und vielleicht auch jetzt gleich ... wenn Sie dieses Gedicht hören ...

Wie weit du gekommen bist.
Ursprünglich warst du Ton.
Vom Mineral hast du dich zum
Mineralischen entwickelt.
Vom Pflanzlichen zum Tierischen und
vom Tierischen zum Menschsein.
Während dieser ganzen Entwicklung
hat der Mensch nicht gewußt,
wohin er ging. Aber er war
auf diese Reise geschickt worden.
Und wir werden noch durch
Hunderte unterschiedliche Welten
gehen müssen.
– *Rumi*

Wie weit du gekommen bist!

2. Ab wann wird es spirituell?

„Der Geist muß als Ganzes durch das Reduktionsventil des Gehirns hindurchfließen.Was übrig bleibt, ist ein spärliches Rinnsal von Bewußtsein."
– *Aldous Huxley*

Viele Mythen erzählen von der Übermacht des großen Geistes und seiner fatalen Auswirkung auf den menschlichen Geist, wenn er sich in seinem ganzen blendenden Glanz zeigt. Zeus begegnet Semele auf deren Wunsch in seiner wahren Gestalt und verbrennt sie als Blitz. Saulus schaut den christlichen Gott, den er verfolgt, und erblindet für drei Tage, bevor er zu Paulus wird. Von der afroamerikanischen Meeresgöttin Yemanja wird gesagt, sie sei zu groß für den menschlichen Kopf und ließe ihn bersten. Deshalb ist es nur gut, wenn die Natur es so eingerichtet hat, wie es Huxley beschreibt: der Geist als Ganzes wird reduziert auf einen Rest, was kaum Recht auf einen so anspruchsvollen Begriff wie Bewußtsein hat. Zurück bleibt die Ahnung, daß das, was bewußt wird, nur die Spitze des Eisbergs ist, und die Sehnsucht nach MEHR. Religion, sagt Franz Werfel, ist das unaufhörliche Zwiegespräch der Menschheit mit Gott, Kunst hingegen ein Selbstgespräch.

Die Sehnsucht nach dem Geist als größtem Ganzen ist also schon Teil jener Auseinandersetzung, jenes Dialogs, der nicht unbedingt in Religion enden muß, aber dies meist tut, weil es einfacher ist, die unendliche Geschichte dort enden zu lassen, wo sie am meisten Sinn macht und dieser Sinn vom Kollektiv geteilt wird. Und so wird Religion zu etwas, „woran man glaubt, weil man glaubt, daß der andre dran glaubt" (Hjalmar Söderberg).

Spiritualität hingegen ist ein offener Prozeß der Entwicklung.

Eine Achse ist durch die beiden Pole des Sichtbaren und des Unsichtbaren, des Greifbaren und des Unbegreiflichen, des Rationalen und des Irrationalen gegeben.

Eine andere Achse führt von der Vielfalt der Erscheinungen zu der Einheit, die allem, was ist, gemeinsam ist, alles in sich vereint und eins werden läßt, ohne je selbst in Erscheinung zu treten.

Eine dritte Achse führt von der gewöhnlichen Ordnung zu einer neuen Ordnung, die nicht im voraus festgelegt ist, sondern sich unmittelbar im ekstatischen Erleben offenbart. Sie wird als ein Gefühl, als eine Befindlichkeit, als ein Zustand erfahren, wobei dieser

Zustand meist nicht sehr lange anhalten kann, da die menschliche Natur nicht daran gewöhnt ist, soviel Ordnung in direktem Kontakt und auf einmal aufzunehmen. Und hier zeigt sich das Paradox, daß in solchen Erfahrungen, die geradezu mystisch oder ekstatisch zu nennen sind, die Dinge zwar weniger kompliziert werden, die neue Ordnung jedoch selbst sich als ein ungeheuer komplexes Gewebe von Organisationsmustern und Sinnzusammenhängen offenbart, so komplex, daß das Denken nicht mehr mitkommt, die Gedanken nicht einholen kann. Die Achse spannt sich zwischen Routine und Ekstase aus, wobei die Routine meist siegt, da es bequemer ist, alles beim Gewohnten zu belassen. Die Achse führt auch paradoxerweise von einer Routine der vereinfachten Ordnung, die alles Neue (und nur zu oft auch das Alte) kompliziert erleben läßt, zu der Ekstase, die aus diesem Zustand der eingefahrenen Halbwahrheiten in das offene Meer des Unfaßbaren führt.

Ekstase heißt wörtlich Herausstehen – Herausstehen aus dem Alltag, aus der Halbherzigkeit und Halbwahrheit, aus dem Gewohnten und Gewöhnlichen, aus der Bequemlichkeit verbriefter Sicherheiten. Schon ab dem Moment wird es spirituell, da die Routine unterbrochen wird und wir, einmal auf den Geschmack gekommen, Techniken entwickeln, immer wieder in diesen Zustand des Herausstehens hineinzukommen. In diesem Augenblick, da uns die Sehnsucht nach jener spezifischen Erlebnis- und Lebensqualität gepackt hat, sind wir schon im Zwiegespräch, auch wenn der Gesprächspartner das Unbekannte ist und das Gespräch sich jenseits aller bekannten Sprachen vollzieht.

Das Schiff, auf dem das Bewußtsein reist, ist die Erfahrung von Energie. Plötzlich, als sei das Schiff von unterirdischen Strömungen ergriffen, nimmt das Ich als Steuermann wahr, daß die Bewegung nicht mehr der Kontrolle untersteht und daß dieses Strömen und Treiben das eigentlich Lebendige am Leben ist.

Spirituell zu werden ist kein Verdienst. Es ist auch keine besondere Arbeit vonnöten. Das einzige, was das Bewußtsein beisteuern kann zum Gelingen dieses geistigen Abenteuers, ist das Zulassen von Kontrollverlust in einem bestimmten nicht-alltäglichen, ungewöhnlichen und außerordentlichen Kontext. Bei der Rückkehr in die heimatlichen Gefilde des Alltags jedoch wird von dem Ich verlangt, daß es seine Kontrollfunktionen wieder aufnimmt, als ob nichts weiter geschehen wäre. Das Ich darf also nicht gekränkt sein oder stolz sich verwehren, seiner gewöhnlichen Aufgabe, gewohnte Identität zu stiften und aufrechtzuerhalten, nachzukommen. Erst so ist gewährleistet, daß die Integrität gewahrt bleibt und das Ich sich nicht bläht, bis es platzt. Es braucht also ein flexibles Ich, das sich dehnen kann bis an die Grenzen des Alls und das wieder schrumpfen kann zu seiner Alltagsform, die in jeden Haushalt paßt. Eine solche Flexibilität zu erreichen ist oft das Ergebnis jahrelanger Übung. Erst dann ist das Fahrzeug den spirituellen Strudeln des Außerordentlichen gewachsen.

NLP wurde von Grinder einmal als Therapie in Trance bezeichnet, wobei sich eine für NLP typische leichte Trance durch die Art und die Technik der Fragestellungen allein schon einstellt. Die NLP-Techniken sind darauf geeicht, das Unbewußte anzusprechen und einen Suchprozeß auszulösen, der sich nur am Rande des Kognitiven vollzieht, manchmal sogar die Ratio vollkommen übergeht, um direkt einen Kontakt zu der selbstorganisierenden Weisheit in uns herzustellen. NLP fördert das Denken in Trance und eröffnet dadurch jene spirituellen Dimensionen, die zunächst als Neuland entdeckt und später als Wirklichkeit hinter der Wirklichkeit immer wieder aufgesucht werden. NLP könnte als angewandte Praxis einer Lebensphilosophie gesehen werden, die sich weder auf den Verstand allein noch auf das Glaubenwollen bzw. Dranglaubenmüssen verläßt, sondern Intellekt und Intuition zu einer Synthese vereinigt. Es bedarf nur, einen Schritt weiter zu gehen, jenen entscheidenden Schritt in Richtung Ekstase.

2.1 Grundannahmen des NLP und spirituelle Grundsätze

Im NLP gibt es bestimmte Axiome, d.h. Vorannahmen, die nicht jedesmal neu diskutiert und von Fall zu Fall definiert werden, sondern als Arbeitshypothesen die Grundlage und Ausgangsbasis für die NLP-Strategien darstellen. Diese Axiome leiten sich einerseits aus wissenschaftlichen Studien im Bereich der Neurophysiologie, der Linguistik, der Lerntheorie, der Kybernetik, der Informations- und Kommunikationswissenschaften ab. Andererseits sind es Prinzipien, die zur Orientierung dienen und einen (sehr hohen) Anspruch an die Praktizierenden des NLP stellen.

2.2 Vorannahmen des NLP

Der Begriff Neurolingistisches Programmieren setzt sich zusammen aus den Einsichten:

- daß Menschen auf die neurologische Basis der Informationen, die sie über die fünf Sinneskanäle und das Nervensystem erhalten, angewiesen sind. Diese neurologische Grundbedingung bestimmt auch den Zugang, den ein Mensch zur Wirklichkeit hat, und seinen Bezug zu ihr.
- daß Menschen nach den Organisationsprinzipien der Sprache die erhaltenen Informationen verarbeiten. Auf dieser linguistischen Basis entwickelt sich das Selbst-, Welt- und Beziehungsverständnis, das von Sprache zu Sprache und von Kultur zu Kultur veschieden sein kann.
- daß Menschen sich ständig neu organisieren, sei es auf bewußter oder unbewußter Ebene, und daß die Organisationsmuster wie Muster oder Programme sind, die als Glaubensvorstellungen, Handlungsanweisungen und Wertsysteme im Unbewußten und/oder im Bewußtsein verankert sind. Umprogrammierung und Neuprogrammierung sind möglich, wenn ein Zugang zu der Ebene, auf der das Programm gespeichert ist, gefunden wird.

1. Die Landkarte ist nicht das Gebiet: Die Menschen verhalten sich nach ihrem jeweiligen Wirklichkeitsmodell und reagieren auf die Vorstellung, die sie sich von der Wirklichkeit machen. Sie reagieren also nicht auf die Wirklichkeit selbst, sondern nur auf das Modell.

2. Menschen erhalten Informationen über die Welt durch ihre fünf Sinne und verarbeiten die Informationen gemäß ihres Wirklichkeitsmodells. Ich kann nicht etwas wahrnehmen, was es in meiner Wirklichkeitsvorstellung nicht gibt. Menschen haben zwei Wahrnehmungs- und Kommunikationsebenen: bewußt und unbewußt.

3. Körper, Geist und Seele sind Teile desselben Systems und beeinflussen sich gegenseitig. Die Veränderung eines Teiles hat auch Auswirkungen auf die anderen Teile und auf die Ganzheit.

4. Kommunikation findet immer statt. Der Sinn der Kommunikation ergibt sich aus den Reaktionen, die sie auslöst. Kontakt suchen bedeutet, Menschen in ihrem Modell der Welt begegnen zu wollen. In der Kommunikation gibt es keine Fehler, nur Reaktionen, auf die wieder reagiert werden kann. (Feedback)

5. Je größer die Flexibilität, mit verschiedenen Wirklichkeitsmodellen umzugehen, desto größer die Wahrscheinlichkeit, Kontakt zu Menschen zu finden und in der Kommunikation die gewünschten Ergebnisse zu erzielen.

6. Jeder handelt zu jedem Zeitpunkt so gut, wie er gerade kann – Menschen treffen die beste, ihnen im Moment zur Verfügung stehende Wahl. Wenn sie eine bessere Möglichkeit erkennen, werden sie sie nutzen. In jedem Verhalten läßt sich eine gute Absicht entdecken. Jedes Verhalten ist in irgendeinem Zusammenhang nützlich und wertvoll. Menschen haben alle Ressourcen für die von ihnen gewünschte Veränderung. Jeder hat bereits alles, was er braucht, um die Probleme seines Lebens bewältigen zu können – er muß es nur auf eine passende Weise benutzen lernen.

7. Menschen nehmen andere Menschen über die fünf Sinne wahr und verarbeiten die Informationen entsprechend ihren eigenen Weltbildern. Das beste Verständnis füreinander erfolgt durch die Unvoreingenommenheit und Achtsamkeit der Sinne ebenso wie durch eine Bewußtheit, die ihre eigene Bedingtheit durch Raster und Muster einbezieht bzw. eine Position der Distanz zu sich selbst einzunehmen vermag.

8. Erfolgreiches Verhalten zu modellieren führt zum Erfolg.

Bestimmt werden Sie bei der einen oder anderen Voranname stocken, manches mag Ihnen nicht einleuchten oder Ihren tiefsten Überzeugungen widersprechen. So ging es auch mir, bis ich mich entschloß, diese Vorannahmen nicht als Glaubenssätze zu lesen, sondern sie als Arbeitshypothesen zu nehmen, die zum Experimentieren einladen. Es geht nicht um richtig und falsch, nicht um die Verteidigung von kategorischen und absolutierten Prinzipien, sondern es geht um die Möglichkeiten, die sich auftun, wenn ich von meinen gewohnten Vorstellungen ein wenig abrücke und mein Denken erweitere.

Es geht um Gedankenexperimente im Stile von: „Was wäre wenn ...“ oder „Was müßte geschehen, daß ...“ So entdeckte ich, daß diese Vorannahmen tatsächlich zu Regeln des Lebens werden können, wenn sie am höchsten Anspruch, den Regeln erheben können, ansetzen, wenn sie nämlich spirituell ausgerichtet sind.

Beginnen wir bei dem letzten Punkt, dem Modellieren eines erfolgreichen Verhaltens. Alles steht und fällt mit der Einschätzung, was wirklich erfolgreich sei, so erfolgreich, daß es sich lohnt, dieses Modell im eigenen Leben verwirklichen zu wollen. Meist wird im NLP die Kunst des Modellierens dann eingesetzt, wenn bestimmte Fähigkeiten, in denen es das Modell zur Perfektion gebracht hat, übernommen werden sollen. Richten wir uns aber spirituell aus, fragen wir nach einer höchsten Fähigkeit (z.B. „Tugend“), die unserem ganzen Leben einen neuen Sinn und Gehalt gibt. In allen Religionen ist die Nachahmung des verehrten Gottes, Meisters oder Lehrers eine Möglichkeit der Einübung. Im Christentum gibt es die Regel der Imitatio Christi, der Buddhist nimmt bekanntlich Zuflucht zu Buddha und visualisiert die Aspekte Buddhas, die er in sich verwirklichen möchte.

Je sinnlicher eine Religion ist, desto erfolgreicher gelingt das Modellieren, denn die Sinne tragen dazu bei, die spezifische Qualität dessen, was modelliert werden soll, zu vermitteln, während die Sprache auf Abstraktionen, die von der konkreten Erfahrung wegführen, beruht. Deshalb wird der konkreten religiösen oder spirituellen Erfahrung soviel Wert beigemessen. Durch Techniken der Visualisierung, der Kontemplation, der Versenkung bis hin zur ekstatischen Ergriffenheit oder Besessenheit versucht sich der Gläubige, dem Inhalt seines Glaubens zu nähern, bis er damit verschmilzt. Der Modellierende und sein Modell sind eins geworden. Was aber kann es sein, das einen solch hohen Stellenwert im Leben eines Menschen einnehmen kann, ohne ihn zu versklaven, abhängig zu machen und seiner Selbstbestimmung, seiner individuellen Freiheit zu berauben? Bei dem christlichen Theologen Nikolaus von Cues (15. Jahrhundert) fand ich einen Gedanken, der mich faszinierte. Er lädt ein zu folgendem Gedankenexperiment: nämlich sich Gott als kleinsten und gleichzeitig größten gemeinsamen Nenner vorzustellen, der alles, was es gibt, erfaßt und durchdringt. Von der Perspektive Gottes aus gesehen zeigt sich die Welt mit ihren Verhältnissen und Bezügen, mit ihren Regeln und Begrenzungen, mit ihren Vorurteilen und vermeintlichen Wahrheiten anders, als ich sie von meinem Standpunkt aus sehe. Z.B. läßt sich die NLP-Vorannahme „Jedes Verhalten ist in einem bestimmten (gegenwärtigen oder vergangenen) Zusammenhang nützlich und wertvoll" aus der Perspektive des höchsten Standpunktes anders lesen, als wenn es in dem Gesetzbuch einer neuen Verfassung festgelegt oder auf der Tafel irgendeines obskuren Vereins stünde. Gott kann konkrete Erfahrung sein, er kann aber auch als Abstraktion des Höchsten dazu auffordern, in Gedankenexperimenten die eigene enge Weltsicht zu erweitern.

2.3 Gedankenexperiment zum Thema „Gott und die Welt"

Stellen Sie sich vor: den kleinsten gemeinsamen Nenner alles dessen, was es gibt, was es je gegeben hat und was es je geben wird.

Stellen Sie sich vor: den größten gemeinsamen Nenner alles dessen, was es gibt, was es je gegeben hat und was es je geben wird.

Beobachten Sie, wie Sie vielleicht unwillkürlich diese Abstraktion in eine konkrete Sprache der Sinne übersetzen, um sie sich als Vorstellung besser vergegenwärtigen zu können:

- Wenn Sie ein visueller Typ sind, ist es möglich, daß Sie sich einen Lichtstrahl aus einer Lichtquelle vorstellen, wobei der Winkel der Linse im Falle des größten gemeinsamen Nenners so weit wird, daß er alles umfaßt. Wenn Sie Vergangenheit und Zukunft auch miteinbeziehen möchten (was Teil des Gedankenexperimentes ist), dann müssen Sie vermutlich in eine Vogelperspektive gehen, die es Ihnen erlaubt, über die Ränder der Gegenwart hinaus zu schauen und größere Übersicht zu erhalten. Diese „Höhenflüge" sind in der europäischen Philosophie beliebte Methoden der Abstraktion gewesen und können in schamanischen Erfahrungen sich konkretiseren (siehe „Reisen in die Obere Welt" bei der Kulturanthropologin Dr. Felicitas Goodman).

Bei der visuellen Vorstellung vom kleinsten gemeinsamen Nenner verengen Sie die Lichtpunkte auf einen hauchdünnen Strahl, der aber alles durchdringen kann und seine Botschaft überallhin trägt, bis in den letzten Winkel der Welt und die letzte Zelle Ihres Körpers.

- Wenn Sie ein auditiver Typ sind, stellen Sie sich vielleicht lieber einen Ton vor: einerseits einen Ton, der so kurz und schnell schwingt, daß er als Pulsation alles in Resonanz versetzen kann, andrerseits einen Ton von so langanhaltender Dauer, der eigentlich Ihre Vorstellung übersteigt, aber Sie dennoch ein Gefühl dafür bekommen läßt, wie eine solche tiefe, sich bis in die Unendlichkeit erstreckende Schwingung auf Sie wirken würde, wenn diese real wäre.

- Wenn Sie ein kinästhetischer Typ sind, rufen Sie in sich das Gefühl von Berührung hervor. Vielleicht überkommt Sie eine Woge von Rührung, von einer Bewegung, die aus dem Nichts kommt und dorthin zurückkehrt, Sie bewegt, ergriffen, erwärmt hat oder Ihnen Schauer über den Rücken jagt – und Sie irgendwie verändert hat. Und dieses Berührtsein übertragen Sie dann in Ihrer Vorstellung auf alle Menschen, die auf irgendeine Weise berührbar sind und teilhaben an dem kleinsten gemeinsamen Nenner, der auch Sie durchflutet, ebenso wie Sie an dem größten gemeinsamen Nenner teilhaben, in dem auch Sie enthalten sind. Alle Menschen sind von dieser Berührung durchdrungen und gegenseitig verbunden.

Mit dem Bild vom Lichtstrahl läßt sich die Vorstellung von Gottes Kraft verbinden, mit dem Ton die Vorstellung von Gottes Wissen und mit der Berührung Gottes Liebe. Kraft, Wissen und Liebe sind wahrlich Ziele, die einem Leben Ausrichtung geben können.

Ich habe mir oft überlegt, ob sich hinter dem technisch kühlen Anschein, den sich NLP vordergründig gibt, nicht ein System mystischer Einsichten und Visionen verbirgt. Ein für diesen Abschnitt letztes Gedankenexperiment lädt dazu ein, sich vorzustellen, die NLP-Vorannahmen seien auf Papyrusrollen und in einer rätselhaften

Schrift geschrieben aufgefunden und dechiffriert worden. Wie würden Sie NLP dann einschätzen?

2.4 Die Evolution von BodyMind: Körper-Gehirn-Geist-Bewußtsein

„Einige Wahrheiten sind dem Geist so nahe und selbstverständlich, daß der Mensch nur die Augen öffnen muß, um sie zu sehen. Eine dieser Wahrheiten ist für mich die folgende: Der gesamte Chor des Himmels und alles, was auf Erden ist – mit einem Wort all die Körper, die das gewaltige Gefüge der Welt ausmachen –, hat ohne einen Geist nicht den geringsten Bestand.“
– *Bischof Berkeley* (1685-1753)

Vor nicht allzu langer Zeit mochte es noch als Sakrileg gedeutet werden, auf die biologische Herkunft des menschlichen Bewußtseins als Produkt einer sich hochentwickelten, komplexen Gehirntätigkeit hinzuweisen. Wenn vom Geist gesprochen wurde, so waren die Grenzen klar und fest umrissen. Geist war etwas, was im Gegensatz zur Materie stand. Dies galt zumindest in den europäischen Denksystemen, die sich einem rigiden Dualismus verschrieben hatten. Viele theologische Ansätze gehörten dazu. Sie wurden erbittert verteidigt. Heute haben sich die Fronten immer mehr aufgeweicht, und so erstaunt es nicht, in einem Buch über die Synthese von Neurobiologie und Kognitionswissenschaften fromme Texte wie die des Bischofs Berkeley zu finden. Das ist das Anzeichen dafür, wie sehr sich das Denken verändert, wobei die Veränderung subtil und unauffällig, sozusagen unter der Haut sich vollzieht.

Ebenso wie bei Augustinus das Wundern und Staunen als angemessene Weise, die Welt wahrzunehmen, erwähnt wird, so ist auch bei Berkeley der Zugang des Geistes zur Wahrheit ein so selbstverständlicher, geradezu natürlicher, daß an der Natur des Geistes kein Zweifel bestehen kann. Die Natur des Geistes ist so beschaffen, daß sie der Idee der Wahrheit entspricht. Geist und Natur stehen in einem Verhältnis der gegenseitigen Bezogenheit, und diese erst gibt allem Bestand. Dieser Ausspruch Berkeleys, der in der Philosophiegeschichte als radikaler Idealist und zugleich als scharfsinniger Skeptiker (insbesondere der Theorie vom gesunden Menschenverstand) bezeichnet wird, enthält mystische Untertöne: Die Wahrheit ist so natürlich, so sehr der Natur des erkennenden Geistes angepaßt, so daß sie als Produkt derselben Natur erscheinen könnte. So verhält es sich bei Berkeley nicht nur mit dem Geist und dem Bewußtsein, sondern auch mit der Wahrnehmung und allem, was wahrgenommen werden kann.

Berkeleys berühmter Satz „esse est percipi“ – Sein ist gleichbedeutend mit Wahrgenommenwerden –, ist eine erstaunlich frühe und radikale Einschätzung des Geistes, der Ideen produziert, ohne die er nicht wahrnehmen könnte. Wahrnehmung selber ist ein durch Ideen bestimmter Vorgang, eine Tätigkeit. Die Wahrheit ist nicht einfach gegeben. Sie muß genommen werden. Der moderne Konstruktivismus (siehe z.B. Watzlawick) würde einen einzigen Schritt weitergehen und sagen: Die Wahrheit wird durch die Wahrnehmung konstruiert. Früher wurde Gott als Ursache aller Ideen ebenso wie deren Gefäß und Rahmen angesehen. Die Fähigkeit des Menschen, Ideen zu sehen, zu denken und zu haben, galt als einer der gängigen Beweise für die Existenz Gottes, ebenso wie für die enge Verknüpfung von Gott und Mensch. Und wo bleibt Gott heute, wenn Geist als Nebeneffekt der Evolution erklärt wird? Und wie sieht es mit dem stolzen Ich-Bewußtsein aus, das von Anthropologen und Biologen auf die hybride Entwicklung bestimmter Bewußtseinsfunktionen wie etwa der Wachsamkeit zurückgeführt wird?

In der Mystik ertrinkt das Ich im Abgrund Gottes, und Gott selbst löst sich auf im Beziehungsgewebe gegenseitiger Abhängigkeit, das Gott und Mensch aufeinander abstimmt.

Gerade in der Mystik wurden immer schon großartige, oft revolutionäre Gedankenexperimente vollzogen, die ihrer Zeit weit voraus waren. In Zeiten eines dualistisch beschränkten Denkens strebten sie als erste die eigentlich undenkbare Zusammenführung und Durchmischung der gedanklich abstrahierten und sprachlich fixierten Gegensätze an. Solche Gedankenexperimente bewegten sich oft am Rande des Erlaubten. Die Vorläufer eines systemisch vernetzten Denkens waren von Ausgrenzung und Verfolgung bedroht. Heute jedoch bietet sich allen denen, die den Dualismus im Denken überwinden wollen, die Möglichkeit an, die Knoten im Denken (und in der Sprache) aufzulösen und neue Wege jenseits alter Fixierungen zu begehen, ohne sich der Gottlosigkeit schuldig zu machen. Hat Gott also einen Platz in den konstruktivistischen Ansätzen des Neurolinguistischen Programmierens, oder wird er endgültig aus der modernen Welt, in der alles machbar ist, vertrieben?

Oft wird leider Konstruktivismus mit der Beliebigkeit des Machenkönnens verwechselt. Vergessen wird dabei der Asspekt, daß alles, was konstruiert, auch demontiert werden kann. Die Konstruktion schließt ihre eigene Demontage ein oder sollte dies zumindest tun, um den Test auf ökologische Verträglichkeit bestehen zu können. Eine Konstruktion, sei es eines Gedankens, einer Vision, einer Utopie, sollte abbaubar sein, genau wie jedes andere Produkt auch. Das heißt: Auch mentale und emotionale Produkte sollten nicht nur machbar und aufbaubar sein, sondern im Austausch und Ausgleich mit der Umwelt stehen. Diese geistigen Produkte sollten nicht auf Dauer und nicht ausschließlich die Oberherrschaft und alleinige Führung über den Rest des Organismus übernehmen, sondern sich ebenfalls organisch verhalten, das heißt, sich den Gesetzen des Aufbaus ebenso wie des Abbaus unterwerfen. Gerade im Mißverständnis dessen, was schöpferische Selbstverwirklichung bedeuten kann, entstehen Willkür, Sucht und zwanghaftes Verhalten. Es entstehen auch Selbstüberschätzung, Überforderung und Selbstausbeutung. Ein organisches Sichangleichen an die Gesetze des Auflebens und Absterbens in ständiger Wechselfolge macht das Bewußtsein weicher, flexibler, freier.

Der Geist eines solchen organischen Bewußtseins muß nicht immer stark sein, sondern kann sich Schwäche erlauben, wo es angemessen ist, schwach zu werden und schwach zu sein. Nachzugeben, aufzugeben. Das organisch ausgerichtete Bewußtsein weiß davon, daß Schwäche natürlich ist, genauso wie Stärke. Es weiß davon, daß die Drehungen und Wendungen unserer langen Evolutionsgeschichte es mit einem Geist ausgestattet haben, der unter der Oberfläche ein seltsames Gewirr von Fähigkeiten, Beschränkungen, Stärken und Schwächen darstellt, wobei dieses System auf Angemessenheit, auf Austausch und Ausgleich mit anderen Organismen und mit der Umwelt als übergeordnetem System ausgerichtet ist. Durch diese Einsicht findet der Geist seine Ausrichtung, wobei der Geist nicht mehr und nicht weniger ist als eine spezialisierte Entwicklung des Gehirns, das wiederum durch eine spezialisierte Entwicklung des Körpers bedingt wurde.

Die Biologie sagt uns eindeutig, daß der Körper mit all seinen physischen und psychischen Ausstattungen ein organisches System ist, in ständig wechselndem und fortwährendem Auf- und Abbau begriffen gleich einem komplexen Tanz von Prozessen und Wechselwirkungen, ein System, das in seiner Existenz abhängig ist von der dauernden Durchdringung durch umfassendere Systeme, von denen es ein unablösbarer Teil ist.

„Das Leben ist ein Beispiel für die Art und Weise, wie ein Energiesystem im Austausch mit dem es umgebenden Energiesystem sich eine Zeitlang als sozusagen auf sich selbst gestützte, sich selbst ausbalancierende Einheit bewahren kann ... Als ein Energiesystem ist das Leben so mit dem Gewebe der Erdoberfläche verwoben, daß die Annahme eines auch nur für kurze Zeit vom Rest der irdischen Welt isolierten Lebens ein Bild abgibt, das zu verzerrt ist, um dem Leben noch zu ähneln. Alles ist eng miteinander verknüpft" (Sir Charles Sherrington 1937 in seinen Gifford-Vorlesungen zum Thema „Man on His Nature"). Das Prinzip der Autopoiese, wie es von dem Neurobiologen Humberto Maturana für lebende Systeme postuliert wurde, ist ein Prinzip der Selbstorganisation und ist die moderne Richtlinie für die Erklärung, wie Leben funktioniert. Lebendigkeit zulassen bedeudet für das Ich, den Eigenwillen aufzugeben.

Wenn es in neuen Methoden der Organisation darum gehen soll, die Fähigkeiten und die Intelligenz lebender Systeme zu nutzen ebenso wie die Lebendigkeit im Menschen weder zu beherrschen noch zu beschneiden, sondern sie zu verstärken und optimal einzusetzen, dann werden einige Begriffe neu definiert werden müssen. Das Unbewußte ist dann nicht mehr jener Ort der Auslagerung und Ablagerung der Inhalte, die vom Bewußtsein nicht zugelassen oder verdrängt wurden, und dann ist es auch nicht ausschließlich jener Platz, in dem archaische Reste einer ansonsten fortentwickelten Kultur in Form von Schatten und Dämonen darauf lauern, wieder zum Einsatz zu kommen, wenn sich die Gelegenheit ergibt, sondern es ist jener übergeordnete und umfassende Rahmen, in dem das selektive Wachbewußtsein eine bestimmte Funktion übernimmt, ohne daß es in irgendeiner Weise vorrangig zum Zuge käme oder besonders fähig wäre, das Leben optimal zu gestalten. Das Unbewußte ist die große Matrix, aus der alle Bewußtseinsfunktionen entspringen und in die alle Bewußtseinsinhalte wieder eingehen. Matrix, das ist die Mutter, das ist auch

Materie. Das Unbewußte ist organisch, ist weiblich. Das Alltagsbewußtsein, das oft mit dem common sense, dem gesunden Menschenverstand gleichgesetzt wurde (und immer noch wird), ist nur die Spitze eines Eisberges, der seine eigene Basis nicht mehr weiß – und deshalb das Unbewußte braucht, um das, was ihm fehlt, was er vergessen hat, aber dessen Vorhandensein er doch in beunruhigender oder auch inspirierender Weise erahnt, benennen zu können.

Es gibt mittlerweile mehrere Definitionen des Unbewußten. Da ist

- das persönliche „Unbewußte" Sigmund Freuds,
- das überpersönliche, „kollektive Unbewußte" C.G. Jungs,
- und neuerdings die archaische Matrix, das „Ökologische Selbst" nach Theodore Roszak.

Archaische Ekstase-Techniken und Trance-Reisen rufen Informationen des Öko-Selbst ab. Es sind Techniken, wie sie in den Naturreligionen von der Gruppe oder von besonders dazu befähigten, dazu beauftragten einzelnen, den Schamanen, ausgeführt wurden. Die Trance, meist durch Trommeln, Tanzen oder das Einnehmen ritueller Körperhaltungen herbeigeführt, verbunden mit sinnlichen Eindrücken von Gerüchen, auditiven und visuellen Stimuli und dem Einnehmen von bewußtseinserweiternden Substanzen, gewährleistet den Zugang zu der archaischen Matrix, in der die Erfahrungen der eigenen Entwicklung enthalten sind. Diese Trancen führen zu einem erhöhten Gefühl nicht nur des Eingeordnetseins und der Zugehörigkeit, sondern auch der Verpflichtung, der Verantwortung gegenüber der Matrix, wir könnten auch als Metapher die Mutter nennen. Die Matrix zeichnet sich aus durch eine Vielfalt der Einflüsse, der Interessen, der Impulse, der Präferenzen, Prioritäten und Optionen, die untereinander, durcheinander, miteinander vernetzt sind, und deren Aktualisierung von organischen Entscheidungsprozessen gesteuert ist. Die Matrix ist gekennzeichnet durch eben das organische Zusammenwirken einer unübersehbaren Komplexität, die für das Bewußtsein unübersichtlich ist und deshalb als Chaos bezeichnet wird. In manchen Theorien der Bewußtseinsentwicklung vollzieht sich der Aufstieg des Menschen zum Herren über die Natur vom mütterlichen Chaos zur väterlichen Ordnung, wobei natürlich das Chaos als Matrix der Lebendigkeit nie ganz verbannt werden kann und immer hereinzubrechen droht.

Wenn wir das Prinzip der Selbstorganisation ernst nehmen wollen, wird sich auch der Begriff und die Bedeutung des Ichs verändern. Das Ich erweist sich als Konstruktion, die Identität schafft, und damit eine weitere Konstruktion. Die Konstrukte von Ich und Identität sind manchmal nützlich, weil sie die Aufmerksamkeit bündeln, die Wachsamkeit verstärken und aufrechterhalten, Handlungen koordinieren, Präferenzen durchsetzen, Pläne ausführen, Ziele erreichen. Nach dieser Phase der Aktivität sollte jedoch eine Phase der Gelassenheit einsetzen, die den Prozessen der Selbstorganisation, d.h. der Regeneration, des Loslassens, der Reinigung, des Abbaus gewidmet sind. In solchen Phasen „arbeitet" das Unbewußte in seiner Weise, durch das selbstorganisierende Zusammenwirken aller Teile. Das Ergebnis ist dann im Sinne aller Beteiligten und kann sich einer allgemeinen Anteilnahme erfreuen. Die Teile sind ein Teil der Lösung, da sie beim Lösungsprozeß beteiligt sind. Solche Lösungen vollziehen sich auf einer organischen Ebene und sind natürlich effektiver als Verordnungen, die „von oben" (sei es vom Ich, sei es von Gott oder dem Gesetz) kommen. Eine solche organische Teilnahme schafft eine Geistesgegenwärtigkeit, die sich durch den Ich-Willen nicht herstellen läßt, nicht einmal als Konstruktion. Um es auf eine kurze Formel zu bringen: Partizipation schafft Präsenz.

Diese Art von Gegenwärtigkeit muß allerdings oft mühsam errungen werden, wobei es nicht um ein Dazulernen, sondern um ein Ent-Lernen geht. Der Körper „weiß" nämlich von seiner Einbindung in die organischen Zusammenhänge und Ordnungen, die sich aufgrund von lebendiger Selbstorganisation herstellen, er „weiß" von seiner Zugehörigkeit zum organischen System, das Gehirn „weiß" es, der Geist „weiß" es, nur das selbstbewußte Ich, das auf dem Gipfel dieser Pyramide der Zusammenhängigkeit thront, zeichnet sich durch Ignoranz aus. Das Ich will die Zugehörigkeit zum organischen System der Zusammenhänge nicht wahrhaben und will sich auch lieber nicht darüber informieren, in welchen Abhängigkeiten es eingebunden ist, um die Illlusion der individuellen Freiheit nicht zu verlieren. Das Ich will seine eigene Vergänglichkeit nicht wahrhaben. Deshalb identifiziert es sich fortlaufend mit seinen Funktionen, Aktionen, Produktionen. Wie der Philosoph Jacob Needleman sagt: „Unterhalb jenes zerbrechlichen Gefühls persönlicher Identität ist das Indivdiuum tatsächlich ein Schwarm unzähliger unzusammenhängender Impulse,

Gedanken, Reaktionen, Meinungen und Empfindungen, welche durch Ursachen aktiviert werden, derer sich der einzelne in jedem Augenblick überhaupt nicht bewußt ist. Und dennoch identifiziert sich der einzelne in jedem Augenblick mit jedem beliebigen aus diesem Haufen von Impulsen, der zufällig aktiv ist. Dabei bestätigt er automatisch jeden als »Ich selbst« und nimmt dann entweder für oder gegen dieses »Ich« Stellung, je nach dem Druck, den das soziale Umfeld von Kindheit an auf ihn ausgeübt hat.“

Das identifizerte Ich erschafft das persönliche Unbewußte ebenso wie das persönliche Über-Ich. Kulturen, in dessen Vordergrund das Individuum und seine Freiheit stehen, erschaffen ein kollektives Unbewußtes, das der „väterlichen“ Ordnung der Gesetze entgegengesetzt ist und das durch diese Polarisierung innerhalb eines dualistischen Schwarz-Weiß-Denkens zur ständigen Bedrohung wird.

Das identifizierte Ich glaubt an eine Welt, die geschaffen wurde und die aufgrund eines schöpferischen Aktes aus dem Chaos entstand, ohne daß ein Zusammenhang zwischen Chaos und Schöpfung besteht. Die Ordnung, die in der Schöpfung herrscht, ist eine von außen eingeführte Ordnung und keine Ordnung, die sich durch biologische Selbstorganisation entwickelt hat. Das Wunder des Lebens, das Geheimnis der Lebendigkeit, der Zugang zu den eigenen Ressourcen der schöpferischen Selbstorganisation geht verloren.

Die beste Kur für das Ich ist die Einsicht, (nur) ein Produkt zu sein. Freilich ist dieses Produkt mit einer Intelligenz ausgestattet, die ihm erlaubt, sich selbst als Produkt zu erkennen. Schon allein für diese phänomenale Leistung kann das Ich sich nicht nur richtig einschätzen, sondern auch hoch einschätzen und wertschätzen. Das Ich erlangt ein Selbstbewußtsein, das es an den ihm angemessenen Ort in der Evolution stellt und ihm daraus ein Gefühl erwachsen läßt, einen Platz in der kosmischen Ordnung zu haben. Das Ich hat auch seine Aufgaben, aber immer dann, wenn das Werk, das ansteht, getan worden ist, ist es Zeit für das Ich, wieder von sich selbst Abstand zu nehmen. Das Ich muß nicht immer Chef sein, und auch ein Chef braucht Aus-Zeiten, um in Zeiten des Einsatzes seinen Betrieb gut führen zu können.

Die Scheidung der Aufgabengebiete, der Funktionen und Zuständigkeiten helfen dem Ich, sich nicht immer, aber immer öfter zu entspannen – die permanente Anspannung des Machenwollens,

Machenmüssens aufzugeben. Hier ist die Einsicht in das Nichtmachenkönnen die beste Lösung zu einem Problem, das erst dann zum Problem wird, wenn sich Furcht und Hoffnung daran hängen, etwas beeinflussen zu wollen, was nicht in unserer Macht steht – z.B. unsere eigene Vergänglichkeit und Sterblichkeit. Diese stoische Einsicht verhilft zu größerer Klarheit und der Bereitschaft, sich ganz auf das Leben einzulassen. Der Stoiker Epikur (341-271 v. Chr.) schreibt: „Denn alles Gute und Schlimme ist nur in der Empfindung gegeben; der Tod aber ist die Vernichtung der Empfindung. Daher macht die richtige Erkenntnis – der Tod sei nichts, was uns betrifft – die Sterblichkeit des Lebens erst genußfähig, weil sie nicht eine unendliche Zeit hinzufügt, sondern die Sehnsucht nach der Unsterblichkeit von uns nimmt. Denn es gibt nichts Schreckliches im Leben für den, der erfaßt hat, daß es nichts Schreckliches im Nicht-Leben gibt."

Spirituelle Dimensionen erschließen sich deshalb nicht durch das Erfinden von tröstenden oder verschleiernden Glaubenssystemen, die sich auf übersinnliche Erfahrungen beziehen oder sich an übernatürlichen Gegebenheiten festmachen, sondern durch eben jene mutige Auseinandersetzung mit Begrenzungen, die in der Natur unseres Daseins liegen. Was sich verändert, ist der Umgang mit den natürlichen Grenzen, nicht die Begrenztheit selbst.

Im Gespräch mit Therapeuten, die nicht im traditionellen oder konventionellen Sinne gottgläubig sind, stellte ich öfter die Frage, ob es in ihrem Weltverständnis ebenso wie in ihrem therapeutisch verwendeten Wortschatz so etwas wie Gott oder das Göttliche gibt, und ich wurde überrascht durch die unbesorgte Antwort, daß das Unbewußte eine Instanz wäre, die Wissen und Weisheit, Energie und Kraft, Mitgefühl, Verbundenheit und Liebe repräsentiere, also ähnliche Eigenschaften beinhalte, wie wir sie gerne Gott zuschreiben, um uns danach auszurichten. Das Unbewußte wird hier zu einer dem Menschen innewohnenden Instanz der wegweisenden Orientierung, die einer äußeren Orientierung an Gesetzen oder Glaubensdogmen nicht widersprechen muß, jedoch auch nicht von dieser abhängig zu sein scheint. Könnte es sich bei dieser Auffassung, der offensichtlich eine bestimmte Art des Erlebens zugrunde liegt, um jenen Gott der Mystiker handeln, der im Menschen selbst wohnt, statt von außen ihn beherrschen zu wollen?

3. Was heißt hier „spiritualisieren"?

„Eigentlich ergreift der Aberglaube nur falsche Mittel, um ein wahres Bedürfnis zu befriedigen." – *Goethe*, Farbenlehre

Diese ungewöhnliche Wortschöpfung bezeichnet eine Tätigkeit, die sich Leitbilder und geistige Autoritäten erschafft, um sich an ihnen orientieren zu können. Es ist etwas, was im Grunde alle Religionen machen und was ihnen immer vorgeworfen wurde. Stephen Wolinsky decouvriert dieses Verhalten als infantile Sehnsucht, zu den Göttern aufzuschauen und in einer kollektiv verankerten Trance der Anbetung gefangen zu bleiben. Der Buddhismus orientiert sich an der Befreiung von den alten Göttern des Hinduismus. Aber auch in der Geschichte der europäischen Philosophie gibt es seit der Antike Bestrebungen, sich loszusagen vom Diktat der verinnerlichten Autoritäten. Sokrates zahlte mit seinem Leben dafür, sich von den Göttern seines Kollektivs loszusagen.

Die philosophische Schule der Stoa grenzt die Götter als Leitbilder aus, denn „die Götter sind glückselig, unvergänglich und an den Menschen nicht interessiert" (Epikur). Vor den Göttern braucht man sich nicht zu fürchten, lautet eine Weisung der Lehre Epikurs. Die Aufklärung wird die Absage an die Götter, an die Religion und vor allem an die Kirche als Motiv aufnehmen, diesmal unter dem Zeichen der Dichotomie zwischen Vernunft und Glaube, wobei die Entscheidung für die Vernunft ein typisches Merkmal des Rationalismus ist. „Eine Religion", sagt Kant, „die der Vernunft unbedenklich den Krieg ankündigt, wird es auf Dauer nicht gegen sie aushalten ... Aufklärung ist der Ausgang des Menschen aus seiner selbstverschuldeten Unmündigkeit. Unmündigkeit ist das Unvermögen, sich seines Verstandes ohne Leitung eines anderen zu bedienen ..." Die Maxime, jederzeit selbst zu denken, leitet die Aufklärung ein. Doch Goethe (und nach ihm die Romantik) erkennt das Bedürfnis, das sich hinter dem Aberglauben verbirgt, als eine Sehnsucht, die Welt nicht theoretisch in sprachlichen Begriffen zu begreifen, sondern sie in ihren praktischen Auswirkungen zu erkennen und mit diesen umzugehen lernen. Es ist das Bestreben, die Wirklichkeit metaphysisch zu erklären und ihr einen Sinn zu geben.

Aberglaube ist eine kollektive Trance des Volks- und Brauchtums, die in Metaphern, Mythen und Ritualen sich hartnäckig aufrechterhält, indem sie tagtäglich praktiziert wird. Auch heute finden wir Beispiele dieser Art von „Aberglauben", insbesondere im Bereich der Esoterik, die als Geheimwissen den Geist bilden will, aber in Form von Taschenbuchausgaben die dazugehörige Praxis der Geistesbildung nicht mitliefert. Es sind die Alltagstrancen, die uns das Gefühl von Sinn und Geborgenheit geben, aber den Geist mehr verdunkeln als erleuchten.

Es gibt also durchaus auch negative Trancen, die zu erkennen wir eben in und durch Kontakt mit unseren tieferen Schichten des Seins erkennen können als etwas Uneigentliches, etwas, das nicht wirklich zu uns gehört und dessen wir uns entledigen können. „Unsere automatischen Trancezustände verhindern eine wirkliche Vereinigung mit der zugrunde liegenden Einheit", schreibt Wolinsky. Und er verspricht demjenigen, der einmal von diesen negativen Trancen erwacht ist, eine ununterbrochene Bewußtheit, die nicht begrenzt wird durch innere Bilder der Verzerrung, durch Widerstand gegenüber Chaos oder andere negative Trancezustände.

Wolinsky nennt das Quantenbewußtsein eine „natürliche Spiritualität", wobei Adjektive wie „natürlich" stören, weil auch sie wieder in die bedenkliche Nähe von Glaubenssätzen und festgelegten Vorstellungen führen. Zweifellos aber hat die Befreiung von negativen Trancen mit einem Prozeß der Vergeistigung zu tun und führt zu einem Zustand, in dem der Geist sich selbst bewußt wird. Wenn diese Stufe erreicht ist, kann der Geist auch milder werden und nachsichtig mit sich umgehen, denn mittlerweile weiß er, daß alle Wirklichkeit im Kopf entsteht und er selbst an dem Weltbild maßgeblich beteiligt ist. Der Geist besitzt einen Fundus an Masken und Kostümen, ohne mit ihnen verschmolzen zu sein. Das nenne ich die hohe Kunst des kreativen und zugleich bewußten Spiritualisierens. Und wenn ich mich alles dessen, was ich zu meiner Unterhaltung geschaffen habe, entledigen will, um wieder frei zu sein, gehe ich einfach einen Schritt weiter und lenke den Fokus meines Blicks nun wieder auf den Raum, die Leere, die Weite.

3.1 Stufen des Spiritualisierens (nach Wolinsky)

1. Stufe: MAGISCHES DENKEN – Das Kleinkind glaubt, es erschaffe durch Denken, Wünschen und Vorstellen die Handlungen seiner Eltern.
2. Stufe: IDEALISIERUNG – Das Kind erschafft seine Eltern als Ideale, um sich auf diese Weise in der Welt zu orientieren und zu organisieren.
3. Stufe: SPIRITUALISIERUNG – Das Kind macht seine Eltern zu Gurus, Göttern und sonstigen geistigen Autoritäten.

MAGISCHES DENKEN führt zum Problemzustand des zwanghaften Denkens, des Größenwahns, der Allmachtgefühle und Selbstüberschätzung, dadurch bedingt zu einer falschen Überverantwortlichkeit und zu Schuldgefühlen. Bert Hellinger spricht in diesem Zusammenhang von „Anmaßung". Verlust von Identität bzw. fehlende Ausbildung einer stabilen Ich-Struktur mit ihren Konturen und Grenzen dem anderen und der Welt gegenüber, in der Folge davon naive Vorannahmen über die Welt (statt experimentelle Arbeitshypothesen, die jederzeit widerrufen oder überwunden werden können), „Gedankenlesen" und Besserwissen im Umgang mit dem anderen, Urteilen, Deuten, Unterstellen – das sind die Auswirkungen dieser negativen Trance, die vor allem das Leben in Gemeinschaft und Partnerschaft betreffen. Sie verhindern wirklichen Austausch, Information und Kommunikation, dadurch Kooperation, Ko-Evolution und Synergie.

IDEALISIERUNG führt zum Problemzustand der Fixierung auf eine Phantasie oder Imagination, die nichts mit der Realität zu tun hat. Das Abbild des Menschen wird geliebt, bewundert, verehrt, nicht der Mensch selbst. Ein Handel entsteht unter dem Motto: Ich liebe dich, damit du dich um mich kümmerst, für mich sorgst, zu mir hältst, mich nicht verläßt, mich schützt, etc. Loyalitäten basieren auf solchen unbewußten Handelsverträgen. Sie nähren jene Illusionen, mit denen Enttäuschungen letztlich vorprogrammiert werden. Während die Bedeutung des oder der anderen erhöht wird, wird die eigene Identität abgewertet. Es entsteht das Gefälle von Opfer und Täter. Ohnmachtsgefühle (Opfer-Identität) bei gleichzeitiger Übertragung der eigenen Macht auf andere (die zu Tätern gemacht werden) bzw.

auf Machtstrukturen in Form von sozialen und politischen Hierarchien (statt Verantwortung für sich selbst zu übernehmen und mündig im Sinne von Kant zu werden) – das sind die Auswirkungen dieser negativen Trance, die vor allem die Bereiche der Gesellschaft betreffen, wo sich Vorurteile durch diskriminierende Klassifizierung eingebürgert haben (Rollenverteilung, Klassendenken etc.).

SPIRITUALISIERUNG führt zum Problemzustand einer unbewußten Lebensgestaltung, in der mehr die unbewußten Kräfte der Gewohnheit, der Angst, der Absicherung und der Trägheit am Werke sind als die einer bewußten und verantwortlichen Entscheidung und sorgfältige, durchdachte Planung. Das Schicksal wird als Ergebnis einer Einwirkung höherer Mächte gesehen, die spirituelle Suche beschränkt sich darauf, in der Außenwelt und in den anderen die Liebe, die Allmacht, die Weisheit und Erleuchtung zu suchen (statt in sich selbst). Dadurch entsteht eine Abhängigkeit von spirituellen Lehren, die sich allzu oft als suggestive Ideologie, rigide Dogmatik und subtile Indoktrination bis hin zur fanatisierenden Propaganda erweisen. Mit Auswirkungen dieser negativen Trance haben wir es heutzutage zu tun, wenn als Gegengewicht zu einer postmodernen Multidimensionalität, Virtualität und eines Konstruktivismus die Rückkehr zu den „wahren Werten“ immer mehr gesucht und immer häufiger gefordert wird.

4. Spirituelle Dimensionen

„Wir erfanden den Raum, um die Zeit totzuschlagen, und die Zeit, um unsere Lebensdauer zu motivieren." – *Gottfried Benn*

Schon Zenon von Elea, jener vorsokratische Philosoph, dessen Rätsel und Paradoxien in die Philosophiegeschichte eingegangen sind, wußte, daß Raum ein Anschauungsbegriff und nicht ein Begriff des Verstandes ist. Insofern ist Raum immer der Raum, den wir uns nehmen, ebenso wie die Zeit immer die Zeit ist, die wir uns geben. Zeit und Raum sind Dimensionen, die von der subjektiven Wahrnehmung abhängen und der Veränderung des subjektiven Erlebens unterworfen sind. Eine bestimmte Qualität des Zeit- und/oder Raumerlebens läßt auf bestimmte Bewußtseinszustände schließen, und nirgends verändern sich Zeit- und Raumwahrnehmung so sehr wie in Trance. Da es aber viele Arten von Trancen gibt, können wir durch die Art der Erlebnisqualität uns ungefähr eine Vorstellung von der Trance machen, um die es geht, ebenso wie wir durch eine Suggestion bzw. Produktion eines bestimmten Raum- und/oder Zeitgefühls in eine gewünschte Trance geraten bzw. sie gezielt induzieren.

Spirituelle Dimensionen – ist das nicht ein Widerspruch in sich? Wer würde sich schon anmaßen, den Meßstab an den Geist anzulegen und mit gewöhnlichen Maßeinheiten vorgehen zu wollen? Wer würde sich zutrauen, Begriffe für das Unbegreifliche zu finden jenseits des normalen Denkens? Aber wenngleich der Sprachphilosoph Wittgenstein behauptet, die Grenzen der Sprache seien die Grenzen der Welt, so gilt dies nur für eine Sprache, die die Welt so genau wie möglich abbilden will und sich dabei auf den common sense der Alltagssprache mit seinen sozialen Konventionen und dem Konsensus über das, was „normal" und „gewöhnlich" ist, bezieht. In der Poesie, der Sprache der Assoziationen, der Andeutungen und Anspielungen, im Feld der Resonanz, die kollektiv verankerte Bilder jenseits der Sprache zum Schwingen bringt und Saiten in uns anrührt, deren Schwingungen sich nicht fixieren und definieren lassen, in der Sprache der Mythen und Metaphern ist es hingegen durchaus möglich, durch Umschreibung Inhalte zu erfassen, angesichts derer wir gewöhnlicherweise sprachlos sind. Um so mehr gilt dies für Inhalte der Spiritualität.

Die Natur, sagt Blaise Pascal, hat Vollkommenheit, um zu zeigen, daß sie das Abbild Gottes ist, und Mängel, um zu zeigen, daß sie nur das Abbild ist. Der Vorstoß in die verborgenen Räume jenseits der flächendeckenden Schicht des Offensichtlichen, jenseits der Oberfläche und dessen, was wir oberflächlich nennen, ist zugleich eine Entdeckungsreise, die uns zu uns selbst führt. Allerdings „ist es leichter, zum Mars zu gelangen als zu sich selbst" (C.G. Jung).

Aber welche Kategorien können wir unterscheiden, dort, wo die Wahrnehmung, die sich an das Gewohnte und Gewöhnliche hält, mit dem Unbekannten und Unbewußten konfrontiert ist? Ein Kriterium der Unterscheidung bildet hier die Dichotomie von Trennung und Verschmelzung in der großen Einheit. Wir haben diese Dichotomie schon als Polung einer spirituellen Achse kennengelernt. Nun können wir uns fragen: Wann fühle ich mich mehr getrennt, entfernt oder sogar entfremdet von der Welt, und wann fühle ich mich verbunden, verschmolzen, oder sogar vereinigt mit ihr? Wenn Sie nie erlebt haben, wie es sich anfühlt, mit der Außenwelt eins zu sein, dann brauchen Sie sich nicht zu sorgen, denn ich kann Ihnen versichern, ohne Sie persönlich zu kennen: Sie haben es erlebt. Dieses Erlebnis gehört zum Basiswissen der irdischen Inkarnation. Sie mögen es vergessen haben, weil diese Erlebnisse und dieses Wissen nicht im Katalog der gewöhnlichen Erfahrungen stehen. Aber in Ihrem Unbewußten ist es gespeichert als Information, als Möglichkeit, ob Sie diese nun aktualisieren und realisieren oder nicht. Sie haben dieses Gefühl auf alle Fälle erlebt, als Sie im Bauch Ihrer Mutter getragen und genährt wurden, auch wenn rational gesehen alles, was Ihre Existenz auf Erden unterstützen und bekräftigen hätte können, dagegenstand. Und Sie erleben es immer wieder, so lange Sie hier auf dieser Welt sind, denn Sie sind, ob Sie es wollen oder nicht, ein Teil dieser Schöpfung, zu der Sie beitragen können, wenn Sie erkennen, daß es auch Ihre Schöpfung ist, die Sie jetzt leben. Je mehr Sie sich annähern an das Gefühl der Verbundenheit, desto mehr kommen Sie in Kontakt mit Ihrer schöpferischen Kraft. Je mehr Sie, aus welchen Gründen auch immer, sich trennen lassen und die Trennung aufrechterhalten, desto mehr müssen Sie zusätzlichen Aufwand betreiben, um sich zusammenzuhalten und Sie selbst zu sein.

Sicher kennen Sie diese Erfahrung: Manchmal ist alles sehr einfach. Alles geht mühelos, wie von selbst. Das sind Momente, in denen

Sie verbunden sind mit der Quelle des Seins. Und manchmal ist alles sehr schwierig, sehr fremd und sehr anstrengend. Das sind die Momente, in denen Sie sich getrennt erleben vom Rest der Welt. Wie auch immer Sie diese Erlebensqualitäten beurteilen mögen, bleibt Ihnen überlassen, und damit auch die Entscheidung, was für Sie welche Bedeutung gewinnt. Das Leben erscheint kurz angesichts der Fülle von Lernerfahrungen, die es bereit hält: „Die Zeit ist eine große Lehrerin. Schade nur, daß sie ihre Schüler umbringt", sagt Curt Goetz.

Die Erinnerung an die Kindheit kann ein Schlüssel zum Unbewußten und ein Zugang zur Zeit der Zeitlosigkeit sein. Ich unterscheide mehrere Zeitgestalten, in denen sich Erlebnisqualitäten der Zeit präsentieren können, und dazu gehört die Zeit der Zeitlosigkeit, aber sie ist nicht die einzige. Wenn die Zeit in den Momenten der Zeitlosigkeit aufgehoben erscheint, wird sie zum Raum. Dann gilt die Umschreibung, wie sie von tibetischen Meistern formuliert wurde: Raum ist Leere, erfüllt mit pulsierender Energie. Die chronologische Zeit ist die gierige, die fressende Zeit, die uns gleichermaßen lehrt wie verschlingt. Die Zeit des Aions hingegen ist die Zeit der großen Sprünge, die mittels des Willens und der Willkür gesetzt werden, während Kairos, jene luftige, flügelgewandete Gestalt, sich aller Berechnungen enthebt. Sicher ist mir das Angesicht des Todes. Der Tod ist der Schlüssel. Alles Philosophieren beginnt und endet im Bewußtsein, sterblich zu sein.

4.1 Neurologische Schaltkreise und die Kunst, umzuschalten

„Leben", schreibt Ortega y Gasset, „ist nichts anderes als der Umgang mit der Welt". „Und Politik", meint Cesare Pavese, „ist die Kunst des Möglichen". Das ganze Leben ist Politik. Um jedoch die Kunst der Selbstbestimmung wirklich beherrschen zu können, so daß die Forderung von Novalis, Leben sollte kein uns gegebener Roman, sondern ein von uns gemachter sein, in Erfüllung gehen kann, müssen wir lernen, umzuschalten und auf der Klaviatur der Nervenschaltkreise souverän zu spielen. Wir gehen von der Aktivität der Gehirnwellen aus und ordnen ihrem Schwingungsbereich spielerisch und hypothetisch bestimmte Verhaltensweisen zu. Um das Umschalten zu lernen, bedienen wir uns der Techniken von Visualisierung, Imagination und dem willentlichen Hervorrufen bestimmter Körperbefindlichkeiten. Uns stehen Brillen (visueller Sinneskanal für vorwiegend visuelle Typen), Sounds (auditiver Sinneskanal für vorwiegend auditive Typen) und Feelings (kinästhetischer Sinneskanal inklusive Riechen und Schmecken für die körperorientierten und mehr sinnlichen Typen) zur Verfügung, um die gewünschte Stimmung im Innenleben zu erzielen. Wir betätigen uns als Regisseur und Kameramann, als Komponist und DJ einer Disco oder als versierter Gastgeber, Zeremonienmeister, Entertainer.

BETA-Zustände entsprechen dem Schwingungsbereich der Gehirnwellenaktivität von 40 Hertz bis etwa 14 Hertz. In diesem Frequenzspektrum ist der Zustand des aktiven Wachbewußtseins angesiedelt und befähigt zum HANDELN, wobei an der oberen Grenze panisches Reagieren und Auslösen der Überlebensinstinkte vorherrschen, während an der unteren Grenze wohlüberlegtes, geplantes Tun möglich ist.

ALPHA-Zustände entsprechen dem Schwingungsbereich der Gehirnwellenaktivität von 13 Hertz bis 8 Hertz. In diesem Frequenzspektrum ist der Zustand eines überwachen Bewußtseinszustandes erreicht, das sich besonders zum DENKEN eignet. Oberhalb von 13 Hertz fehlt der „kühle Kopf“ dazu, unterhalb von ca. 8 Hertz ist der Mensch so absorbiert von den Informationen, die aus seinem Innenleben kommen, daß er normalerweise von der Außenwelt abschaltet und ins Sinnen verfällt, so daß er geistesabwesend ist.

THETA-Zustände entsprechen dem Schwingungsbereich der Gehirnwellenaktivität von 7 Hertz bis 4 Hertz. In diesem Frequenzspektrum ist der Zustand der normalen Wachheit ausgelöscht, die meisten Menschen schlafen und TRÄUMEN, manche jedoch schaffen es, durch VISIONEN die Grenzen zwischen den Wirklichkeiten aufzuheben und zu ZAUBERERN zu werden.

DELTA-Zustände entsprechen dem Schwingungsbereich der Gehirnwellenaktivität von 4 bis 0,5 Hertz. In diesem Zustand des Frequenzspektrums ist der Zustand des TIEFSCHLAFS ohne Träume mit seinen Funktionen von REGENERATION und HEILUNG tätig – es ist der Zustand von SEIN, der an seiner untersten Grenze in den Zustand von KOMA übergeht.

Stellen Sie sich nun vor: Was ist die geeignete BETA-BRILLE, welche Farbe hat sie? Vielleicht wählen Sie für Ihre persönlichen Stunden der Panik ein Rubinrot, in der Sie Action pur erleben? Dann vielleicht möchten Sie wieder zur Tagesordnung übergehen und Ihre normale Bewegungsfreiheit und Instinktsicherheit gepaart mit Verhaltensformen, die jeweiligen Alltagssituationen angemessen sind, erhalten und wählen dafür eine neue Brille, vielleicht in einem dezenteren Ton gehalten, mit einer rosig anregenden Tönung, die Sie motiviert, aber nicht übererregt? Üben Sie in Ihrer Phantasie den Wechsel der Brillen, und gehen Sie dazu über, nun auch einen BETA-SOUND (vielleicht ein ohrenbetäubendes Wummern von Techno und Rave im ersten Fall und im zweiten eine beschwingende Tanzmusik?) und ein BETA-FEELING für sich zu kreieren. Soll es ein orgiastisches Fest sein oder eine gelungene Choreografie, ein reibungsloses Erledigen notwendiger Handlungen und Arbeiten, die, so erlebt, sogar Spaß machen?

Und nun erlauben Sie Sich, in Ihrer Phantasie auf Alpha überzuwechseln, weil Sie neugierig geworden sind, ob das Leben vielleicht nicht mit weniger Streß zu bewältigen ist. Stellen Sie sich nun vor: Was ist die geeignete ALPHA-BRILLE, welche Farbe hat sie? Vielleicht wählen Sie für Ihren persönlichen Termin mit dem Meister in sich ein Gold, das die Welt in ein warmes Leuchten taucht und unwillkürlich zur Entspannung angesichts der sinkenden Sonne und der Welt in Orange einlädt. Üben Sie, die Wirkung dieser Brille in sich hervorzurufen durch die Kraft und Konzentration Ihrer Phantasie. Und wenn Sie mehr auf auditive Reize reagieren, gehen Sie dazu über, nun auch einen ALPHA-SOUND für sich zu finden. Vielleicht ist es der Ton eines tiefen Gongs im Zen-Kloster, das Singen von Gregorianik in Kathedralen, das Murmeln von Mantras oder Rosenkränzen oder, wenn Sie keinen Bezug zu religiösen Formen haben, eine majestätische Orchestermusik, eine Opernarie, die Ihnen das Herz weitet und Sie über die Begrenzungen des Alltags hinausführt. Gehen Sie nun dazu über, auch ein spezifisches ALPHA-FEELING für sich zu erschaffen, so daß es Ihnen zur Verfügung steht, wann immer es Ihnen danach zumute ist. Vielleicht bewirkt eine bestimmte Körperhaltung diesen Zustand, eine rituelle Haltung oder Handlung, vielleicht auch ein Gebet oder ein zeremonielles Gewand, das für diese besonderen Gelegenheiten reserviert bleibt. Und dann, wenn sie Sich ganz mit Ihrem persönlichen ALPHA-Zustand vertraut gemacht haben, wagen Sie sich in den geheimnisvollen Bereich der Träume und Visionen vor.

Stellen Sie sich vor: Was ist die geeignete THETA-BRILLE, welche Farbe hat sie? Vielleicht wählen Sie für Ihr persönliches Rendezvous mit Ihrem Traum-Mann oder Ihrer Traum-Frau ein schillerndes, leuchtendes Grün, um sich zurückzulehnen und sich ganz dem Zauber der vielfältigen Erscheinungsformen widmen zu können. Vielleicht ist es kein Mann, sondern ein Panther, keine Frau, sondern eine wild blühende fleischfressende seltene Pflanzenart, der Sie begegnen, wenn Sie sich dem Dschungel Ihres träumenden Unbewußten überlassen. Vielleicht folgen Sie der überwachsenen Spur eines vergessenen Weges zum verwunschenen Tempel der Zauberer, vielleicht beginnen Sie die Sprache der Steine, der Bäume, der Tiere zu verstehen. Vielleicht bemerken Sie zu Ihrem Erstaunen, daß Sie die Kreaturen nicht nur verstehen, sondern eine von ihnen sind und gleichzeitig über deren Fähigkeiten verfügen. Es kann sein, daß Sie das Leuchten des Grüns eintauschen möchten gegen das Türkisblau eines tiefen klaren Sees ohne Grund und Boden, während Sie schon dabei sind, in die Tiefe abzutauchen. Das Blau eröffnet Ihnen Räume hinter Räumen, läßt Sie fliegen durch die Horizonte bis an die Grenzen Ihrer Vorstellungskraft. Zu dieser Theta-Panoramavision, die Sie von allen Seiten umfängt und einhüllt, als wären Sie ganz darin aufgefangen, zu dieser großartigen Show gehört natürlich auch der THETA-SOUND, vielleicht eine psychedelische Musik, wie die von Pink Floyd, oder Naturgeräusche, die jedoch nicht von außen an Ihr Ohr dringen, sondern in Ihrem Inneren selbst zu entstehen scheinen, als wären Sie die Natur selbst geworden. Und genau das ist es, das THETA-FEELING, das Sie auch ohne Drogen in sich ausbreiten lassen können, wenn Sie sich dazu entschlossen haben, sich in die Natur fallen zu lassen, die Natur geschehen zu lassen, die Natur draußen ebenso wie die Natur in Ihnen selbst. Es ist, als ob sich Ihre Identität erweitern, ausdehnen und strecken könnte, und dann sind Sie soweit, und die Bewußtseinsfäden, die Ihr gewohntes Selbst zusammenhalten, können sich nun endgültig lockern, den gewöhnlichen Zusammenhalt lösen und Sie dem Nachtblau einer wunderbaren Tiefe, Stille und Ruhe übergeben, als wäre dies Ihr neues Heim. Sie halten die Schlüssel dazu in der Hand, gehen hinein.

Welche Farbe hat Ihre DELTA-BRILLE? Welche Nuancen zwischen Dunkelblau und Violett wählen Sie für diese einzigartige Nacht im Heiltempel? Und vielleicht geht das Farbenspiel, da sich nun Ihr DELTA-SOUND dazufügt, in ein schimmerndes Weiß über, und Sie hören ein beruhigendes, nährendes, unterstützendes Rauschen jenseits aller Geräusche in sich, und Sie wissen: das ist der Sound des Seins an sich, und Sie baden im DELTA-FEELING, das Ihnen so vertraut und altbekannt erscheint, als kämen Sie endlich nach Hause zurück.

4.2 Sprachspiele und Ebenen der Informationsverarbeitung

> Während er in die Versammlungshalle trat, sagte Meister Huang-Po: Der Besitz vieler Art von Kenntnissen läßt sich nicht mit der Aufgabe der Suche nach irgend etwas vergleichen. Das ist das beste aller Dinge. Es gibt nicht verschiedene Arten von Geist, und es gibt keine Lehre, die in Worte gefaßt werden kann. Da nichts weiter zu sagen ist, ist die Versammlung geschlossen.

Der Kulturphilosoph Jean Gebser hat ein Schema aufgestellt, nach dem Kultur folgende Ebenen der Bewußtwerdung durchschreitet:

1. Das archaische Bewußtsein nährt sich aus unmittelbaren Erfahrungen, die durch sprachliche Vermittlung ihrer ursprünglichen Tiefe beraubt zu werden drohen. Es ist in diesem Sinne sprachlos oder sucht nach einer sprachlichen Verdichtung der Inhalte, die sich jedoch durch andere Künste, z.B. durch Tanz, Musik, bildende Kunst besser darstellen lassen.

2. Das mythische Bewußtsein verarbeitet archaische Erfahrungen, indem es auf der Ebene der Symbole und Archetypen Gestalten erschafft, die durch erinnernde Erzählung das ursprüngliche Erleben wieder zu vergegenwärtigen suchen. Mythen bestätigen den Sinn von Ritualen, die das ursprüngliche Erleben nachvoll-

ziehen und im Vollzug neue Verhaltensmuster in das Repertoire der Gewohnheiten einführen.

3. Das magische Bewußtsein geht einen Schritt über das mythische Bewußtsein, indem es seiner Macht bewußt wird und unter dem Motto der Machbarkeit Mythen und Rituale dazu einsetzt, sich die Wirklichkeit zu schaffen, die es wünscht.

4. Das mentale Bewußtsein distanziert sich von dem mythischen und magischen Bewußtsein und diskriminiert die vorhergehenden Stufen als Aberglauben, während das ursprüngliche Erleben durch die Logik der Analyse des Gegebenen verdrängt wird. Der Mangel an ursprünglichem Erleben macht das Leben selbst blaß.

5. Das integrale Bewußtsein vereinigt alle Stufen der Bewußtwerdung und setzt die Mittel dort ein, wo sie dem Zweck dienen. Über alle Zweckdienlichkeit hinaus jedoch entsteht eine neue Qualität, die als Sprung in ein erhöhtes Bewußtsein beschrieben werden kann.

Der Buddhist und New Age-Kritiker Ken Wilber unterscheidet zwischen zwei Stufen eines nicht-mentalen Bewußtseins:

- das prärationale,
- das transrationale.

In einer unreflektierten Esoterik wird das prärationale Bewußtsein mit dem transrationalen verwechselt, daher entstehen Mißverständnisse und Verwirrungen. Dies gilt vor allem für die naive Übernahme fremder Religionen und Traditionen. Dies geschieht aus einer Sehnsucht nach ursprünglichem Erleben, endet aber oft im „spirituellen Materialismus“ (Trungpa) und einer orientierungslosen Konsumhaltung.

4.3 NLP-Zugänge

Das NLP hat Zugang zu der archaischen Ebene durch Techniken, die die neurologische Basis der Wahrnehmung betreffen (assoziierte

Zustände schaffen, Techniken des Ankerns). Sensomotorische Intelligenz kann durch Übungen aus der Kinesiologie gefördert und in Verbindung mit Lernstrategien (Suggestopädie) eingesetzt werden.

Mentaltechniken beginnen bei einem formal-operativen Denken (Kausalzusammenhänge ordnen, Ziele bestimmen, Strategien entwerfen) und funktionieren nur dann optimal, wenn das Denken sich zunehmend vernetzt, d.h. Feedbackschleifen in die Lernprozesse eingearbeitet werden (NLP-Technik des Future Pace und Öko-Check, indem das zu erreichende Ziel auch mit seinen zukünftigen Konsequenzen für das ganze System verglichen und auf seine Verträglicheit hin geprüft wird). Hier sind wir noch im rationalen Bereich.

Transrationales Denken beginnt bei einem Überblick, der auf die Intuition und Informationen aus tieferen Bewußtseinsschichten angewiesen ist. Es ist ein Denken in Trance, wobei Trance hier die Funktion von Grenzüberschreitung erhält. Paradoxe, die zwangsläufig in der kausal-linearen Logik unserer Rationalität entstehen, lösen sich hier auf. Krisen werden als Herausforderung angenommen, Sinn entsteht auf einer Bewußtseinsebene jenseits der bekannten Kausalität und Linearität. Das Denken ist sich bewußt, daß es mehr als eine Wirklichkeit gibt.

Autopoietische Intelligenz zeigt sich im systemischen Denken, das von F. Capra auch als ökologisches Denken bezeichnet wurde. Dieses ist nicht linear, sondern zirkulär und berücksichtigt die Multidimensionalität, die nur durch komplexe Strukturen des Begreifens erfaßt werden kann. Die Begriffe weichen auf, das Denken wird zunehmend fließend.

Eine kausal-finale Intelligenz (wie sie bei A. Blake umschrieben wird) ist sich der großen Zusammenhänge bewußt und gipfelt in einer Instanz, die unsere normale Intelligenz überschreitet. Ansätze, sich dieser Instanz anzunähern, finden wir im NLP, wenn die neurologischen Ebenen sich mit Mission und Transmission beschäftigen – wobei diese Begriffe im Deutschen einen unangenehmen Beiklang haben. Ich berufe mich lieber auf die Vorstellung eines göttlichen Plans, eines inneren Auftrags oder Lernziels im Leben, ich benutze auch Vorstellungen eines Höheren Selbst (der Begriff wird auch im NLP von Tad James verwendet) oder einer geistigen Führung, woher sie auch kommen mag.

Übrigens: Spätestens hier wird es spirituell. Aber auch schon vorher, beginnend mit der sensomotorischen Intelligenz, haben wir jederzeit die Möglichkeit, unser Bewußtsein zu erweitern, neue Informationen aus dem großen Reservoir und Depot unseres Unbewußten abzurufen und zu immer neuen Systemen von Sinn zu verarbeiten. Dabei haben Unsinn und Sinnlosigkeit auch ihren Platz (siehe das „Hasard-Prinzip“ bei Bennett).

5. Spirituelle Entwicklung und die zweite Geburt im Geiste

„Die Menschen werden nicht an dem Tag geboren, an dem ihre Mutter sie zur Welt bringt, sondern wenn sie das Leben zwingt, sich selbst zur Welt zu bringen.“ – *Gabriel Garcia Marquez*

„Who's not busy born, is busy dying.“ – *Bob Dylan*

Der Geburtsprozeß kann sprachlich als Aktivität oder Passivität beschrieben werden. Geboren werden – das ist Passivität, die wir alle erlitten haben. Dieser Leidensaspekt wird von Philosophen betont, z.B. als Geworfenheit (Heidegger), als Absurdität (Camus), als Gegebenheit, die nicht vom eigenen Willen oder der eigenen Entscheidung abhängt.

An den aktiven Aspekt des Zur-Welt-Kommens knüpfen sich Wünsche, Phantasien und Theorien, die mit dem bewußten und entschlossenen Ja zum Leben, dem Ja zur Welt und dem Ja zu den eigenen Möglichkeiten zu tun haben.

Durch die esoterischen Traditionen geheimen Wissens zieht sich der rote Faden eines Mythos, der in vielen Varianten immer wieder und immer neu erzählt wird: Es geht um die Geburt, um eine zweite Geburt, die Geburt im Geiste. Der Geburtsprozeß veranschaulicht, wie der Geist durch verschiedene Stadien hindurch zu sich selbst findet und der Mensch sich am Ende in jenem erstaunlichen Bewußtseinszustand befindet, der so selbstverständlich und gleichzeitig so wunderbar ist, nämlich dem Gefühl, neu geboren zu sein.

Viele umgangssprachliche Metaphern bedienen sich der Geburt, so spricht man bekanntlich z.B. davon, mit etwas „schwanger zu gehen“, „etwas auszubrüten“, „ein Ei zu legen“ etc. Sokrates begreift sich als geistige Hebamme und beschreibt seine philosophische Praxis des radikalen Fragens in Erinnerung seiner eigenen Mutter, die Hebamme war, in Platons „Theaitos“ mit folgenden Worten: „Von meiner Hebammenkunst nun gilt im übrigen alles, was von der ihrigen: sie unterscheidet sich aber dadurch, daß sie Männern die Geburtshilfe leistet und nicht den Frauen und daß sie für ihre gebärende Seele Sorge trägt und nicht für die Leiber. Das Größte aber an unserer Kunst ist dieses, daß sie imstande ist zu prüfen, ob die Seele des Jünglings ein Trugbild und Falschheit zu gebären im Begriff ist oder

Fruchtbares und Echtes." Heutzutage ist es leicht, sich an der Leibverachtung zu stoßen, die dieser Text auszudrücken scheint. Tatsächlich hat er ja die platonische Tradition begründet, die die Wahrheit allein im unvergänglichen Teil der Seele sieht, die mit dem Geist, d.h. mit dem Bewußtsein verbunden ist. Im Hinblick auf die angewandten und umgesetzten Erkenntnisse von BodyMind und BodyMindManagement können wir jedoch die Sokratische Hebammenkunst benutzen, indem wir sie erweitern, wenn wir das Unbewußte und den Körper miteinbeziehen.

Seit der Entdeckung der perinatalen Matrizen durch Stan Grof wissen wir, daß der Körper durch das Unbewußte die Erinnerungen an die am eigenen Leibe erlebte Geburt speichert und daß diese Erinnerungen von fundamentaler Bedeutung sein können. Grofs Entdeckung geht jedoch weit über den Bereich der Primärtherapie hinaus und erstreckt sich auf das kollektive Unbewußte, in dem Archetypen Zeugnis ablegen von der Urerinnerung des Menschen an sein erstes Werden. Die Bedeutung von Grofs Zuordnungen der Geburtsstadien zu Bewußtseinszuständen und entsprechenden Gemütsbewegungen, geistigen Verfassungen, Weltbildern und Glaubenssystemen, Symbolen, Mythen und Metaphern wurde vielleicht in seiner ganzen Tragweite noch nicht voll erkannt.

Tatsächlich ist der Verdienst Grofs unter anderem darin zu sehen, daß er durch seine Forschungen tiefenpsychologisch belegen konnte, wie der Körper unbewußte, vorsprachliche Erinnerungen in sich trägt und das ganze Wesen des Menschen davon bestimmt wird.

Insofern könnte Sokrates' Forderung nach dem Echten im Gegensatz zu den Trugbildern als das gesehen werden, was alle Stadien des Werdens, der geistigen Geburt durchlaufen hat und nicht irgendwo vorher mitten im unabgeschlossenen Prozeß steckengeblieben ist. Die Betrachtung geistiger Prozesse der Bewußtwerdung unter Berücksichtigung einer Dynamik des Unbewußten, das zu seinem Abschluß der vollendeten Gestalt drängt, erweitert den Fokus der Aufmerksamkeit und richtet ihn auf die Gesamtheit eines Ablaufs. Dieser ist von einer Struktur geprägt, die durch die körperlichen Notwendigkeiten der Geburt bestimmt ist. Letztlich ist es also der Körper mit seinen Gesetzen der Selbstorganisation, der die zu durchlaufenden Stadien festlegt und auslöst. Im Zusammenspiel von Mutter und Kind führt das Organisationsmuster des Gebärens und Geborenwerdens von einer Ordnung zur anderen, bis es in der neuen Ordnung des Geborenseins, der Ankunft in der Welt, des Angekommenseins ein vorläufiges Ende findet.

So ist ein Durchlauf durch verschiedene Muster der Selbstorganisation gegeben, ein Prozeß, der in organischer, selbstregulierender Weise eine Prozession von alter zu neuer Ordnung führt und uns die Hoffnung gibt, daß wir auch bewußt das nachvollziehen können, was unbewußt unser Körper uns exemplarisch vorgemacht hat. Mit dem Gelingen dieser Prozedur verbinden sich die Hoffnungen des Menschen, nämlich neu, in transformierter und erlöster Weise wiedergeboren zu werden.

5.1 Die perinatalen Matrizen (Geburtsmatrizen) nach Stan Grof

1. Geburtsmatrize – Das amniotische Universum, seliges Schwimmen des Embryos im Fruchtwasser, umgeben von der nährenden Fruchtblase, vollkommene Symbiose mit der Mutter, genährt, getragen, geborgen, das PARADIES.
2. Geburtsmatrize – Die eigentliche Geburt beginnt, und damit die Austreibung aus dem Paradies: die Fruchtblase platzt, das Fruchtwasser wird abgelassen, der Druck der umschließenden Muskeln der Gebärmutter auf den Fötus wird spürbar. Enge. Ausweglosigkeit, denn der Muttermund, durch den der Geburtsprozeß führen wird, hat sich noch nicht geöffnet. Die Preßwehen setzen ein. Es ist die HÖLLE.
3. Geburtsmatrize – Mit dem Einsetzen der Preßwehen beginnt der Kampf um Leben und Tod. Der Geburtskanal, in den der Fötus sich hineinwindet, während er gleichzeitig geschoben und gepreßt wird, erweist sich als enger Schlauch, der Widerstand leistet und nur durch große Anstrengung überwunden werden kann. Ein KAMPF.
4. Geburtsmatrize – Der Kampf nähert sich seinem Ende. Ein Kind ist uns geboren, jubilieren die Kirchenlieder und schließen alle Neugeborenen ein. Das betrifft auch die, die sich neugeboren fühlen, staunend wie ein Kind, ganz am Anfang. Ein Wunder ist geschehen. ANGEKOMMEN! So lautet die unglaubliche, selbstverständliche Botschaft. (Aber wir alle wissen, daß dies einer der vielen Zyklen der

Entwicklung ist, Freude und Qual beginnen von neuem, nur im Moment herrscht FRIEDE.)

5.2 Das Geburtsspiel

Von den Matrizen führt das Spiel zu den Matratzen. Es folgt das Ausagieren der Verhaltensmuster auf der kinästhetischen Ebene.

Zunächst arbeitete ich mit diesen Matrizen, indem ich sie zu Matratzen umfunktionierte und die Teilnehmer des „Geburtsspiels" bat, auf jeder der vier Matratzen die entsprechenden Bewegungen zu absolvieren bis zu dem Maße, da ein inneres Maß erreicht schien und es an der Zeit war, auf die nächste Matrize bzw. Matratze zu wechseln. Dies beinhaltete folgende Bewegungsanweisungen:

1. Wiegen Sie sich in Sicherheit. Machen Sie sich breit, schaukeln Sie das Kind, kurzum: Bringen Sie sich in einen Zustand, in dem Sie mit der Umwelt, der Natur, allem, was Sie umgibt – eingeschlossen der Menschen, mit denen Sie zu tun haben – verschmelzen. Dies können Sie durch sanfte fließende und wiederholte Bewegungen des WIEGENS und SCHAUKELNS erreichen. Überlassen Sie sich dem großen Strom der Gedanken und Visionen, die durch Sie hindurch sich denken und träumen, der Kraft einer größeren Schöpfermacht, die sich durch Sie hindurch manifestieren kann.

2. Beenden Sie diesen seligen Zustand, wenn Sie spüren, daß es an der Zeit ist, auf eine andere Ebene zu wechseln. Dies ist die Ebene der Notwendigkeit, und die Enge, der Druck ereilt Sie, ob Sie wollen oder nicht. Es liegt an Ihnen, sich freiwillig zu stellen. Entschließen Sie sich dazu, und bestimmen Sie den Zeitpunkt, an dem Sie nach innen gehen mit Bewegungen der KONTRAKTION, die in eine innere KONZENTRATION überführen können.

3.Wenn Sie das Gefühl haben, Ihre Möglichkeit und Fähigkeit nach innen zu gehen, ausreichend ausgereizt zu haben, richten Sie sich nun auf das Gegenteil aus, und bereiten Sie sich innerlich auf die EXPLOSION und EXPANSION vor, die in dem Augenblick erfolgen wird, in dem Sie sich dazu entschließen. Spüren Sie, wie alles in

Ihnen sich auf den Sprung vorbereitet und dann sich losstößt. Jetzt. TOBEN und RASEN Sie. Lassen Sie dem, was über Sie kommt, freien Lauf. Vollführen Sie, auch wenn es nur in Ihrer Vorstellung ist, wahnsinnige Sprünge, die Sie weit über die Grenze Ihrer realen Spannkraft katapultieren. Überwinden Sie in Ihrer Vorstellung die Grenzen, die Ihnen Ihr Körper gesetzt hat, und versetzen Sie sich in einen Zustand des unschlagbaren Berserkertums.

4. Und dann, wenn Sie sich darin erschöpft haben, erlauben Sie sich, ZUR RUHE ZU KOMMEN, OHNE ETWAS ZU ERWARTEN. Erlauben Sie sich wahrzunehmen, wie sich dann die Welt anfühlt.

5. Und dann wissen Sie genau, daß bald alles wieder von Anfang an losgeht. Also schieben Sie einen Keil zwischen den reibungslosen Ablauf der ewigen Wiederkehr, und ziehen Sie sich an einen Ort zurück, von dem aus Sie das Treiben, Ihr Treiben beobachten können. META-POSITION und innerer BEOBACHTER.

5.3 Die perinatalen Matrizen und Ekstase

1. Matrize – OZEANISCHE EKSTASE (Symbiose und Verschmelzen)
2. Matrize – KONVULSIVE EKSTASE (Skepsis und Katharsis)
3. Matrize – DIONYSISCHE ORGIEN (Krisis und dramatischer Höhepunkt)
4. Matrize – EKSTASE, ERWACHEN (Sprung in ein erhöhtes Bewußtsein)
5. Und hier füge ich einen fünften Bewußtseinsraum ein, der im NLP als Meta-Position bezeichnet wird und den neutralen, „dissoziierten“, d.h. nicht-identifizierten Beobachter auf den Plan ruft. Er ist Zeuge des ganzen Ablaufs und kann die Auswirkungen des Geschehens abschätzen. Außerdem mißt er dem ganzen Prozeß eine Bedeutung zu, die sich aus seiner Position der Neutralität heraus ergibt. In der Alchimie wird dieser Zustand QUINTESSENZ genannt.

5.4 Eine Erweiterung der „Disney-Strategie“

Kenner der NLP-Strategie, die zwischen TRÄUMER, DENKER und HANDELNDEM als Teilpersönlichkeiten unterscheidet, wissen sicher das Trennen von Bewußtseinsfunktionen zu schätzen, denn meist stehen sich die drei gegenseitig im Wege. Genannt nach Walt Disney, diesem äußerst erfolgreichen Vater vieler Disney-Figuren, ist die Disney-Strategie aufgrund des Modellierens erfolgreichen Verhaltens entworfen worden. Ich habe sie den perinatalen Matrizen zugeordnet, stellte aber fest, daß etwas fehlt. Dies möchte ich ergänzen.

1. Matrize entspricht dem TRÄUMEN. Unter Träumen soll die Freiheit der Wünsche, Vorstellungen, Phantasien und Visionen verstanden werden. Es ist das erste Stadium, weil es noch jenseits aller Beschränkungen und Notwendigkeiten der sogenannten Realität sich vollziehen kann. Träumen ist eine wichtige Phase, in der sich der Geist nährt, Material sammelt, alles für möglich hält, sich dehnt und streckt, sich getragen weiß und auf das Kontinuum vertraut, das ihn enthält, ebenso wie es ihn sich entfalten läßt.

2. Matrize entspricht dem DENKEN. Unter Denken soll die Beschränkung der kausal-linearen Logik nach dem Prinzip „eins nach dem anderen“ verstanden werden. Während die Symbiose sich in einer zyklischen Zeitlosigkeit vollzieht, tritt nun das Stadium der chronologischen Zeit ein. Druck entsteht, Eile und Enge. Angst. Unterschiede werden gemacht, Werte und Urteile zerstören die große Einheit, die Zeit der Trennung ist gekommen, das Weltgefühl durch Getrenntsein und Isolation ist vorherrschend. Das Denken gedeiht in dieser kühlen Atmosphäre, wo die Konturen scharf ins Auge stechen.

3. Matrize entspricht dem TUN. Das Tun, wenn es bewußtes Tun ist, folgt einem Entschluß. Der Entschluß basiert auf den Ergebnissen, zu denen das Denken gekommen ist. Oft jedoch werden wir überrannt von dem Lauf der Dinge und geraten in einen Strudel der Ereignisse, die eine Dynamik entwickeln. Außerdem hat das Tun eine Tendenz, sich totzulaufen und zum besinnungslosen Rasen auszuarten. Was sich zunächst als kontrollierte und sinnvolle Aktivität erweisen mag, kann schnell zu einem Getriebensein und einer Süchtigkeit werden,

die kein Ende findet außer der Erschöpfung. Kommen Sie dem zuvor, indem Sie ab und zu innehalten und sich erlauben, einfach da zu sein.

4. Matrize entspricht dem SEIN. Gönnen Sie sich öfters eine Pause, die mehr als eine Pause ist.

5. Position der META-POSITION erlaubt ein Zusammenschauen der vier Matritzen und Bewußtseinsfunktionen, die auch als körperliche Befindlichkeiten gespürt, als emotionale Stimmungen und Beweggründe gefühlt, als Gedankensysteme mit ihrer eigenen Logik verstanden werden können. Betrachten Sie aus dieser Position nun, wie Sie sich in vier anderen Positionen erleben.

5.5 Das Erstellen einer inneren Geburtslandschaft

Sie können diese Übung zunächst nur in Ihrer Vorstellung machen, dann jedoch dazu übergehen, die Psychogeographie an den Orten Ihres Alltags auszulegen, z.B. das Bett oder Sofa dem Träumen zuzuordnen, den Schreibtisch dem Denken, Küche, Bad und Gemeinschaftsraum, ebenso wie der Platz, an dem Sie telefonieren, dem Handeln etc. Sie können diese Orte in Ihrer Vorstellung oder auch ganz real mit „Fetischen“ ausstatten, d.h. mit Gegenständen, die eine angenehme Bedeutung für Sie haben und Sie in einen ressourcevollen Zustand bringen. Es können bestimmte Farben sein, die Sie in den jeweiligen Bewußtseinsfunktionen und -zuständen unterstützen, es können auch Klänge, Musik oder Naturgeräusche sein oder bestimmte Sätze, die Ihnen helfen, sich selbst in dem ressourcevollen Zustand zu verankern. Die Sätze können aufgeschrieben und sogar eingerahmt werden. Dies ist besonders hilfreich für den auditiv-digitalen Typ, der in Sprache denkt, fühlt und sein Erleben sozusagen übersetzt. Wichtig ist bei diesem Vorgehen, daß Sie zunächst die Bereiche trennen, auch wenn im alltäglichen Zusammenhang vieles sich gar nicht trennen läßt. Für den Bereich des Seins wählen Sie einen Ort, der durch keinen Zweck besetzt ist. Vielleicht ist es ein stiller Winkel, in dem Sie besonders gerne verweilen. Es kann der Garten, der Balkon sein oder eine Stelle, von der aus sich eine besonders inspirierende

Aussicht bietet. Später, wenn Sie mit diesem ganz besonderen Bewußtseinsraum des Seins vertraut geworden sind, kann es sein, daß Sie sich eine Art Schrein einrichten und auch dafür Gegenstände finden, die Ihnen helfen, zu sich selbst, zu Ihrem Sein zu finden. Oder Sie bevorzugen eine Meditationsecke im strengen Stil des Zen oder knüpfen an eine religiöse Tradition an, die Ihnen entspricht. Es geht darum, daß Sie sich als Selbst angenommen fühlen und dadurch Ihr Sein als So-Sein annehmen können. Akzeptanz sich selbst gegenüber ist die Basis für wirkliches Dasein im Sinne von Integrität, Präsenz und der Motivation, am Leben teilzunehmen.

Wenn Sie nun die räumliche Zuordnung vollzogen haben, können Sie es mit einer zeitlichen Ordnung versuchen. Suchen Sie die Orte Ihrer Bewußtseinsfunktionen in der Reihenfolge auf, die dem Geburtsprozeß entspricht. Gestalten Sie dieses Aufsuchen „rituell“, und benutzen Sie Symbole, Metaphern dazu. Erfinden Sie Mythen, die Sie positiv beeinflussen und bestärken, erinnern Sie sich an all die Male, da sie erhellende Visionen und richtungsweisende Träume in Ihrem Leben hatten, als Sie klar und folgerichtig denken konnten und auf folgenreiche Gedanken kamen, die ein erfolgreiches Handeln zur Folge hatten. Erinnern Sie sich dann auch an den Punkt, da dieses Handeln zu einem Ende kam und Sie vielleicht das Bedürfnis hatten, zu feiern oder zu danken. Gehen Sie mit Gefühlen von Freude und Dankbarkeit, die Sie ganz bewußt in sich hervorbringen, an den Platz des Seins. Nehmen Sie, wenn Ihre „Meditation“ abgeschlossen ist, nun noch die Meta-Position ein, in der Sie das Ergebnis des Durchgangs betrachten. Fühlen Sie sich ganz da, ganz angekommen in der Welt? Fehlt etwas? Was fehlt? Welche Phase kam zu kurz? Was könnte Ihnen helfen, diese Phase besser zu gestalten? Erfinden Sie geistige Begleiter und Verbündete, Schutzgeister, Hilfsgeister (vielleicht sagen Ihnen Wesen aus den Märchen und Mythen etwas), oder orientieren Sie sich an Mentoren, Lehrern, Idealen, Modellen. Oder halten Sie sich an Gestalten aus der religiösen Tradition, in der Sie beheimatet sind. Und gehen Sie dann den Geburtsprozeß noch einmal durch. So kann der Geburtsprozeß zu einer Prozession werden.

5.6 Die grundlose Leichtigkeit des Seins

> „Denn jeder Geist strebt nach dem Sein. Sein Sein ist das Leben, sein Leben ist Erkennen, sein Erkennen ist Gespeistwerden mit Weisheit ... Ein Geist, der nicht die helle Weisheit kostet, ist wie ein Auge im Dunklen. Es ist ein Auge, aber es sieht nicht, weil es nicht im Licht ist ... Und dies ist eine unendliche Qual: geistiges Sein zu haben und niemals zu erkennen. Denn allein die ewige Weisheit ist es, die jeder Geist erkennen kann ... Ich sage dir, daß Gott die unendliche Leichtigkeit selbst ist ... Denn woraus wir sind, davon ernähren wir uns. So hat der Geist sein Leben von der ewigen Weisheit und hat von dieser einen Vorgeschmack ... Die ewige Weisheit wird in allem geschmeckt, was man schmecken kann ..." – *Nicolaus Cusanus*

Während die ersten drei Geburtsstadien des Ankommens in dieser Welt drei Arten des Tuns sind, stellt das vierte und letzte Stadium eine Art des Seins vor: das Angekommensein. Als Mythos und Metapher durchzieht es unser Alltagsbewußtsein als Erinnerung und Versprechen. Es entspricht dem Erlebnis, „einfach da zu sein" – ein Erlebnis, das nur zu selten eintritt, und wenn, dann vielleicht nicht einmal als solches ins Bewußtsein tritt. Alles Tun verbindet sich leichter mit bewußter Wahrnehmung als das einfache Dasein, gerade als ob Bewußtsein und Sein sich ausschließen würden, vor allem wenn es ein Bewußtsein ist, daß auffällige und gut unterscheidbare Inhalte braucht, um sich mit Sinn anzufüllen. Aktionen „machen" Sinn, während das leere Sein ohne Aktivität, ohne Geschehen und ohne Ereignisse, ohne Tun und Taten dem Bewußtsein zu entschlüpfen scheint, es sei denn, das Bewußtsein hätte gelernt, auf das Nicht-Tun, auf das Lassen zu achten.

Als Gedankenexperiment können wir nun zwei Welten konstruieren: die Welt des Tuns und die Welt des Seins. Obwohl Tun und Sein sich gegenseitig bedingen, wollen wir dennoch experimentell davon ausgehen, daß es zwei Wirklichkeiten gibt bzw. zwei Standpunkte und zwei Perspektiven, von denen aus sich die Wirklichkeit erleben läßt. Wir richten diese zwei Wirklichkeiten als zwei Orte ein, die im Raum unserer individuellen Psychogeographie ihren Platz finden und ihre Zuordnung haben. Sicher gibt es bestimmte reale Orte und Plätze, die diesen Dimensionen mehr oder weniger entsprechen. Ein allgemeines Beispiel ist das Bett als Ort des Seins, das in der Phase des Tiefschlafs kein Bewußtsein über sich selbst hat, und der

Arbeitsplatz (Schreibtisch), an dem äußerste Wachheit gefordert wird, um den Alltagsaufgaben mit erfolgreichem Tun zu begegnen.

Sobald Sie mit dem Experiment beginnen und diese Plätze einnehmen, wird Ihnen klar werden, daß es tatsächlich zwei Welten sind, in die Sie da einsteigen. Sicher gibt es auch Momente, wo Sie sich nicht vorstellen können, wie Sie jemals so mühelos, so selbstverständlich von einer Wirklichkeit zur anderen wechseln konnten. Und sicher fällt Ihnen auch auf, daß Sie sich in einer Wirklichkeit mehr als „sich selbst“ erleben als in der anderen. Meistens identifizieren wir uns entweder mit der einen oder der anderen Wirklichkeit, mit der Dimension des Tuns, der aktiven Seite, oder mit der Dimension des Seins, der passiven Hälfte unseres Selbst. In unserer westlichen Kultur verbindet sich die aktive Seite des Machens, Handelns, Tuns eher mit der Seite, die wir nach außen zeigen, jene Identität, mit der wir auch von den anderen identifiziert werden wollen. Während das Tun Täter aus uns macht, erweckt Passivität im westlichen Verständnis die Assoziation des Opfers. Damit wiederum verbindet sich die Vorstellung von Ohnmacht, Ausgeliefertsein, Unwichtigkeit, Unsinn, so daß das Dasein „einfach so“, ohne Grund und Absicht den Verdacht hervorrufen könnte, „nichts zu werden“ oder „nichts aus sich zu machen“, und deshalb ein Nichts zu sein.

In diesem Experiment wird es nun darum gehen, die Dimension des Seins auszuloten: Wer bin ich, wenn ich einfach nur da bin?

Gehen Sie an den Ort des Seins, und spüren Sie in sich hinein. Wie fühlt sich das Sein an? Welche Identität nehmen Sie an, wenn Sie einfach nur da sind? Vergleichen Sie es mit den Gefühlen, mit den Identitäten, die Sie am Ort des Tuns erfahren haben. Lassen Sie ein inneres Bild von sich selbst formen, eine Person, eine Persönlichkeit, eine Gestalt. Wer ist dieses Wesen, das da ist, sich selbst ist, ohne etwas dazu tun zu müssen? Wo verbirgt sich dieses Wesen, wann tritt es in Erscheinung, mit wem kann es sich austauschen, wozu ist es wohl gut, welche Situationen erlauben ihm, sich zu zeigen? Welche Art von Kontext erleichtert es Ihnen, einfach da zu sein? Vielleicht gibt es bestimmte Rollen, die Sie einnehmen dürfen oder müssen, um sich zu erlauben, da zu sein. Vielleicht gibt es einen Satz, mit dem Sie sich innerlich die Erlaubnis erteilen, jetzt da sein zu dürfen. Vielleicht wollen Sie diesen Satz notieren, um ihn dann lesen zu können, wenn Sie fast vergessen haben, daß es möglich ist, da zu sein, ohne etwas aus sich zu machen. Oder dann, wenn Sie soviel zu tun haben, daß Sie vergessen, was das alles mit Ihnen zu tun hat. Dann ist es gut sich zu erinnern, daß es die Dimension des Seins gibt, und wahrscheinlich müssen Sie nicht immer ins Bett gehen und in Tiefschlaf verfallen, wenn Sie, vielleicht auch nur für eine kurze Zeit, in die Dimension des Seins eintauchen wollen, um neu gestärkt die Fülle des Lebens wahrnehmen zu können.

5.7 Das Spiel mit den Dimensionen von Tun und Sein

Sie haben zwei Orte in Ihrer Psychogeographie für die zwei Dimensionen in Ihrem Leben, für Tun und Sein, eingerichtet. Lassen Sie diese Orte nun zu zwei Kreisen werden, dem Kreis des Tuns und dem Kreis des Seins. Analog zu der NLP-Technik der Disney-Strategie „bewohnen" Sie nun diese zwei Kreise. Sie statten sie mit spezifischen Eigenschaften, vielleicht mit Farben, Tönen, Sätzen, Glaubenssätzen, mit Gestalten aus, die im Rollenspiel Ihres Seelendramas Teilpersönlichkeiten verkörpern. Es gibt also einen Teil in Ihnen, der die Dimension des Tuns vertritt, und einen Teil, der die Dimension des Seins verkörpert. Gehen Sie zwischen den beiden Kreisen hin und her, und lassen Sie die Gestalten der Teilpersönlichkeiten immer mehr für sich sprechen, bis sie beide gleichermaßen lebendig und überzeugend auf Sie, die Sie das Geschehen gleichzeitig auch aus dem Abstand der Meta-Ebene betrachten, rückwirken. Fahren Sie im Wechsel fort, bis Sie sich mit beiden Teilen, mit beiden Rollen, mit beiden Lebensarten und Ausblicken identifizieren können. Vielleicht gibt es bestimmte Glaubenssätze, die zu den jeweiligen Kreisen gehören, vielleicht bestimmte Menschen, mit denen Sie die eine oder andere Zugehörigkeit teilen, bestimmte Verhaltensmuster, Körperhaltungen, Bewegungsformen, Gewohnheiten, Phasen in Ihrem Leben, egal ob vergangen oder immer noch andauernd.

Schreiben Sie nun die Glaubenssätze auf, und legen Sie sie in den jeweiligen Kreis. Fügen Sie nun jeweils ein Wort hinzu, das wie ein Glaubenssatz wirkt, eventuell einen Namen oder eine Nominalisierung.

Hier eine weitere Möglichkeit, mit der Sie spielen können: Das Wort, das sich mit TUN verbindet, ist ABSICHT. Das Wort, das sich mit SEIN verbindet, ist HINGABE.

Wenn Sie vertraut sind mit dem taoistischen Denken, das die Prinzipien von Yin und Yang einführt, können Sie diese Prinzipien zuordnen:

- YANG verbindet sich mit TUN/ABSICHT.
- YIN verbindet sich mit SEIN/HINGABE.

Vielleicht haben Sie schon im Zusammenhang mit fernöstlichen Heilmethoden und Ernährungslehren davon gehört, daß sowohl in unserem westlichen Lebensstil als auch in unserer Ernährung Yin und Yang unausgeglichen verteilt sind und dies zu einem auf Dauer schädigenden Einfluß führt. Sehr oft ist das Yin-Element nicht genügend vertreten. Hektik und Streß führen zu einer Überforderung, die den modernen Menschen nicht mehr »da sein« läßt, so daß er unter dem Gewicht des absichtsvollen und sinnmachenden Tuns erdrückt wird. Alles soll kontrolliert, rationalisiert, perfektioniert, optimiert werden, das ganze Leben steht unter diesem Gebot. Das Sein bleibt auf der Strecke. Hingabe ist nicht gefragt, steht nicht zur Debatte, wird nicht im Katalog der sozial anerkannten Tugenden aufgeführt.

Wo und wann lernen wir heute noch das kennen, was früher im religiösen Kontext als Gnade beschrieben wurde? Und selbst wenn wir Gnade erführen – würden wir es wahrnehmen, annehmen, erkennen können? Könnten wir uns dieser nährenden und erfüllenden Erfahrung hingeben? Tatsächlich taucht das Wort Hingabe im Kontext von NLP-Techniken nie auf. Absicht hingegen ist bekannt. Eine Grundannahme des NLP unterstellt jedem Verhalten eine gute Absicht, die dahinter steht. In der NLP-Technik der CORE-TRANSFORMATION gehen wir der Absicht nach, wobei sich hinter jeder Absicht eine tiefere Absicht versteckt, bis wir das Gefühl haben, beim Kern angekommen zu sein. Aber immer noch ist es eine Absicht. Der Gegenpol fehlt. Im Aufsuchen der Dimension SEIN können wir diesen ruhenden Pol etablieren und davon ausgehen, daß Seinserfahrungen Kernerfahrungen sind. Wir erlauben uns einfach öfter, im Alltag in diese Dimension einzutreten und ihr mehr Raum zu geben. Als Folge davon kann es gut sein, daß wir das Gefühl haben, mehr Raum zu haben. Der Raum war immer schon da. Aber jetzt haben wir begonnen, ihn zu bewohnen.

II. BodyMind-Experimente

Diese kleinen Haltungs-und Bewegungsspiele schauen zwar wie Übungen aus, aber es gibt keine Lerninhalte, die eingeübt werden könnten. Vielmehr handelt es sich um Spiele und Experimente, deren Ergebnis und Ausgang ungewiß sind. Oder es handelt sich um Mini-Rituale, deren Vorgang jeweils einmalig ist und ein unwiederholbares Erlebnis darstellt.

6. BodyMind-Experimente und NLP

Diese „Übungen" wurden im Zusammenhang mit einem dreiwöchigen NLP-Sommercamp entworfen und vertiefen die Lernprozesse, die durch die Strukturen und Strategien des NLP gefördert werden. Sie sind darauf abgestimmt, einzelne Techniken des NLP zu erweitern, sinnlich erfahrbar zu machen und auf der Ebene der Verkörperungen zu prüfen. Meist spielen sie sich auf der non-verbalen Ebene ab, die Sprache des Körpers steht im Vordergrund. Bei der Körpersprache ist jedoch nicht nur die vordergründige Ausdrucksweise des Körpers gemeint, die als Information für das Gegenüber etwa in den Vorgängen der Einfühlung von großem Wert ist. Der Körper informiert nicht nur sein Gegenüber, sondern auch sich selbst. Er gelangt zu Ergebnissen der Informationsverarbeitung, die oft gar nicht so richtig ins Bewußtsein gelangen. Um dieses Wissen geht es hier.

6.1 BodyMind-Wissen und die Ebenen von Körper, Es, Unbewußtes

So verstanden bedeutet es, auf der körperlichen Ebene zu arbeiten, unmittelbar im Kontakt mit dem Unbewußten zu sein und sich in den Bereich des Selbst zu begeben.

Dieser Bereich ist oft auch als Es-Ebene bezeichnet worden, denn hier ist der Ich-Willen wenn nicht ausgeschaltet, so doch von sekundärer Bedeutung. Die Prozesse der Informationsverarbeitung, Entscheidungs- und Suchprozesse, Lernprozesse etc. vollziehen sich auf der Es-Ebene, sie gehen von selbst, ob ich es will oder nicht und ob ich es weiß oder nicht. Diese Ebene ist bestimmt von Selbstorganisation. Das ist mehr als ein neuro-vegetatives Schalten und Walten in physiologischen Aufgabengebieten wie etwa Atmung, Stoffwechselgeschehen etc., obwohl diesen Aufgaben bekanntlich lebenswichtige Funktionen zukommen. Nein, auch emotionale Stimmungen und Durchläufe, intuitive Einsichten, Gefühle und Gedanken entstehen hier, sogar der Verstand ist in Mitleidenschaft gezogen.

BodyMind heißt, sich dieses unentwirrbaren Zusammenhangs bewußt zu werden und die Wechselbedingtheit von Körper, Seele und Geist für sich zu nutzen. BodyMind, ein Begriff, wie er aus der östlichen Meditationspraxis übersetzt und eingeführt wurde, um eben die unauflösliche Einheit eines Organismus wie die des Menschen wahrzunehmen, sie zu beachten und zu achten, leitet ein Denken ein, das nicht mehr Materie und Geist trennt, ersteres verachtet und letzteres wertschätzt, sondern sich an eben dieser organischen, lebendigen Einheit orientiert.

Das Denken beginnt im Körper, und die Verkörperung beginnt im Denken.

6.2 BodyMind-Ebenen

BodyMind vollzieht sich auf drei Ebenen:

- der Ebene des Körpers,
- der Ebene des Es,
- der Ebene des Unbewußten.

➤ Auf der *Ebene des Körpers* zu arbeiten, heißt, sich zu fragen: »Wer bin ich?« und dabei die Augen zu schließen und in sich hineinzuspüren. Das Gespür für sich selbst ist verbunden mit dem Gefühl für den eigenen Körper oder, wenn dieses nicht bewußt wird, mit dem momentanen Körpergefühl. Je bewußter ich meiner selbst werde, je bewußter ich meinen Körper erspüre, desto weniger muß ich mich mit den momentanen Phasen seines jeweiligen Zustandes identifizieren, desto mehr weiß ich, daß es ein Kontinuum gibt, in dem Phasen und alle Zustände zusammenfließen, sich sammeln und wie in einem Gefäß enthalten sind. Dieses Gefäß ist das *KörperKontinuum*. Der Körper schafft die Möglichkeit dieses Kontinuums, ebenso wie das Erleben eines solchen Kontinuums den Körper bewußtmacht.

➤ Auf der *Ebene des Es* zu arbeiten, heißt, sich zu fragen: »Wie geht es?«, »Wie steht es?«, »Wie läuft es?«, »Wo bin ich innerlich, wenn ich die Augen schließe?« Diese Fragen bringen mich in Kontakt mit einem Prozeß in mir, der Kontinuum schafft und doch vielfältige und verschiedene Stufen durchläuft. Dabei geht es von selbst, Es und Selbst spielen sich als Motor und Vehikel die Spielbälle der Ereignisse zu. Tausende von Sensationen erreichen die Oberfläche meiner Wahrnehmung, und nur einige dieser Sensationen erreichen mein

Bewußtsein, und noch viel weniger bekommen meine volle Aufmerksamkeit. Das, was ich als bewußte Entwicklung meiner selbst betrachte, ist nur ein kleiner Ausschnitt aus jenem kontinuierlichen Abwickeln von Prozessen, die von selbst mit den Informationen aus dem Organismus (Innenwelt) und den Reizen, die von außen an mich herantreten (Außenwelt), umzugehen wissen und sie verarbeiten. Zu dem Kontinuum des Körpers kommt ein Kontinuum der Psyche hinzu. In der Psyche sind alle vorläufigen Ergebnisse der Informationsverarbeitung abgespeichert. Die Psyche gehört mit zur Innenwelt, und oft vermischen sich die Informationen, die aus dem Bereich der Psyche kommen, so sehr mit denen, die der Organismus signalisiert, daß das Bewußtsein nicht mehr genau unterscheiden kann, woher die Gefühle eigentlich kommen und was genau sie bedeuten. Die leibseelischen Wechselwirkungen führen zu psychosomatischen Symptomen und Syndromen, deren eindeutiger Ursprung nicht festgestellt werden kann (und muß).

➤ Auf der *Ebene des Unbewußten* zu arbeiten, heißt, sich zu fragen: »Wohin geht es mit mir?« Diese Frage kann weiterführen zu anderen Fragen, z.B.: »Was steht an?«, »Was bewegt mich?«, »Und wohin führt es mich, wenn ich dem folge?« Es ist, als ob es eine Geografie und Geometrie, ein Maß und eine Vermessung von Psyche gäbe. Entlang von Landkarten kann ich traditionelle Wege beschreiten, konventionelle Entwicklungsprozesse durchlaufen oder auch meine ganz persönlichen Vorgehensweisen entwickeln, um Wege zu bahnen, Pfade anzulegen, Räume zu entdecken, mir Zugang zu verschaffen, Brücken zu bauen, Türen zu öffnen und auch wieder zu schließen. Wir befinden uns in jenen Dimensionen, die unsichtbar sind und doch ihre Wichtigkeit und Bedeutung, ihren Ort und ein Maß haben. Wie wir mit ihnen umgehen, ob wir sie wahrnehmen, besetzen, besitzen, pflegen und bewohnen oder meiden und verwahrlosen lassen – alles das hat seine Auswirkungen auf den Alltag, und die Auswirkungen werden sichtbar, während die Orte des Ursprungs verborgen bleiben. Das Unbewußte bewahrt alles auf, was jemals wahrgenommen wurde, und darin liegt seine Würde. Wahren und Würde haben dieselbe Wortwurzel. Das Wahren der Würde und die Würdigung dessen, was mein Unbewußtes weiß, sind der beste Zugang zu jenen inneren Dimensionen.

6.3 Elemente des BodyMindManagements

- der Körper als Verkörperung der Persönlichkeit
- das Es als offener Prozeß der Selbstwerdung
- das Unbewußte als Ressource möglichen Wissens

➤ Den *Körper als Verkörperung* der inneren Gestalten zu betrachten heißt nicht nur, sich zu fragen: »Wer bin ich?«, sondern auch: »Welche inneren Anteile bestimmen meine Persönlichkeit, welche Teilpersönlichkeiten wohnen in meinem Körper und drücken sich in ihm aus?« und dabei die Augen zu schließen und in sich hineinzuspüren.

➤ Das *Es als offenen Prozeß der Selbstwerdung* zu erleben heißt nicht nur, sich zu fragen: »Wie geht es?«, »Wie steht es?«, »Wie läuft es?«, »Wo bin ich innerlich, wenn ich die Augen schließe?«, sondern betrifft auch das Lösen von scheinbaren Verstrickungen, die Lösung selbst. Diese Fragen bringen mich in Kontakt mit einem Prozeß in mir, der Kontinuum schafft und doch vielfältige und verschiedene Stufen durchläuft.

➤ Das *Unbewußte als Ressource möglichen Wissens* zu nutzen heißt nicht nur, sich zu fragen: »Wohin geht es mit mir?«, »Was steht an?«, »Was bewegt mich?«, »Und wohin führt es mich, wenn ich dem folge?», sondern auch die Bedingungen für die selbstorganisierende Lösung herauszufinden.

7. Atemexperimente als BodyMind-Strategien

> „Was wir leiblich tun, um zu leben: aneignen und aussondern, einatmen und ausatmen – müssen wir geistig wiederholen. Eine Systole und Diastole muß das innere Leben sein, wenn es gesund bleiben soll. Jetzt erweitern wir uns, wir lernen, genießen, wir handeln, wir gehen aus uns heraus – und schon treibt uns der ewige Pulsschlag des Schicksals wieder in uns zurück und nötigt uns, alle unsere Kräfte in einem Punkt zu sammeln, um sie von da aus wieder in die Breite zu versenden. Wer sich immer ausdehnt, zerfließt – wer sich immer in sich zurückschließt, erstarrt." – *Ernst von Feuchtersleben*

Atmen ist eine der ältesten, bekanntesten und leichtesten Methoden, körperliche Verspannungen zu lösen, Blockaden der Lebensenergie aufzuheben, Bewußtseinszustände zu verändern, Emotionen zu lenken, geistige Kräfte zu kanalisieren und in Kontakt zu kommen mit dem eigenen Unbewußten. Die Lebenskraft wird im ganzen Körper verteilt und bewirkt eine Steigerung von Präsenz und Lebendigkeit. Viele geistige Disziplinen erfordern den bewußten und kontrollierten Gebrauch des Atems. Wir aber wollen uns wieder experimentell betätigen und das Ergebnis der eigenen Erfahrung zum Maßstab für die Bedeutung machen, die sie für uns erhält. Gleichzeitig können wir uns darin üben, geeignete Metaphern zu finden, um den Zugang zu dem bewirkten Zustand sowohl im Gedächtnis zu behalten als auch, ihn anderen didaktisch/therapeutisch vermitteln zu können.

7.1 Experimente mit dem Ausatmen

Ausatmen: „Dampf ablassen", dem Ausatem eine Stimme geben – Blubbern, Blablabla, Stöhnen, Ächzen, Seufzen, Fauchen, Brummen, Grunzen etc. Mit dem Ausatmen sich ausschütteln – „es aus dem Ärmel schütteln" (Handgelenke lockern), „die Lasten abschütteln", „etwas Lästiges abschütteln, losschütteln" (z.B. eine Fliege, die sich auf ein Schulterblatt gesetzt hat), „den Buckel runterrutschen lassen" (Rollen der Schultern), mit den Achseln zucken, „es auf die leichte Schulter nehmen", den Kopf schütteln, „die Schrauben im Kopf lockern", „nicht ärgern, nur wundern", „da wackelste mit den Ohren!", rucken und zucken und sich jucken, sich schütteln vor Ekel, vor Kälte oder Angst, „Heulen und Zähneklappern", „erschauern" (ganzkörperliche Bewegung, die über die Vorstellung ausgelöst wird und zunehmend unwillkürlich geschieht), „sich vor Lachen ausschütten" (Bauchmuskeln), sich lockern, „locker vom Hocker", schnippisch schnipsen, durch Fingerschnipsen sich selbst ein Signal geben, in Stimmung und Schwingung zu kommen, sich ausschütteln wie ein Federbett, mal ordentlich durchschütteln, durchlüften, sich plustern, sich auflockern wie eine geschlossene Wolkendecke, die sich auflockert und lichtet, bis die Sonne durchkommt, sich frei machen, den Bewegungsimpulsen nachgehen, Metaphern finden, die einzelnen Körperteile durchgehen, Hände und Handgelenke, Arme, Schultern, Kopf, Nacken, ganzer Körper, Beine (wie ein Hampelmann hampeln), das Gewicht „abtropfen lassen", Fersen, Fußsohlen platschen und klatschen lassen, mit der Ferse auf den Boden klopfen, immer schneller, bis das Muskelfleisch der Oberschenkel richtig ins Wabbeln kommt, „Wackelpuddig", mit dem Hinterteil wackeln, die Po-Backen durchvibrieren, sich selbst eine Schüttel-Massage geben, bis in die letzten Zellen vordringen, die Pulsation sich verbreiten lassen, trippeln und wippeln, bis die Haut glänzt und strahlt.

Das Schütteln ist hier in Verbindung mit dem Ausatmen als intensive Reinigung gedacht und wird oft als umfassende Erfrischung erlebt. Das Schütteln kann wie ein mächtiger Separator wirken und uns von allem Alten, Überflüssigen und Belastenden befreien, das wir aus uns ablassen und hinter uns lassen möchten. Das Schütteln kommt dem Aufmischen überalteter Gewohnheiten gleich und bringt Bewegung in abgestandene Zustände, die sich überholt haben. Es ist wie das Mischen der Karten, die neu ausgelegt werden. Ein neuer Durchgang kann nun beginnen.

7.2 BodyMind-Improvisation: Tier/Pflanze/Stein werden

Vielleicht ist durch das Schütteln eine Bewegung entstanden, mit der Sie sich besonders wohl fühlen, die Ihnen jetzt gerade besonders entspricht und Ihnen guttut. Diese Bewegung wiederholen Sie, bis sie wie eine Formel, ein Zeichen, ein Signal, ein Symbol geworden ist. Die Bewegung machen Sie schneller, intensiver, so schnell wie Sie können und noch schneller. Lassen Sie die Bewegung laufen wie sie laufen will: Kontrolle aufgeben, die Bewegung nicht machen müssen, sondern zulassen, geschehen lassen, die Bewegung „animalisieren" ... Was für ein Tier wäre das? (Es kann auch ein Fabelwesen sein.) Mit dieser Bewegung sich durch den Raum bewegen, bei der eigenen Bewegung bleiben, die anderen Bewegungen im Raum wahrnehmen: Tiere unter sich, Begegnungen der Tiere, Attraktion oder Aggression, Flüchten oder Kämpfen, Fressen oder Gefressenwerden, und nun, nach einer Phase der Kontakt-Improvisation, mit der Bewegung in den Kreis kommen, in den Kreis der Tiere, überall Tierbewegungen, wohin das Auge blickt, Tiergeräusche dringen von überall an das Ohr, Tierkörpergefühl am eigenen Leibe erleben. Nun im Kreis an Ort und Stelle sich weiter bewegen, Kontakte kreuz und quer im Kreis entstehen lassen, Paare bilden sich heraus durch blitzschnelle Reaktion: Ein Tier imitiert das andere Tier, übernimmt dessen Bewegung, wird zu diesem Tier, und der, dessen Tier imitiert wurde, schlüpft in die freigewordene Rolle der Tiergestalt des Imitierenden. So bilden sich Paare, die ihre Tiere austauschen und dabei auch die Plätze tauschen. Die Bewegung nun langsamer werden lassen, slow motion ... Was für eine Pflanze/Baum/Blüte/Gemüse/Frucht etc. wäre das?

Die Bewegung schließlich einfrieren/versteinern lassen, verewigen lassen ... Was für ein Stein/Edelstein/Abgott/Statue/Denkmal/Berg oder Landschaft etc. wäre das?

7.3 Das Ausatmen als Separator

Als Separator wird im NLP etwas bezeichnet, das einen Trance-Zustand beendet und auflöst. Das kann ein Signal, eine Bewegung, ein Geräusch, ein Symbol, irgend etwas sein, und es ist wichtig, für sich selbst solche Separatoren zu finden, um sich aus Alltagstrancen herauszuholen oder um bewußt umzuschalten von einem Bewußtseinszustand in den anderen. Separatoren können wie Rituale in komprimierter Form wirken. Sie haben eine bestimmte Bedeutung, die vorher festgelegt wurde, und kaum wird die Ritualhandlung vollzogen, sei es aus Gewohnheit, sei es aus bewußter Entscheidung, wird die Wirkung ausgelöst. Im gesellschaftlichen Kontext gibt es viele solcher Separatoren, deren wir uns als solche kaum mehr bewußt werden, so sehr sind sie uns zur Gewohnheit geworden, z.B.

das Klatschen nach einem Konzert oder einer Theatervorstellung. Das Klatschen unterbricht den Zauber und beendet die Vorstellung. In der Kirche hingegen zu klatschen, etwa nach Beendigung der Messe, ist nicht üblich, weil die begeisternde und erhebende Wirkung des Gottesdienstes nicht aufgehoben werden soll. Schließlich soll sie über die Woche hinweg noch nachwirken. Separatoren können sein: das Aufstehen nach einem Gespräch, das als beendet angesehen werden kann; der Satz: „Ich danke Ihnen für dieses Gespräch.“; das Händegeben oder Händeschütteln beim Abschied, das laute Schließen oder sogar Zuwerfen einer Tür, die ins Schloß fällt. Es gibt auch unwillkürliche Separatoren, mit denen man sich etwas Langweiliges oder Peinliches, etwas, was einen unangenehm berührt oder einem zu nahe kommt, vom Leibe halten will: das Husten oder Hüsteln, das Räuspern, manchmal sogar auch das Niesen. Meist richten wir uns unwillkürlich auf, dehnen und strecken uns, rutschen auf den Stühlen umher, scharren mit den Füßen, kratzen uns, greifen uns an den Kopf oder räkeln uns, wenn es die Höflichkeit erlaubt. Das Gähnen ist der häufigste und natürlichste Separator, auch wenn wir es uns oft verdrücken müssen. Das Lachen kann ein guter Separator sein, und Witze haben die Funktion, Spannung abzubauen und einen Zauber zu unterbrechen.

Jedes Verändern der Körperhaltung ist schon eine Musterunterbrechung, während das Muster des Gebanntseins sich am besten in der Erstarrung oder Versteinerung (z.B. in Märchen durch Hexen und Zauberer ausgelöst) ausdrückt. Daran erkennen Sie auch, ob Ihre Bewegungsfreiheit beeinträchtigt ist und ob Sie in einem Zauber welcher Art auch immer gefangen sind. Sicher werden Ihnen auch viele Alltagsgewohnheiten, die Sie entwickelt haben, als heimliche Separatoren auffallen, wenn Sie erst einmal begonnen haben, den Fokus Ihrer Aufmerksamkeit darauf zu richten.

7.4 Schütteln als Separator

Das Schütteln kann sehr gut als Separator eingesetzt werden. Wenn Sie sich nun vorstellen, daß auch Sie in diesem Augenblick von dem Gewicht aller möglichen Schuldgefühle und Belastungen befreit werden, mag ein spontanes Aufatmen und Durchatmen sich ereignen, ohne daß Sie sich dazu besonders entschließen müßten. Und auch, wenn Sie das Beispiel nicht ernst genug genommen haben, um in Ihrem Körper jene spontane Reaktion auszulösen, haben Sie jetzt die Gelegenheit, dies als Experiment nachzuholen. Stellen Sie sich also vor: Es ist vorbei. Schluß damit. Aus. Nie mehr. Weg! Was auch immer Sie belastet, behindert, bedrückt hat – es ist nicht mehr da. Die Zeit ist gekommen, um sich von der negativen Trance zu befreien und aus der Verhexung auszusteigen. Sie steigen aus! Aber wie? Das kleinste und unauffälligste Separator-Ritual ist das Durchatmen, Ausatmen. Das Ausatmen hilft, nicht nur die Luft, sondern auch die Dinge, die einem innerlich zu Herzen gingen, als Last auf den Schultern oder als Stein auf der Brust lagen, nach außen zu setzen.

Auch in der Kampfkunst werden Ausfallschritte und Hiebe mit dem Ausatmen gesetzt. Der Atem, der nach außen führt, wird zu einer Kraft, einer Waffe, einem Mittel der Trennung, Abgrenzung, Distanzierung, Dissoziation. Der Atem, der nach außen führt, kann als langer Atem weit reichen und viele Menschen erreichen, er wird zum Mittel des Kontakts, des Einflusses und der Ausstrahlung. Deshalb ist es so wichtig, den ganzen Ausatem zuzulassen und ihn nicht abzustoppen, in sich zu behalten. Es ist von entscheidender Bedeutung, mit dem Atemstrom des Ausatmens mitgehen zu können und nach außen auszugreifen. Sich gehen lassen können. Mit dem Ausatmen können Sie Ruhe im Innenleben einkehren lassen, still werden, leer. Es ist eine lebendige Leere voller Macht, eine Leere, die pulsiert, die an das Leben angeschlossen ist und doch einen Bewußtseinsraum hinter der Oberfläche der Erscheinung erschließt.

7.5 Metaphern und Rituale als Separatoren

Finden Sie nun Metaphern und Rituale, die Sie in Ihrem Alltag nutzbringend als Separatoren einsetzen können. Es ist wichtig, daß die Metaphern aus Ihrem Alltagsbereich kommen und die Rituale ganz gewöhnliche Handlungen sind, die keine Vorbereitung brauchen. Die Werbung benutzt das Bedürfnis nach solchen Separatoren und regt dadurch den Konsum an (z.B. Zigaretten-Werbung, die Freiheit verspricht). Finden Sie Ihre eigenen kostenlosen Rituale der Befreiung, und beginnen Sie mit befreitem Aufatmen, Ausatmen, Durchatmen.

Vielleicht verbinden sich für Sie ganz bestimmte Bewegungen damit, oder es kommen Erinnerungen oder innere Bilder, angenehme Körpergefühle, die Sie in sich verankern können, indem Sie sich darauf konzentrieren und die Sie immer dann, wenn es Ihnen danach zumute ist, sich wieder vergegenwärtigen können. Vielleicht ist es das Perlen der Wassertropfen auf der Haut in der Dusche, das Eintauchen in Wasser, sei es in der Badewanne oder in einem Fluß, im Meer ... vielleicht ist es auch eine erfrischende Brise, ein kühler Lufthauch, die kalte klare Bergluft, die Sie aufatmen läßt. Vielleicht verbinden sich diese Bilder und Körpergefühle mit bestimmten Geräuschen, mit dem Rauschen des Windes, Plätschern des Bachs, Tosen der Meeresbrandung oder mit kurzen Sätzen, die mehr wie Ausrufe sind, ein »Ach« oder »Gott sei Dank« oder auch ein längerer Satz, mit dem Sie sich Luft machen. Sicher haben Flüche ebenso wie Stoßgebete eine solch beendende Funktion, dem Zauber wird mit einem Gegenzauber begegnet. Finden Sie einen solchen Satz für sich, der Ihnen ein gutes Gefühl vermittelt. Nun können Sie dazu übergehen, winzige Bewegungen für sich zu entdecken, die Sie überall machen können, ohne dadurch aufzufallen. Es kann das Verschränken der Hände (wie z.B. im Gebet) oder das Übereinanderlegen der Hände im Schoß (wie z.B. in der Meditation) sein, es kann auch das Durchstrecken und Spreizen der Hände sein, das Wegschnipsen mit den Fingern, das Schnalzen, dezente Bewegungen des Aufscheuchens und des Wegscheuchens, die zu einer minimalen Bewegung des Wischens geschrumpft sind und deren Bedeutung nur Sie allein wissen. „Schwamm drüber" könnte der begleitende Satz sein. Ein anderes Alltagsritual ist das Händewaschen oder das Abstreifen der Hände entlang der Schenkel. Sie können sich ja den Rest dazu denken: etwas loswerden, sich davon reinigen, den Dreck draußen lassen, alles Überflüssige abfließen lassen, das Alte hinter sich lassen, austreiben, verabschieden, leer und ruhig werden. Bereit sein für Neues. – Kein Wunder allerdings, daß die Höflichkeit solche radikalen Gedanken nicht ausgedrückt sehen oder hören möchte. Deshalb werden im NLP die Rituale, Separatoren und Anker „streamlined", d.h. dem höflichen Alltagsverhalten so weit angepaßt, daß sie unauffällig sich in das konventionelle Verhaltensrepertoire einschleusen, ohne Aufmerksamkeit auf sich zu ziehen. „Streamlining" ist ein wichtiges Element im BodyMindManagement.

8. BodyMind und der Puls des Lebens

„Leben ist nichts anderes als der Umgang mit der Welt.“ – *Jose Ortega y Gasset*

Wie komme ich mit so wenig Anstrengung wie möglich in einen größtmöglichen Zustand innerer Bewegtheit, bei dem mein ganzer Körper durchpulst und vibriert wird und die Intensität des Erlebens ebenso wie die der Ausstrahlung gesteigert wird?

Dies ist das Anliegen aller Trance-Induktionen, die sich auf dem kinästhetischen Sinneskanal abspielen. Vor allem ist hierbei jener Sinn angesprochen, der nicht nur äußerliche Reize der Berührung, sondern auch sensomotorische Innenreize der autonomen Funktionen des Körpers und Informationen betreffend des autoregulativen Gleichgewichtsinns verarbeitet. Der kinästhetische Sinn wird zu einer Instanz, die die selbstorganisierende Weisheit des Organismus genannt wird. Intuition wird hier angesiedelt, denn Intuition ist die Fähigkeit, viele verschiedene Informationen, die auf den Organsimus einströmen, gleichzeitig verarbeiten zu können und das Bewußtsein mit plötzlichen Erkenntnissen zu überraschen. Intuition und die Weisheit des Körper besitzen die wunderbare Fähigkeit, sich ständig neu umzustellen und orientieren zu können, während Seele und Geist vielleicht noch lange an den gewohnten Mustern eines eingespielten Musters hängen, als wäre es ihnen „in Fleisch und Blut übergegangen“ und „zur zweiten Natur geworden“. Emotionale Intelligenz hängt also auch davon ab, inwieweit diese Ressource kinästhetischer Informationsgewinnung bzw. Informationsverarbeitung genutzt wird.

Körpergefühle geben unmittelbares Feedback darüber, ob der Organismus mit seiner Fähigkeit zu einer optimalen Anpassung zu seinem bestmöglichen Ergebnis gekommen ist oder ob es noch bessere Optionen gibt, z.B. durch das Gefühl, im Gleichgewicht zu sein: Es wird durch Körpergefühle geregelt, aber es betrifft nicht nur die körperliche Anpassung an die Umwelt. Das Gefühl von innerem Gleichgewicht kann mit Authentizität und Kongruenz zusammenhängen. Es äußerst sich eventuell in symmetrischer Haltung bzw. fällt als Asymmetrie auf, wenn Kongruenz und Authentizität nicht gelebt werden können. Sehr diffuse Gefühle der „Ortung“ verbinden sich mit dem Gleichgewichtssinn und werden in Zusammenhang gebracht mit

Gefühlen, die erst viel später vom Bewußtsein als seelische Belange und als Inhalte des Geistes erkannt und „erörtert“ werden.

Fragen stellen sich: »Wie bin ich in der Welt, wer bin ich?«, »Wie fühle ich mich?« Sie können durch eine Art „Körperorakel“ (Kongruenz-Check) beantwortet werden, wenngleich die Antworten nicht auf der gewohnten sprachlich-begrifflichen Ebene der Kognition erfolgen. Sie müssen erst gedeutet werden, wie früher die kryptischen Satzfetzen einer Pythia. Es sind Botschaften des Unbewußten, die sich mittels Körpergefühlen und kinästhetischen Wahrnehmungen äußern.

Die kreative Möglichkeit des Umlernens und der Neuorganisation sind eine Ressource, auf die der gesunde Körper zurückgreifen kann. Im Trancetanz wird diese Ressource aktiviert. Der Trancetanz macht sich die Fähigkeit des Organismus zur spontanen Selbstorganisation zunutze und setzt ihn als Mittel zu einer ganzheitlichen Neuordnung ein.

Vor jeder wilden Aktivität des kathartischen Ausagierens kann ich in der Stille und Bewegungslosigkeit eines meditativen Zustands mich bzw. mein Unbewußtes und meinen Körper fragen: Wie stelle ich Pulsation und Vibration als Zustand her, ohne den Prozeß des Pulsierens und Vibrierens forcieren zu müssen, und wie finde ich genau diejenige Wellenlänge, die für mich jetzt im Moment stimmt und die der Aufgabe, die ich mir gestellt habe, entspricht?

➤ Auf der Ebene des Körpers komme ich durch Pulsation in eine Vibration, und es reicht, wenn ich es mir zunächst nur vorstelle: Alles in mir vibriert. Die Vibration hat eine Tendenz, sich wie Wellen fortzusetzen, bis sie auf Widerstand stößt. Gibt es einen Widerstand? Ich horche in meinen Körper, während ich die Vibrationen von der Körpermitte – von irgendeinem beliebig gewählten Punkt aus, der sich als Körpermitte anfühlt – sternenförmig aussende. Wo entstehen Schatten? Wo spüre ich blinde Flecken und taube Stellen auf? Und ohne sie überwinden, beseitigen, wegdrängen oder vernichten zu wollen, „bedenke“ ich sie mit einer wertschätzenden Einstellung, denn warum sie was auch immer sind, sie sind ein Teil von mir – um so mehr, da die Vibration, die ich aussende, sie umspült, erfaßt, in Resonanz versetzt und einbezieht.

Verspannte, schmerzende oder abgelehnte Körperstellen können auf diese Weise geheilt werden. Das Prinzip der Heilung beruht auf Integration. Die selbstorganisierende Weisheit unseres Körpers und unseres Unbewußten weiß um die vielen Dimensionen, in denen wir leben und die das Bewußtsein nicht zu erfassen vermag, weil es auf die eine oder andere, meist aber auf die Dimension des Schmalspurdenkens eingefahren ist. Obwohl wir uns „eindimensional" und irgendwie beschränkt fühlen, weiß ein anderer, ein weiserer Teil in uns um die multiple Verfassung unserer selbst, um eine Multidimensionalität, die zur Interdimensionalität wird.

➤ Auf der Es-Ebene habe ich es mit der eigenartigen Erfahrung zu tun, daß die Prozesse der Integration nicht linear ablaufen, sondern non-linear. „Es geht, es läuft!" – aber nicht nach und nach, sondern plötzlich. Es ist ein spontaner und abrupter Wechsel, ein radikaler Unterschied zu vorher. Plötzlich geht es, läuft es. Da ist ein Umschwung geschehen, und nun ist alles anders – ein kleines Wunder! Plötzlich springt eine Gestalt ins Auge, die vorher einfach nicht gesehen werden konnte. Plötzlich macht etwas Sinn, das Es hat seine Gestalt gefunden, wahrlich, ein Quantensprung hat sich ereignet. Ein Bewußtsein, das sich solcher non-linearer Vorgänge nicht nur bewußt ist, sondern damit umgehen kann, ist ein erhöhtes Bewußtsein – Vorbedingung für alle Meditationen und spirituellen Übungen im Dienste des Erwachsens und Erwachens. Der Quantensprung eines solchen Bewußtseins lüpft den Geist förmlich aus seiner Verstrickung in Gewohnheiten und negativen Trancen. Die esoterischen Methoden eines Gurdijeff und seiner Nachfolger (so Bennett und A. Blake) bedienen sich dieser Lücke im geschlossenen System des Gewöhnlichen, um es zu sprengen. In der Ekstase geschieht dies spontan, oder eben aufgrund bewußter Anstrengungen. Die STOP-Übungen bewirken ein Innehalten, die es dem Es ermöglicht, zu springen.

➤ Auf der Ebene des Unbewußten ist das Bewußtsein mit der Aufhebung der Kausalität und der Umkehrung des Ursache-Wirkung-Prinzips konfrontiert. Quantensprünge des Bewußtseins kommen mit einer geheimen Schubkraft aus dem Unbewußten, wenn dieses soweit und bereit ist. Dies ist besonders schwer zu verstehen für Menschen, die an der Vorstellung hängen: „Erfolg erfolgt." Erfolg wird meist als

Ergebnis eines bestimmten Verhaltens erlebt, sozusagen als Belohnung für alle Mühen, die unternommen wurden. Trotzdem: Gerade Unternehmensexperten stellen immer häufiger fest, daß der Erfolg eines Unternehmens sich den rationalen Gesetzen der Berechenbarkeit entzieht.

Eine Vorannahme des NLP behauptet, alles sei lernbar, und eben auch Erfolg (siehe Vorannahmen). Es ist aber nirgends gesagt, daß dieser Erfolg auf linear kausalem Wege kommen müsse und auf diese Weise berechenbar ist. Das Lernen des Unbewußten vollzieht sich in anderer Weise als das Lernen des Bewußtseins, und wir haben Grund zur Annahme, daß das unbewußte Lernen, das in der Suggestopädie angeregt werden soll, sehr viel mit Quantensprüngen und a-kausalen Vorgängen zu tun hat. Die Wirkung ist schon ihre Ursache. Schluß mit kausalen Ketten weiterer Folgerungen und Deutungsversuche! Der Traum tut seine Wirkung, vor allem wenn es ein bewußt gelenkter Wachtraum ist. Mit dem Erwirken der gewünschten Wirkung ist die Ursache mitgegeben, keine weitere Kette kann und muß sich bilden. Ich bin meine eigene Ursache (durch meinen Willen) und bin meine eigene Wirkung (die gewollte Wirklichkeit) – ich erschaffe meine eigene Wirklichkeit. Die Zauberlehren eines Carlos Castaneda beruhen auf diesem Prizip der zauberhaften Selbsterschaffung. A-Kausalität ist wörtlich der „springende Punkt“.

Das Anhaften an der Kausalität ist unsere Sehnsucht nach Sinn. Kausale Zusammenhänge scheinen Sinn zu machen. Und wir sind süchtig nach Sinn. Auch ist die gewöhnliche Moral auf der Kausalität aufgebaut. Oft wird A-Kausalität mit A-Moralität gleichgesetzt (anstatt eine höhere Stufe der Ethik für möglich zu halten und diese dann anzupeilen). Alle esoterischen Lehren, die über einen oberflächlichen Eklektizismus hinausgehen, beachten die Notwendigkeit, sich von dieser Sucht zu entwöhnen. Deshalb werden esoterische Lehren manchmal der A-Moralität bezichtigt. Interessanter wäre es, eine a-kausale Ethik zu entwickeln.

8.1 BodyMind-Experimente mit dem Pulsieren

Eine pulsierende Musik (z.B. von Steve Reich; Music for eighteen musicians) auflegen und den Puls aufnehmen, sich durchdringen lassen, vibrieren und animieren lassen. Die Pulsation im eigenen Körper spüren, sich davon bewegen lassen, „es tanzt mich". Leichtes Wippen aus den Knien, nachfedern (wie eine Feder nachwippen oder wie ein Ball, der auf den Boden geprellt wird). Dazu eine Vorübung: sich vom Boden weghalten („Ekel-Grimasse", „Ekel-Haltung"), Knie durchgestreckt, Po-Muskeln angespannt, Fäuste geballt, den Atem anhalten; innehalten, sich versteifen, erstarren, um dann bewußt loszulassen. Die Pulsation kann sich durch den Körper fortsetzen und verbreiten, den Körper in Resonanz versetzen, alles wird davon erfaßt, „die Frohe Botschaft des lebendigen Pulsschlags verbreitet sich". Das „Jajaja-Lied" – Kniefedern mit lockeren Gelenken (Ellbogen-, Handgelenke durchlässig, schlackern) und leichtes Kopfnicken, als könnte man nichts anderes als einfach und immer wieder Ja sagen, ununterbrochen, so daß sich ein Ja-Strom bildet, der den Kopf trägt wie das Wasser einen Ball, der auf der Oberfläche in den Wellen tanzt. Nun wird das Federn intensiver, wird zum Schlabbern und Schlackern, zum Taumeln, Stolpern, Wackeln, das Gleichgewicht wird riskiert. Wohin führen die Bewegungsimpulse, wenn ich ihnen nachgebe? Machen Sie eine Improvisation daraus. Wie fühlen Sie sich damit, das Gleichgewicht zu verlieren, wann haben Sie das Gefühl, ein neues Gleichgewicht gefunden zu haben? Aufgabe: Metaphern, Rollen und Namen dafür finden (z.B. als Seiltänzer das Gleichgewicht gerade noch halten, dann doch verlieren, gedankenverloren über etwas stolpern, über einen Stein des Anstoßes stolpern. Und was war es, das Sie stolpern ließ? Aus dem Schritt kommen, daneben treten, wie Hans-guck-in-die-Luft den Boden unter den Füßen verlieren, „hinfällig" werden, gefallen wollen, mit den Füßen auf dem Boden wieder landen, aus dem Fallen, aus dem Stolperschritt einen Tanz entstehen lassen, dem Stolpern einen Rhythmus geben, einen Schluckauf haben, den Schluckauf nicht abstellen können, den Rhythmus herausfinden, eine besondere Gestalt und Identität erschaffen, die souverän mit Umfallen und Aufstehen, Bodenverlieren und Bodengewinnen umgehen kann, diese Gestalt tanzen.

STOP, Augen schließen, Innenraum betrachten, in den assoziierten Zustand gehen, d.h. sich damit identifizieren und sich fragen: »Wer ist das, der sich so aufführt, der sich da so anfühlt, mit welcher Form oder Teilpersönlichkeit meines Ichs habe ich es zu tun?«, »Was sagt mir dieses Selbst, woher kenne ich es, welche Fähigkeiten hat es, wie setze ich es im Alltag ein?« STOP, Augen wieder öffnen, die Frage »Was geht in mir vor?« dazu überleiten in die Frage »Was geht hier vor?«. Die Frage »Wie hat sich das Geschehene für mich ausgewirkt, was hat es in mir ausgelöst, bewegt, wohin führt es mich?" überleiten in „Wie hat sich das Geschehen entwickelt, was hat es in anderen ausgelöst, wohin würde es führen, wenn alle das täten, was wir gerade tun?« STOP. „Auf den Boden kommen." Mit weichen Knien stehen, den Stand spüren, „erdverbunden". Dort, wo das Hohlkreuz eine Falte in den Rücken macht, die Falten ausbügeln, den Rücken glätten, das Steißbein aushängen lassen, bis zum Mittelpunkt der Erde hängen lassen, so schwer, als wäre eine Bleikugel daran befestigt. Das Rückgrat strafft sich, hängt sich ein gemäß der Schwerkraft und der Ausrichtung im Lot, es knackt in den Gelenken und klickt im Hirn: Das ist es also, das Lot! Durchatmen, ausatmen, sich neu organisieren, genau im Lot. Nun eine oder beide Fersen gegen den Boden klopfen, immer schneller, bis die Bewegung sich verselbständigt und eine binnenkörperliche Bewegung entsteht. Die Ferse „klopft an" bei Mutter Erde. Bei dem Klopfen nur einer Ferse läuft die Bewegung das Bein entlang den inneren Muskelsträngen hoch und setzt sich bis zur Po-Backe fort. Bei dem „Anklopfen" beider Fersen, mal die eine, mal die andere, also alternierend, entsteht ein Wabbeln im Po mit Massage-Wirkung im Unterleib, als wäre der Whirl-Pool dort angeworfen, es „rotiert" ganz von selbst. Bei dem Anklopfen beider Fersen gleichzeitig entsteht ein mehr stoßartiges Schütteln, als sacke etwas stückweise zu Boden, das ist ein Hans-im-Glück-Gefühl: Je mehr ich loswerde, desto glücklicher bin ich, und am Schluß bin nurmehr ich da, das I ch als das höchste Glücksempfinden. Es ist die beste Art sich zu erden: immer mehr an die Erde abgeben – mit dieser Klopfbewegung überschüssige Energien/Bewußtseinsinhalte/Emotionen abgeben, wie ein Blitz ableiten, dem Boden übergeben, „begraben". Die Wünsche begraben, auf daß sie in Erfüllung gehen, die Hoffnungen begraben, auf daß sie nicht mehr plagen, das Kriegsbeil begraben, ruhig werden, leer, ohne jede Spannung, geerdet ... STOP

Wer bin ich ohne Wünsche, Hoffnungen, Kriegsmotive, alle Spannungen? Sich ausschütteln vor Lachen – mit dem Schütteln ein „Auslachen" verbinden, aus dem Bauch bellen, auslachen – Lachritual:

Emotionsstau auflösen, Energien wieder verteilen, fließen lassen. STOP. Wer bin ich jetzt noch, was ist von mir übriggeblieben? Ausatmen und Lachen verbinden, einen „langen Atem" entwickeln nach dem Motto: „Da kann ich nur lachen", Kurzatmigkeit auflösen. Nach dem Lachen kommt die Leere. Nichts mehr da, oder? Wer? Was? Woher? Wozu? Seit wann? Bis wann? STOP – Übergang zur Meditation. „Sich sammeln" – unsichtbare Energie-Inhalte, Teilpersönlichkeiten, Identitäts-Teile, Wesen und Wesentliches einsammeln mit einsammelnden Armbewegungen, zu sich, zum Bauch führen und dort verankern. Das ist ein Anker für eigene Fülle/Möglichkeiten/Kraft/Sammlung/Einheit. STOP. Wer bin ich geworden? In den Bauch atmen, das eigene Kraft-Potential fühlen. STOP. Wie steht's? Wo fehlt's? Das eigene Kraft-Potential durch den Atem wieder aufladen können. Den Anker für das eigene Kraft-Gefühl jederzeit durch einen tiefen Bauch-Atem aktivieren können. Das Potential wieder loslassen, so daß es sich manifestieren kann – mit dem Ausatmen das Potential gleich einem Ball werfen, eine Kugel stoßen, einen Pfeil abschießen, einen Schuß aus der Hüfte abgeben, einen Faustschlag führen, einen Schritt tun, einen Sprung wagen etc.

8.2 Durch das Pulsieren Ressourcen aktivieren

Weiter: Den Körper durch Federn, Wippen, Schütteln, Schaukeln in Vibration bringen, „den Motor anwerfen, den Gesang anstimmen etc.", bis jede Zelle sich angesprochen und an dem ganzkörperlichen Prozeß der Belebung beteiligt fühlt. Das Motto: „Aufwachen zu größerer Lebendigkeit". Das Körpergefühl des Vibrierens herstellen: „tingling" – „durch den Körper tingeln". „Tingel-tangel" – lautmalerisch Stationen auf dem Weg zu größerer Lebendigkeit. Metaphern: Alle Lichter anmachen (visuell), alle Glöckchen läuten lassen (auditiv), den Körper massieren, die Zellen verständigen, informieren (kinästhetisch), die Frohe Botschaft in Worten, in Sprache gebunden sich verbreiten lassen (auditiv-digital). Die Hände reiben, die Energie zwischen den Handflächen spüren, „die Batterie aufladen", und mit dieser vibrierenden Energie sich selbst berühren, heilen. Einen Schutzmantel um sich legen, sich umhüllen, einwickeln, Pflaster auflegen etc. STOP. Und wer bin ich jetzt? Wie stehe ich jetzt da?

Und dann: den Schwerpunkt sinken lassen, „ein Stein vom Herzen“ oder „das Herz in die Hosentasche“ fallen lassen, immer weiter sinken und fallen lassen bis in den Unterleib, in den Beckenboden, in die Sitzfläche, in den Bereich des Schambeins, des Steißbein-Bereichs, dort den Schwerpunkt wie eine Sonde verwenden und Informationen abfragen – was weiß das Schambein, was Sie nicht wissen? Was weiß das Steißbein, wovon Sie nur träumen? Weiß das Steißbein, daß es einstmals ein Tierschwanz war, als es noch zu einem Tier, vielleicht zu einem Fuchs oder einem Hasen oder einem Eichhörchen oder einem Känguruh gehörte? Woran erinnert sich das Steißbein bis heute noch, und was erzählt es Ihnen, wenn Sie es danach fragen? Und dann, schließlich und endlich, die Hosen ganz herunterlassen, den Schwerpunkt die Beine herunter in die Fußsohlen gleiten lassen. Jetzt sind Sie auf den tiefsten Punkt gekommen, und das ist eine Tiefenerfahrung der besonderen Art, eine Grund-Erfahrung, Core-Erfahrung, herzlichen Glückwunsch, nun können Sie „eine Pfahlwurzel treiben“ und bei jedem Schritt, den Sie tun, mit der Ferse aufsetzen und eine tiefe Wurzel in den Boden treiben, mit dem langen Ausatem kombinieren, dann mit einem kurzen Einatmen den unbelasteten Fuß, das Spielbein einen Schritt machen lassen und ihn mit dem Ausatmen verankern. Das ist sie, die Wurzel-Erfahrung. Und nun kommen Sie noch in den Genuß der Erfahrung einer „Wander-Wurzel“, wenn Sie mit jedem Schritt Ihre Wurzel aus dem Boden ziehen und einen Schritt weiter verpflanzen: So kommen Sie vorwärts im Leben, ohne Ihre Verwurzelung aufgeben zu müssen. Das ist die Erfahrung eines ständig sich verändernden Gleichgewichts. Das ist das Leben pur. Sie sind jetzt ganz nahe dran. Und nun kommen Sie zum Abschluß aller Experimente, indem Sie die Wurzel aus dem Boden ziehen wie eine Rübe und die Energie, den Schwerpunkt wieder in den Bauch kommen lassen, die Hände darauf legen, mit den Händen den Bauch reiben, die Wärme der Handflächen spüren. Das ist Glück.

8.3 Gruppen- oder Partner-Übung: Ressourcen zuwerfen, weitergeben, übertragen

Die Gruppe steht in einem Kreis und beginnt mit einem pulsierenden Federn, wie oben beschrieben. Jeder findet für sich Glücks-Zustände, die durch das Pulsieren ausgelöst und gleichzeitig „geankert" werden. Jedesmal, wenn diese Bewegung im Körper geschieht, stellt sich das Glücksgefühl dazu ein. Das „Ressourcen-Spiel" hat folgende Varianten:

➤ Die „Ressource" wandert im Kreis von einem zum anderen und verändert sich unmerklich. Z.B. wird eine bestimmte pulsierende Bewegung als Ressource dem Nachbarn weitergegeben, etwa kombiniert mit einer wohltuenden Armbewegung oder Geste der Hand oder verbunden mit einem kleinen Schritt, Hüpfer, Sprung oder auch mit einem Ausruf, einem Satz, einem Wort, und der Nachbar nimmt die Ressource auf, nutzt sie, verwandelt sie, erschafft eine neue und gibt diese weiter. Die Gruppenteilnehmer halten die Grundschwingung während der ganzen Zeit des Spiels.

➤ Die „Ressource" wird der Reihe nach übertragen, wobei jeweils ein Gruppenteilnehmer mit einem anderen, möglichst gegenüber im Kreis stehend, Kontakt aufnimmt, seine Ressource „sendet", „überträgt" und zuwirft, so daß der andere sie „empfangen", aufnehmen, sich einverleiben und verkörpern kann. Danach kann er die empfangene Ressource weiterentwickeln oder verändern, bis sie eine neue Gestalt angenommen hat. Dann wählt er einen anderen Teilnehmer aus, nimmt Blickkontakt auf und „sendet" die Ressource, die auf der anderen Seite „empfangen" wird. Usw. Die Gruppenteilnehmer halten die Grundschwingung während der ganzen Zeit des Spiels.

Das „Ressourcen-Spiel" eignet sich besonders gut zur Auflockerung der Gruppenatmosphäre, zur (nonverbalen) Kontaktaufnahme und zur Übung des „Pacings". Durch das gemeinsame Pulsieren in einer Gruppe – die Übung kann auch als Partner-Übung gemacht werden, wobei die Partner sich gegenüberstehen -, gleichen sich Rhythmus und Tempo organisch, ganz von selbst an. Es entsteht ein Kontinuum, das verbindet und trägt. „Pacing" als die Kunst des unauffälligen Angleichens (wörtlich: den gleichen Schritt annehmen) kann durch Pulsieren erleichtert werden, weil das gemeinsame Pulsieren in sich schon das allgemeinste und natürlichste Pacing ist, das es gibt. Deswegen wird das Pulsieren auch in vielen Arten des Trancetanzes eingesetzt.

Das Pacing besteht hier aus dem Aufnehmen einer „fremden" Bewegungs-Gestalt, die zunehmend zur eigenen wird. Der gemeinsame Nenner ist der Puls, das, was den Unterschied ausmacht, die Gestalt, die jeder Teilnehmer für sich findet. Diese Gestalt, die eine Gestalt des körperlichen Ausdrucks ist, wird durch das Medium des Pulsierens übertragen. Das „Senden von Gestalten" wird also erleichtert durch einen gemeinsamen Nenner, den Puls. Dieser ist im Pulsieren auf organischer Ebene und auf natürliche Weise immer gegeben.

Aufgaben, die sich mit dem „Ressource-Spiel" verbinden lassen:

➤ Finden Sie Ihren indivdiuellen Puls als Rhythmus und Tempo, und lassen Sie ihn sich in Ihrem Körper ausbreiten.

➤ Finden Sie gemeinsam in einer Gruppe den Gruppenpuls, der sich einen „Gruppenkörper baut" und diesen mit Synergie füllt. Erleben Sie bewußt den Aufbau von Gruppengefühl, Symbiose, organischer, natürlicher Konfluenz, Atmosphäre, Kontinuität, Vertrauen, guter Stimmung, gemeinsamer Wellenlänge, Resonanz auf nonverbaler, kinästhetischer Ebene.

➤ Finden Sie eine individuelle Ausdrucksgestalt, die Ihr Wohlgefühl steigert. Entdecken Sie Ressourcen, Potentiale, Kräfte, Fähigkeiten, vielleicht auch Rollen und Identitäten, die Sie immer schon einmal erleben und einsetzen wollten. Vielleicht werden Sie plötzlich zu einem Tier, oder Sie fühlen sich als Pflanze, als Baum, während der Puls weiter durch Sie hindurchfließt, vielleicht gehen Sie sogar noch weiter zurück in den Stadien der Evolution und fühlen sich in die Ruhe eines Berges oder die Weite eines Sandstrandes versetzt, während der Puls des Lebens Sie weiter durchströmt. Alles, was Ihnen gut tut, Sie stärkt, lockert, in Fluß kommen und spielen läßt, ist eine Ressource für Sie.

➤ Bleiben Sie bei sich, und finden Sie gleichzeitig Kontakt zu anderen. Während Sie der Puls des Lebens durchströmt, beobachten Sie dies bei anderen. Beobachten Sie das Verhalten, die Haltung, die Stimmung, in der der andere ist, nehmen Sie alle Informationen, die Sie auf nonverbalem Wege erhalten können, in sich auf, ohne sich selbst zu verlieren oder sich selbst aufzugeben. Es ist Raum für beide da, für Sie und für den anderen. Erleben Sie das Gemeinsame, das

Sie verbindet, und beobachten Sie den Unterschied, der Sie von dem oder den anderen unterscheidet.

➤ Überlegen Sie – während Sie im gemeinsamen Puls bleiben –, welches Verhalten Sie noch nie gezeigt haben, welche Ressource Sie noch nie genutzt, welche Haltung Sie noch nie eingenommen, welchen Standpunkt Sie noch nie vertreten, welche Perspektive Sie noch nicht entdeckt haben und was Ihnen ganz fremd wäre. Während Sie im gemeinsamen Puls bleiben, getragen von dem verbindenden, vielleicht ein wenig auflockernden oder sogar wohlig auflösenden Gruppengefühl, überlegen Sie, was an unbekannten Potentialen in Ihnen schlummern mag, und spüren, daß sich jetzt eine ganz besondere Chance auftut, etwas für Sie Ungewöhnliches zu tun, was auch immer das sein mag.

➤ Überlegen Sie – während Sie im gemeinsamen Puls bleiben –, was Ihr Gegenüber gut brauchen könnte und welche Verhaltensänderungen Sie ihm spielerisch verschreiben würden, um sein Verhaltensrepertorie zu erweitern? Welches Tier würden Sie ihm zur Verkörperung aufgeben, welche Aufgabe der Einfühlung, Gestaltfindung oder auch Musterunterbrechung würden Sie ihm stellen? Achten Sie darauf, daß diese Aufgabe aus der Haltung heraus gestellt wird, jemand anderem etwas Gutes zu wünschen, was ihn bereichert und erweitert!

➤ „Verschreiben" Sie sich selbst eine Verhaltensveränderung, aus dieser wohlwollenden Haltung heraus. Fragen Sie sich: Was fehlt noch im Menü, auf dem Buffet, in der großen Auswahl aller Varianten und Variationen, die zur Verfügung stehen? Entdecken Sie weitere Ressourcen, von denen Sie bislang noch nicht gewußt haben, daß sie existieren, geschweige denn, daß sie für Sie in Frage kommen könnten. Machen Sie sich auf die Ressourcen-Suche, nach dem Motto: „Jeden Tag wartet eine neue Ressource darauf, sich bei mir einzufinden." Richten Sie eine „Ressourcen-Börse" ein, fragen Sie andere nach ihren Ressourcen, und fragen Sie sich selbst, ob diese fremden Ressourcen nicht auch für Sie in Frage kämen.

8.4 BodyMind-Experiment: den Puls des Lebens schmecken, riechen, sehen, fühlen, hören

Stellen Sie sich vor: Es gibt einen Puls des Lebens, und Sie können ihn riechen, schmecken, sehen, fühlen. Sie hören ihn. Sie richten sich nach seiner Trommel aus, Sie lassen sich davon bewegen, Sie kommen ins Wippen, Federn, Vibrieren, Pulsieren, Sie tun gar nichts und lassen zu, daß Es Sie bewegt, tanzt, mitnimmt, aufrührt, absetzt, zu sich selbst kommen läßt.

Finden Sie ein Symbol, eine Farbe, ein Muster, eine Metapher, eine Geschichte, einen Witz, ein Wort, einen Geschmack, einen bestimmten Duft, der für Sie heute alles das darstellt, was der Puls des Lebens für Sie bedeutet.

Legen Sie eine Sammlung von solchen Symbolen, Metaphern, Gedichten, Farben, Düften etc. an, um Sie an den Puls des Lebens, den Sie in seinen vielen verschiedenen Erscheinungsformen erfahren haben, zu erinnern.

8.5 BodyMind-Experiment: ein Bad im Licht

Sich selbst so durchschütteln, als würde man vom Schicksal gebeutelt und in seinen Grundfesten erschüttert. Schlottern und Schlackern. Das Tremendum verkörpern als Schauern und Schaudern, sich vorstellen, die läuternden, reinigenden Flammen des Fegefeuers täten jetzt schon zu Lebzeiten ihr Werk und bewirkten eine heilsame Erschütterung, die eine radikale Umorganisation und Neuorientierung zur Folge hätte. Die Konsequenz wäre ein Gefühl, von den Toten auferstanden zu sein, wiedergeboren zu sein. Verstärken Sie diese Vorstellung, wenn Sie Ihnen angenehm bzw. annehmbar erscheint, und lassen Sie violette Flammen um sich herum zischen und aufzüngeln. Violett gilt als die Farbe der Transformation und ist die schnellste Schwingung im Farbspektrum. Zunächst kann das Violett von einer tiefen Intensität sein und durch die Fußsohlen hindurch in den Körper eintreten, um in züngelnder Bewegung und spiraliger Form aufzusteigen, alle Schlacken mitnehmend und verzehrend, bis der ganze Körper von Kopf bis Fuß gebadet ist in violettem Licht. Stellen Sie sich vor, Sie sitzen in einem Sprudelbad, das Sie reinigt, erleichtert, läutert, klärt, je mehr Sie die Schlacken, Lasten, Unklarheiten und Unreinheiten abschütteln und loslassen, Sie stehen unter einer Dusche, deren Licht zunehmend heller wird, je durchlässiger Sie selbst sich anfühlen, so daß Sie am Schluß von einem blassen Lila, Rosa oder Weiß umgeben sind. Ströme und Wirbel, Kreise und Blasen aus Licht haben sich gebildet und massieren den Körper, der selbst aus Licht zu bestehen scheint. Schlacken und Lasten sinken ab, werden von der Erde absorbiert, sofern sie nicht von den Flammen verzehrt wurden. Am Schluß steigen Sie heraus aus dem Platz, an dem Sie standen, als würden Sie aus einem Bad steigen, und genießen die Wirkung dieses Experiments.

8.6 BodyMind-Experiment: Vibrieren in vier Körperhaltungen

Erlauben Sie sich, Ihre gewohnte Lebenshaltung ein wenig aufzumischen und durchzuschütteln. Lassen Sie den Puls des Lebens in sich hochsteigen, und experimentieren Sie mit vier Grundhaltungen im Stehen, die Sie jetzt neu erfahren können.

1. Im Stehen mit weichen Knien den Oberkörper nach vorn hängen, abhängen lassen – die Rückseite des Körpers, insbesondere das Kreuz wird durch ein weiches Schütteln sanft vibriert. Rückzugshaltung – die weichen Teile des Körpers sind geschützt, der Blick in sich gekehrt, der Rücken bietet eine starke Front. Aber auch die stärkste Front muß einmal ausspannen und sich neu aufbauen: ausgehend von einem weichen Federn in den Knien wird der ganze Körper durch gleichmäßige, sanfte Stöße vibriert, die Energie steigt von unten nach oben wie ein Springbrunnen, der mit einem geraden Strahl von unten nach oben aufsteigt, über den Rücken läuft und vorn wieder herunterplätschert. Der Rücken wird gestärkt und genährt, unterstützt und neu organisiert, er kann nun flexibler und zugleich mehr in der Vertikalen ausgerichtet sich aufbauen, wenn Sie langsam wieder in die Höhe kommen. Sie beginnen sich hochzuziehen, Wirbel für Wirbel, am Schluß thront der Kopf auf dem Rumpf und verfügt über neue Beweglichkeit.

2. Im Stehen mit weichen Knien den Oberkörper dehnen, sich auf die Mitte der Brust konzentrieren und dort weit werden, dem Bedürfnis, sich dort zu öffnen, nachgeben, sanft nach hinten den oberen Teil des Rückens und die Schultern ablegen, als würden die Schultern sich über eine Stuhllehne lehnen. Sie können dieses Experiment auch im Sitzen machen, nur ist es leichter im Stehen, ausgehend von dem weichen Federn der Knie, vibrierende Stöße durch den Körper aufsteigen zu lassen. Die ganze Vorderseite des Körpers, vom Becken bis zur Brust, wird sanft vibriert und beschreibt einen weiten Bogen, so weit, wie es Ihnen im Kreuz nachzugeben angenehm ist. Der Kopf hängt weich „in den Seilen", also nicht ganz nach hinten, denn das wäre eine zu starke Belastung der Nackenwirbel, sondern leicht schräg mal nach links hinten, mal nach rechts. In dieser Hingabehaltung sind Sie ganz aufnahmebereit, lassen alles offen, atmen in die weiche Weite des Oberkörpers, der sich nicht schützen muß. Der Atem vertieft sich, das Gefühl von Intensität nimmt zu, Sie fühlen sich mehr und mehr präsent, je mehr Sie sich präsentieren. Wenn Sie genug in sich aufgenommen und neue Kraft aufgetankt haben, rollen Sie den Kopf nach vorn und beginnen, einen Wirbel nach dem anderen, von oben nach unten laufend wieder in die Vertikale einzuholen, bis Sie sich wieder im Lot fühlen.

3. Im Stehen mit weichen Knien nehmen Sie wieder die stoßweise Vibration auf, die vom Federn der Knie ausgeht. Die rechte (dann linke) Hand greift nach oben, „nach den Sternen", dadurch entsteht eine Diagonalhaltung, die die rechte (dann linke) Flanke dehnt und sie den sanften Stößen der Vibration noch mehr aussetzt. Der Kopf hängt zur linken (dann rechten) Seite, die rechten (dann linken) Nackenmuskeln werden gedehnt, das linke (dann rechte) Ohr kann sich ausschütten, Ohrenschmalz, der das Hören beeinträchtigt, ausfließen, das Ohr kann lang werden, die Ohrmuscheln können sich ausbreiten wie Flügel, und während Sie sich nun langsam wieder in die Vertikale hochziehen, indem Sie mit der nach oben ausgestreckten Hand noch ein Stück über sich selbst hinausgreifen, sich selbst überbieten, über sich selbst hinauswachsen, glauben Sie, Ihr Ohr bis an den Rand des Universums ausbreiten zu können. In dieser Hängehaltung können Sie sich wie ein Faultier am Baume hängen lassen, können alles aushängen und von selbst in Ordnung kommen

lassen, können Sie wie eine reife Frucht am Baum hängen und nachreifen, bis Sie genug an Sonnenlicht und Süße in sich aufgenommen haben und in die Vertikale zurückkehrend wieder zum Menschen werden.

8.7 BodyMind-Experiment: in die Gänge kommen

Wie der Titel schon sagt, geht es nicht nur (aber auch) darum, in Gang zu kommen, sondern achtsam von Gang zu Gang umzuschalten und dabei darauf zu achten, welcher Gang wofür und wen und wann und wo und mit wem alles noch der richtige ist.

THE PLANTER, 1. Gang: langsam, achtsam, vorsichtig und nachdrücklich das Körpergewicht von einer Seite auf die andere verlagern und ausprobieren, wie sich das anfühlt, das Gewicht nur auf einer Seite zu haben, ganz den einen Fuß zu belasten, ganz sich auf das eine Standbein zu verlassen, dann probeweise das Gewicht woandershin verpflanzen, den Fuß des Spielbeins sehr bewußt auf den Boden pflanzen, Ferse zuerst, als wolle man eine tiefe Pfahlwurzel in den Boden treiben, um sich dort ein- für allemal niederzulassen. Wie ist der Boden dort? Was trägt er für Früchte? Wann ist ein Wechsel angesagt? Wie fühlt es sich an, mit beiden Beinen auf dem Boden fest verwurzelt zu stehen? Was geschieht, wenn ich nun einen Fuß mit seiner Wurzel aus dem Boden herausziehe und sie woanders einpflanze? Kann ich das Gefühl der Verwurzelung „abstrahieren" und mitnehmen, kann ich mit einem langsamen Schreiten mich ständig neu verwurzeln?

Technik des Zen-Gehens: sehr kleine enge Schritte, die jeweils mit der Ferse des Spielbeins an der Fußmitte des Standbeins ansetzen, wobei jedes Aufsetzen des Fußes sich mit einem langen Ausatmen verbindet, das Lüpfen des Fußes mit einem kurzen Einatmen. Die Betonung des Ausatmens vermittelt ein Gefühl, mit jedem Schritt mehr das eigene Gewicht dem Boden zu übergeben, in den Boden hineinzusinken und dennoch in vertikaler Aufrichtung mit dem Gegenpol verbunden zu sein. Dieser wird als „Mittelpunkt der Sonne" vorgestellt und hat eine besondere Anziehungskraft, die dazu imaginiert werden kann.

Der Atem fließt langsam und ruhig, beruhigt sich immer mehr, die Stimmung schlägt um von Vorsicht auf Umsichtigkeit, Achtsamkeit und Offenheit. Was will ich wo und wann pflanzen, welche Keime fallen auf fruchtbaren Boden? Wie gehe ich mit der Pflanze meines erwachenden Selbstbewußtseins um? Was braucht sie, um wachsen zu können? Was kann ich ihr jetzt geben? Was braucht sie von anderen, von der Umwelt? Was wären die optimalen Lebensbedingungen für diese Pflanze?

THE SWINGER, 2. Gang: mit sich selbst warm geworden, in Schwung gekommen, gut im Schuß und voll drauf, voll abgefahren auf ein gemütliches Schunkeln, das wird das Kind schon schaukeln, nur nicht mit der Eile, alles geht von selbst, versuch's mal mit Gemütlichkeit. Balou der Bär aus dem Dschungelbuch ist ein echter Swinger und läßt sich nie aus der Ruhe bringen. „Versuch's mal mit Gemütlichkeit." Das hat etwas Mütterliches und tut gut, man fühlt sich geborgen und gut aufgehoben, wie in Abrahams Schoß. Es macht Spaß, so durch das Leben zu schunkeln, der Boden wird zu einer Schaukel, auf der ich stehe. Schaukelt der Boden mich, oder schaukle ich den Boden? Wer schaukelt hier wen? Hauptsache, das Ding wird geschaukelt.

Blues-Schritt: Mit dem weichen Fußballen aufsetzen und ganz langsam, mit einer wollüstigen Dehnung die Ferse in den Boden hineindrücken, als stehe man tatsächlich auf einer Schaukel und wolle durch die Gewichtsverlagerung der Schaukel Anschwung geben. Das muß sehr einfühlsam geschehen, sonst wird der Schwung gestört, und der Rhythmus bricht ab. Das Körpergewicht bleibt immer in der Mitte, während die samtweichen Pfoten hin und her treten auf dem Boden, ihn immer wieder neu in Schwung bringen, so daß er weiter schaukelt und das Körpergefühl des Swings aufrechterhalten wird. Ich stelle mir vor: Die Erde ist eine Mutter, und mit jedem Treten aktiviere ich jene Kraft, die mir wie Muttermilch zufließen kann. Durch behutsames, aber nachdrückliches Treten versetze ich mich in eine Stimmung, getragen und genährt zu werden. Was braucht dieses junge Tier in mir, um sich voll entwickeln zu können und das ganze Spektrum seiner Bewegungsfreiheit und seiner Fähigkeiten einsetzen zu können? So „tigere" ich durch den Raum, in meiner Zeit, in meinem Schwung.

THE RUNNER, 3. Gang: da läuft alles wie am Schnürchen, reibungsloses Funktionieren, glattes, müheloses, elegantes Ablaufen, Abwickeln, Abspielen von Arbeitsvorgängen, die ich im Handumdrehen erledige, mit links mache, aus dem Ärmel schüttle, das ist der Gang der Routine und der Perfektion. Die Bewegungen des Laufens sind gleichmäßig, mein Blick ist in die Ferne gerichtet, mein Atem kontrolliert, ich bin sparsam im Umgang mit meiner Lebensenergie, die ich gezielt einsetze und nicht verschwende. In der Funktionalität ist eine gewisse Anmut, Eleganz, Leichtigkeit, der Schwerpunkt ist jetzt weiter oben gelagert, vielleicht hilft es, sich eine aufladbare Batterie im Herzen vorzustellen, und diese Batterie wird solar betrieben, deshalb stelle ich mir den Sonnenschein gleich dazu vor. Das Rennen ist freiwillig, ich könnte süchtig werden danach, denn mein Bewußtsein ist überzeugt, dieses hier sei sehr sinnvoll und ehrenwert, und mein Körper freut sich an der Leistung, die er vollbringt, so selbstverständlich, so gelassen und lässig, so voll automatisiert, daß mein Ich einige Fragen an das Selbst stellen kann, z.B. wohin ich selbst eigentlich möchte. Für wen mache ich das, für wen laufe ich mir die Sohlen ab, die Füße wund, wozu funktioniere ich so gut, und ist Perfektion der höchste Wert in meinem Leben? Ich bin eine gut geölte Rennmaschine, ich bin der Hamster im Rad, ich bin das Rädchen im Getriebe, noch – aber was ist, wenn ich zum Sand im Getriebe würde?

Was wäre, wenn alles plötzlich anders würde? Was wäre mein Leben ohne diese Routine und ohne diese Sucht nach dem Sehnen, das kein Ende hat? Wer wäre ich, wenn eines Tages alles ins Stolpern käme und die Symmetrie meines Lebens, auf der mein Gleichgewicht sich aufbaut, zerstört würde? Und wer bin ich, daß ich dies aus freiem Willen ausprobieren, das Experiment wagen kann, oder: Wer müßte ich sein? Oder wer bin ich schon und weiß es nur noch nicht?

THE LEAPER, der außerordentliche Gang:
Sonderausstattung – bisher bei Automobilen nur in den 007-Exemplaren für James Bond-Filme eingebaut, für besondere Gelegenheiten, die besondere Sprünge erfordern oder erlauben. Aber man muß nicht James Bond sein, um über einen solchen Luxus zu verfügen – als Kind erlaubten wir uns den Spaß des grundlosen Hüpfens und Springens öfter, moderne Tanzstile (z.B. des Punk/Hobo/HipHop) be-

leben diese kindliche Freude an einer Bewegung, die keinen weiteren Sinn hat als überschießender Lebensfreude ihren Ausdruck zu geben, aber auch traditionelle Tanzstile weisen Sprünge auf, die allerdings sehr schwerfallen, wenn die Tänzer nicht in einem veränderten Bewußtseinszustand sind.

Wichtig ist dabei, die Füße vom Boden zu kriegen. Der Schwerpunkt steigt hoch und macht den Körper leicht, federleicht – im Ballett ist die Überwindung der Schwerkraft das Ziel aller Bemühungen, die Sprünge machen einen wichtigen Teil der Tanzformen aus. Dazu stelle ich mir vor, wie die Sonne mich anzieht, wie mich die Freude darüber aufspringen läßt, der Boden wird mir heiß unter den Füßen, es juckt mich, es fährt mir in die Glieder, es durchfährt mich und lüpft mich, als wäre der Boden unter mir elektrisiert, mein Körper von Stromstößen hochgejagt. Ich erinnere mich, wie es als Kind war, Seil zu hüpfen und plötzlich die Erfahrung zu machen: Es hüpft mich! Oder ist es das Seil? Oder der Boden? Oder das Herz im Leibe? Irgendwas hüpft hier und will nicht aufhören, obwohl ich schon am Ende meiner Kräfte bin, irgend etwas elektrisiert mich und jagt mich weiter, ich fliege über den Boden in großen Sprüngen, als hätte ich die Siebenmeilenstiefel aus dem Märchenbuch an, vielleicht träume ich auch nur, aber es ist ein Traum, bei dem ich weit und schnell vorankomme, alles überfliege, was mich sonst bremst und hindert, als könnte ich durch Wände gehen, durch Ritzen, Löcher und Lücken rutschen, mich auflösen in meiner Schwere und Erdgebundenheit, mich der Sonne näherbringen, dem Licht.

THE NOBODY – der Nullgang:
Parking Position, Standby, alles aus, nur die Grundfunktionen sind noch an, ich atme, nehme wahr, bin ganz da und hier und jetzt, aber gönne mir eine Pause ohne alle Bewegung, ich muß nicht vorankommen, ich habe alles erreicht, es gibt kein Motiv, ich bin eine Immobilie, ein Potential, ein Aktivposten, ich sitze oder liege oder stehe ganz ruhig da. Etwas vibriert in mir, klingt nach, ich horche in mich hinein: Wer bin ich, wenn ich nichts Besonderes und niemand Besonderer sein muß, wenn ich einfach bin, so wie ich bin, wie bin ich dann? Der Nullgang ist auch ein guter Zugang zu jener Leere, die erfüllt, zu jenem Selbst, das nichts anderes vorgeben muß. Der Nullgang ist ein wunderbarer Ort, um sich selbst zu verlieren, zu fin-

den, zu regenerieren und das Leben aus der Perspektive des Nichts zu genießen. Oft fühlen sich Menschen in ihrem tiefsten Wunsch nach Sein bestätigt und brauchen sehr lange, bevor sie überhaupt ein weiteres Motiv in sich verspüren und „in die Gänge kommen" wollen – der Nullgang ist eine wichtige Voraussetzung, überhaupt in Gang zu kommen, denn wenn er einmal als Gang anerkannt wird, können alle anderen Gänge darauf aufbauen.

8.8 BodyMind-Experiment: BodyTeams zusammenstellen

Entscheiden Sie sich nun für eine Gangart. Sie wissen natürlich, daß Sie nur für das Experiment sich entscheiden müssen, denn so können sich zunächst Teams von gleicher Gangart bilden. Stellen Sie sich vor, die ganze Welt würde aus lauter RUNNERS bestehen oder nur aus SWINGERS oder aus einem einzigen chaotischen Haufen von LEAPERS oder ausschließlich von PLANTERS besiedelt sein oder nur aus NULLEN bestehen. Bilden Sie nun solche Mikrokosmen/Lobbies/Vereine, und tauschen Sie sich aus, wie Sie Ihr Dasein in der bestimmten Gangart erlebt haben. Was sind die Motive, die Sie in Gang bringen? Was bringt Sie raus? Was ist Ihnen am wichtigsten, was grenzen Sie aus? Schreiben Sie eine typische Biografie, erzählen Sie ein Märchen, oder bilden Sie einen Mythos, einen Heldengesang, ein Bardenlied. Finden Sie Verbündete und Begleiter, die Sie in diesem typischen Leben einer Gangart unterstützen. Welche Fähigkeiten lernen Sie, und wo bzw. wann, zu welchen Gelegenheiten? Haben Sie in Ihrem Biotop natürliche Feinde? Was tun Sie, um sich zu schützen, gibt es Patentrezepte, Vorschriften, Wertvorstellungen, Glaubenssätze? Wie fühlt sich Ihre Identität an? Was für eine Person sind Sie, wenn Sie so sind, und zu welchem Club gehören Sie, zu welcher Partei, zu welcher Religionsgemeinschaft? Welcher Weltanschauung hängen Sie an?

Aufgabe: Bilden Sie eine Mono-Kultur, in der Sie sich gegenseitig auf eine Ideologie einschwören. Dann, wenn Sie sich Ihrer Sache ganz sicher sind, können Sie bzw. Ihre Gruppe sich leisten, Austausch mit anderen Gruppen zu riskieren. Entsenden Sie Botschafter, und lassen Sie zu, daß Journalisten Sie besuchen, empfangen Sie

Gäste, beherbergen Sie Hospitanten etc. Gestalten Sie eine Phase des Austauschs, um danach wieder in Ihre „Heimat" zurückzukehren. Bilden Sie nun aufgrund Ihrer Erfahrungen gemischte Teams, in denen jeweils ein Experte für eine Gangart anwesend ist. Es sollten also mindestens fünf Leute in einem Team sein (die Nullen nicht zu vergessen!), plus eines unbeteiligten Beoachters, der die Meta-Position innehält.

Stellen Sie sich eine Aufgabe, die nur mit gemeinsamen Kräften bewältigt werden kann, z.B. „den Karren aus dem Dreck ziehen" oder ein ökologisches Auto-Modell entwerfen etc.

Es können auch Aufgaben sein, die sich im Alltag stellen und von denen Sie glauben, daß Sie sie gemeinsam besser bewältigen können. Verteilen Sie die verschiedenen Gangart-Rollen an die jeweiligen Experten, und bitten Sie um ihre Kooperation.

Folgende Aufgaben bieten sich z.B. an:

- Morgens pünktlich aufstehen und einen Arbeitstag gut durchstehen.
- Den Feierabend so verbringen, daß alle (auch die Teilpersönlichkeiten in der eigenen Person) etwas davon haben.
- Eine Prüfung bestehen.
- Eine Liebesbeziehung gestalten.
- Gesund werden oder gesund bleiben.
- Einen zwischenmenschlichen Konflikt bewältigen.
- Eine Entscheidung durchsetzen, eine Idee verwirklichen.

9. BodyMind-Experimente mit Attraktionen und Attraktoren

„Allen Lebewesen ist eigentümlich, daß das einzige Produkt ihrer Organisation sie selbst sind, es gibt keine Trennung zwischen Erzeuger und Erzeugnis. Das Sein und Tun einer autopoietischen Einheit sind untrennbar, und das bildet ihre spezifische Art von Organisation." – *Francis Varela*

Als Gegenstück zum Separator möchte ich einen Modus operandi beschreiben, mittels dessen ich mich nicht trenne, sondern vereinige. Ich will nicht weg von etwas, ich will nicht aussteigen, sondern hin zu etwas, ich will einsteigen. Ich wünsche mir eine innige Verschmelzung, ich will nicht mehr danebenstehen und nichts davon haben, ich will mitten darin sein, aufgehen in dem, was ich mir wünsche, und genau dadurch, daß ich so tue, als ob ich schon verschmolzen sei, wird mein Wunsch erfüllt. Mein Wunsch zieht seine Erfüllung an, mittels des Gefälles der Anziehung, das zwischen den beiden Polen entsteht. Der Vorgang einer „teilnehmenden Verschmelzung" wird seit Plato Mimesis genannt. Ich begebe mich also in einen „assoziierten Zustand" (NLP-Ausdruck für Verschmelzung mit einem Zustand) und bin mit dem, was mich anzieht – und was ich gleichzeitig dadurch angezogen habe –, verbunden.

Anders als beim Dissoziieren und im Umgang mit dem Separator gehe ich hier einen Schritt weiter in der magischen Inszenierung meiner eigenen Wirklichkeit. Denn während es beim Dissoziieren um „reale" Zustände, von denen ich mich disoziieren möchte, geht, haben wir es beim Attraktor mit einer Konstruktion von Realität zu tun, deren Auswirkung auf mich das gewünschte Ergebnis hat. Attraktoren wirken in einem a-kausalen Feld. Ich glaube nicht an Karotten. Ich erfinde sie, um als selbsterfundene Esels-Identität den Karren den Berg hinaufzuziehen. Die Karotte ist nicht die Ursache der Wirkung, die sie auf mich hat. Und ich bin auch kein Esel, nur in der Metapher, die ich eben gebrauche.

Zeit, schreibt Gerd Gerken, ist das Instrument, durch das das Werden das Neue erfindet. Allerdings setzt diese gerissene Art des Umgangs mit Wirklichkeit etwas voraus, was im Zuge der MultiMind-Theorie von Robert Ornstein das Multi-Ich genannt wurde. Man braucht schon mehr als ein Ich, um erkennen zu können, daß das eigene Ich eine Erfindung ist. BodyMind weiß intuitiv um viele solcher

Modi operandi, die die Wirklichkkeit als Produkt meiner Kreativität (Schopenhauer würde von Wille und Vorstellung sprechen) herbeizaubern und dann das Bewußtsein auch noch im Glauben lassen, es sei die Welt da draußen, mit der ich mich auseinandersetze. Ein Zen-Spruch erzählt von dem Wanderer, der über eine Brücke schreitet. Für ihn ist es die Brücke, die sich bewegt, nicht der Fluß.

Aber während ich in der Zen-Meditation die Gedankenproduktion von Welt und Wirklichkeit einstellen möchte und während ich in der Vipassana-Meditation meine Reaktion auf meine eigenen Produktionen zu unterbrechen versuche, geht es hier nicht darum, mir selbst auf die Schliche zu kommen, sondern die Schleichwege und die Kunst des Schleichens zu erlernen, um sie bewußt auszuüben. Das ist Magie!

9.1 Das Einatmen als Attraktor

Das bewußte Einatmen ist eines der ältesten magischen Mittel, etwas herbeizuzaubern und es Realität werden zu lassen, so daß es von außen an das Bewußtsein herantritt, ganz als wäre es tatsächlich da draußen. Durch das Einatmen gelingt es mir, mich in einen „assoziierten Zustand“ zu begeben, in dem ich unmittelbar verschmelze mit meiner Außenwelt und jede Trennung, die ein erkennendes Bewußtsein dazwischenschalten könnte, aufhebe. Solche assoziierten Zustände können die Hölle sein, z.B. als Zustände der Ausweglosigkeit oder lebensbedrohenden Enge, als Überwältigung durch Schmerz oder Verzweiflung, als Ausgeliefertsein an eine negative Wirklichkeit, zu der sich keine andere Wahl bietet. Es ist wie ein Alptraum, aus dem es kein Erwachen gibt. Umgekehrt ist ein Wunschtraum, der in Erfüllung geht, ein Siebter Himmel – oder das Paradies. Und es fragt sich nur, wie ich dorthin komme. Es geht ähnlich wie mit dem Horror: kraft meiner Gedanken und der Fokussierung meiner Aufmerksamkeit, mehr noch, meines Willens. Ich schaue etwas an, das ich will, und ich schaue es mit dem Einatem an. Das Etwas scheint von mir angezogen zu werden, so wie ich davon angezogen bin.

Durch den Atem wird eine Verbindung geschaffen, vielleicht eine Art Faden, mittels dessen ich mir das hole, was ich will, nur: Ich darf nicht wollen wollen. Ich muß mich in einen Zustand bringen, in dem ich einfach die Wirkung meines Wollens zulasse, ohne mich selbst ins Spiel zu bringen. Ohne BodyMind wäre dies eine ziemlich verkopfte Angelegenheit, so aber kann ich mich auf Experimente einlassen und wahrnehmen, wie und was sich an meiner Wirklichkeitskonstruktion verändert. Vielleicht finde ich statt der gewohnten Weltbilder Welten voller Bilder. Welche Welten, welche Bilder?

9.2 Magie des Schauens

Gehen Sie an einen schönen Ort in der Natur. Stellen Sie sich bequem hin, und schauen Sie einen Baum, eine Blume an, lassen Sie Ihre Augen groß und weit werden wie die eines Kindes, das fassungslos staunend vor einem Wunder steht. Entspannen Sie die Muskulatur um die Augen, so daß sie rund, „kreisrund werden wie Wagenräder". Entspannen Sie nun auch die Partie um Mund und Kinn, erlauben Sie sich zu „gaffen", mit „offenem Mund dazustehen und Bauklötze zu staunen", und vielleicht spüren Sie jetzt schon, wie sich die Wirklichkeit, die Sie auf diese Weise bestaunen, verändert. Zuerst war sie bestenfalls ein Stück Natur und deshalb ganz natürlich, aber wahrscheinlich eher uninteressant, und nun wird sie ein einziges Wunder. Spüren Sie, wie Sie ergriffen werden, und verstärken Sie diese Ergriffenheit, nehmen Sie den Faden auf, der sich zwischen Ihnen und der Welt geknüpft hat – der Faden des Interesses. Lassen Sie die Welt in sich hineinströmen, so wie der Einatem in Sie mit einem breiten Strom hineinfließt. Vielleicht gelingt Ihnen dies besser mit geöffnetem Mund, oder Sie schlürfen die Welt zwischen den geschürzten Lippen, saugen sie ein, trinken sie, wie es in romantischen Gedichten beschrieben wird. Lassen Sie „Ihre Augen sich weiden", verzehren Sie mit den Augen, verschlingen Sie das, was Sie sehen, und es gibt sicher einen Augenblick, in dem für eine Sekunde die Trennung zwischen Auge und Welt, zwischen Leib und Erleben aufgehoben ist. Das ist das Zulassen – Sie können es gar nicht wollen, da das Wollen schon ein bewußter Akt ist und die Trennung verstärkt statt abbaut. Spüren Sie also das Strömen zwischen sich und dem Rest der Welt, und springen Sie auf, gehen Sie mit, fließen auch Sie, genau wie die Welt. (Dieses Experiment kann auch für den auditiven Typ als Magie des Hörens und für den kinästhetischen Typ als Magie der Einfühlung konzipiert werden. Ich habe mich für die visuelle Variante entschieden, da gerade im Sehen uns die Subjekt-Objekt-Spaltung des dualistischen Geistes besonders schmerzlich ins Bewußtsein kommt.)

9.3 BodyMind-Experimente mit dem Einatmen

„Für den Optimisten ist das Leben kein Problem, sondern bereits die Lösung."
– *Marcel Pagnol*

Das Leben zulassen, heißt, es in sich aufnehmen, damit verschmelzen, es ganz und gar sich zu eigen machen, verkörpern mit Haut und Haar. Jeder Teil unseres Lebens, der nicht eigentlich dazugehört, wird zu einem Teil unseres Selbst, den wir nicht bewohnen. Jedes Stück von uns selbst, zu dem wir nicht Ja sagen, ist ein verkörpertes Nein und vermehrt die Teilnahmslosigkeit, unter der wir leiden, wenn wir das Gefühl haben, das Leben gehe an uns vorbei.

Das bewußte Einatmen als „Hineinatmen" in einen bestimmten Körperteil macht den Körper wieder uns zu eigen. Wir speisen uns aus dem großen Vorrat des Universums, wo das universale Leben an sich als Information gespeichert ist und als Lebendigkeit auf uns wartet. Wir stellen uns unseren Körper als ein einziges Organ vor, ein Organ, das einem universalen Organismus angeschlossen, durch eine unsichtbare Nabelschnur immer noch verbunden ist. Zusätzlich imaginieren wir „Saugnäpfchen" überall dort in und an unserem Körper, wo wir uns mehr Leben wünschen, und „pumpen den Kosmos an", so daß über den Einatem uns neue kosmische Energie zugeführt wird. Wir beginnen bei einem Fuß, der abgewinkelt wird, so daß die Ferse „herauswächst", als wollten die Zehenspitzen wieder zum Kopf zurückwachsen. Dort, in die herausgedehnte Ferse, fließt nun der Einatem durch den ganzen Körper hindurch bis in die Ferse, die den Einatem förmlich „ansaugt". Mit dem Ausatem wird die ungewöhnliche Dehnung wieder aufgegeben, und wir spüren: Wie fühlt sich der eine „beatmete" Fuß im Vergleich zum anderen an? Wechseln. Dasselbe Prinzip nun auf andere Körperteile übertragen. Zum Beispiel auf die Fußkanten – diese Übung empfiehlt sich, am Anfang im Sitzen zu machen. Ein Fuß wird seitwärts ausgekippt, so daß die eine Fußkante sich nach außen kippt, und der Spann des Fußes nun entlang der Seite gedehnt wird. Ich atme in diese Dehnung hinein, dann stelle ich den Fuß wieder aufrecht hin und spüre die ganze Fußsohle, die auf dem Boden aufliegt und das „Gewicht gleichmäßig auf dem Boden ablegt", „in den Boden hinein fließen" läßt. Nun kommt der andere Fuß mit seiner Kante dran, danach stelle ich beide Füße wieder aufrecht hin und spüre dem Energiefluß nach.

Ich stelle mir vor: „Lebenssaft wird so durch die Fußsohlen, durch die Kanten, durch die Fersen aus der Erde angesaugt und in den Körper hochgepumpt!" Dabei kann ich Linien und Pfade des Energieflusses visualisieren: von den Füßen aus ziehen sich Energielinien durch die Beine an der Rückseite entlang hoch bis zu einem Punkt, der ungefähr in der Mitte des Kreuzes die beiden Seiten vereinigt. Ich kann die Energielinien in meiner Vorstellung mit einer Farbe ausstatten, die mir guttut, ich kann Körperräume und Energielinien kolorieren.

Wie beim Skifahren kann ich nun im Stehen (oder – wenn ich „unsicher auf den Beinen bin" und erst meinen Stand ausprobieren will, bevor ich ihm das ganze Körpergewicht zumuten will – am Anfang auch im Sitzen) beide Füße zu einer Seite kippen und die Innenkante des einen Fußes ebenso wie die Außenkante des anderen Fußes dehnen. Ich atme dort hinein, wo die Dehnung ist und sauge mich mit Energie an, während ich die Verbindung zum Kreuz spüre und die Energie hochfließen lasse. Dann kommen die Füße wieder zum normalen Stand. Wechseln zur anderen Seite, so daß die Innenkanten ebenso wie die Außenkanten beider Füße gedehnt werden. Jede Dehnung fühlt sich an, als würde sehr sanft eine „Schraube angezogen", „eine Feder angespannt", ein „Handtuch ausgewrungen" werden und als ob durch diese Drehung oder Windung, durch diese angespannte und hochgeschraubte Stellung der Einatem dorthin gelockt würde. Mit dem Ausatem geschieht dann Lösung, Entspannung, Ausrichtung und Aufrichtung in der natürlichen Weise, mit der der Körper die Schwerkraft ausgleicht.

Im Sitzen den Kontakt mit der Sitzfläche erspüren, einmal das ganze Körpergewicht auf eine Seite fließen lassen und in den unbelasteten Teil hineinatmen, sich vorstellen, die unbelastete Po-Backe „sei ein Luftballon, der durch Einatem aufgeblasen wird". Wenn der Luftballon voll und prall ist, dann setzen wir uns mit „zufriedenen Ausatem" darauf und genießen unseren neuen „Besitz". Wir erspüren, wie die eine Seite sich im Vergleich zur anderen, unbeatmeten, verhält, und wechseln dann. Jetzt eine Verlagerung des Körpergewichts nach vorn: den nun belasteten Bereich erspüren, „die Schleusen öffnen", alle beteiligten Muskeln entspannen und in den unbelasteten hinteren Teil, in das Hinterteil hineinatmen, als wäre es „ein aufblasbares Sitzkissen", auf das ich mich dann mit dem nächsten Ausatmen befriedigt setze, um zu meditieren. Wenn ich nun nicht ruhig sitzen und meditieren kann, ist es vielleicht wichtig, die Übung zu wiederholen, und das so lange, bis alles in mir zur Ruhe gekommen ist, alle Körperteile befriedigt worden sind. Im Sitzen: Die Händen liegen auf der Bauchdecke und erspüren die „Atemwelle", das Bewußtsein beobachtet das Kommen und Gehen des Atems in seiner Auf- und Ab-Bewegung, im sanften Heben und Senken der Bauchdecke. Die Hände bereiten sich darauf vor, die Atembewegung in ihrer Eigenart so sehr zu erfassen, daß sie sie nachformen und abbilden könnten.

Nun zeichnen die Hände, die sich ein wenig von der Bauchdecke entfernen, ohne den Kontakt zu verlieren, die „Atemgestalt" nach und verstärken sie: Mit dem Einatem entfernen sie sich vom Körper, um ihm neuen Atemraum zu verschaffen, mit dem Ausatem kehren sie zurück, um die Körpergestalt mit ihren Konturen zu begreifen. Mit dem Anwachsen neuen Atemraums verändert sich die Körpergestalt als innere Abbildung, das Körperselbstbild. Es kann größer, weiter, durchlässiger, weicher, beschwingter werden.

Achtung: Rücken im Kreuzbereich nicht nach vorne durchdrücken (Hohlkreuz), sondern eventuell zunächst nach hinten loslassen, an der Stuhllehne anlehnen. Die Aufrichtung geschieht von selbst, je mehr Atemraum im Unterleib zugelassen werden kann. Ins Kreuz hineinatmen: zunächst den Oberkörper leicht vorbeugen, um den Einatem dorthin zu schicken. Das „Kreuz ausbügeln", den Rückenmuskeln erlauben, sich zu dehnen und auszustrecken, das „Korsett der Haltung" auszuziehen und ganz selbst sein zu dürfen. Dabei kann der einfließende Atem als „Befreier" visualisiert werden, der die „Zwangsjacke aufknöpft", der der neuen ungebundenen, freien Lebensweise „Tür und Tor öffnet", endlich dürfen sich „Ober- und Unterleib wieder vereinigen und sich untereinander austauschen". Der Einatem kann als willkommene „Nährflüssigkeit", als eine Art milde „Reinigungsmilch" und „Aufbaunahrung" die geschundenen

Bandscheiben und Wirbel umspülen, baden, pflegen, wichtige Substanzen der „Verjüngung und Belebung“ zuführen. Mit dem Ausatem werden dann die alten Schlacken abgeführt.

10. BodyMind und die NLP-Technik des Ankerns (Anchoring)

Definition: Ankern (anchoring) bedeutet, einen bestimmten Zustand (Physiologie) mit einem bestimmten Auslöser zu verbinden, so daß dieser gezielt abrufbar wird.

Beispiel: Ich habe einmal erlebt, wie es ist, Erfolg zu haben. (Was auch immer das heißen mag.) Das war ein angenehmes Erlebnis, das sich mit der Vorstellung von „Erfolg haben" verbindet. Dieses Erlebnis hat sich mir als Erinnerung eingeprägt, und wenn ich daran denke, stellt sich der gleiche Zustand ein wie damals. Mein Körper befindet sich in einem bestimmten Zustand, in einer Körperbefindlichkeit, in einer Physiologie. Sie heißt so, weil sie körperlich erlebt wird und weil sie sich körperlich zeigt. Es gibt also meine persönliche Erfolgsphysiologie. Ich erkenne sie selbst, weil ich durch die Vergegenwärtigung des erinnerten Erfolgs wieder in denselben Zustand komme wie damals. Ich kann erkennen, wenn ich ganz „drin" bin, es ist ein bestimmtes Gefühl. Wenn ich mich darauf konzentriere, kann ich es verlängern, bewußt herbei beschwören, länger darin bleiben als es bei einer nur flüchtigen Erinnerung der Fall wäre, es vertiefen und dann eben ankern.

Dazu verbinde ich dieses Gefühl von Erfolg mit einem bestimmten Reiz, der sich dafür anbietet. Vielleicht ist es eine bestimmte Musik, oder ich setze mich auf einen bestimmten Platz in meinem Wohnzimmer, in einer bestimmten Haltung, in einem bestimmten Kleid. All dies ist wie ein Ritual. Aber noch praktischer ist es, wenn ich auf einen unauffälligen Reiz reagieren kann, mitten in Situationen, wo ich vielleicht die Erfolgsphysiologie gerade dringend brauche und nicht extra nach Hause fahren kann, um mich in meinen Lieblingsstuhl zu setzen und Musik zu hören. Es muß schnell gehen. Und ohne großen Aufwand. Ich fasse deshalb das Ritual zusammen zu einer einzigen Geste oder Bewegung. Das versetzt mich sofort in den gewünschten Zustand. Für mich ist es das Drücken eines Punktes an der Innenfläche der Hand. Das Drücken allein macht mich nicht erfolgreich, auch nicht erfolgsbewußt. Aber durch den Selbstanker, den ich gesetzt habe – und zwar indem ich mich an den vergangenen Erfolg erinnere, ihn mir vergegenwärtige, bis ich darin „bade" und dann, auf dem Höhepunkt des Glücks, den Punkt drücke und so den

Reiz mit einer vergangenen, jetzt vergegenwärtigten Reaktion verbinde –, bin ich zwar willentlich (aufgrund meiner Entscheidung) und doch unwillkürlich (d.h. ohne daß ich bewußt daran denken muß) verbunden mit dem Erfolg (von damals), der sich jetzt (wieder) verwirklichen und einstellen kann. Und das ist der Sinn. Ich verfüge über die Ressource, die ich brauche, um Erfolg zu haben.

Theorie: Diese Art von Technik funktioniert aufgrund dessen, daß wir durch das Reiz-Reaktionsmuster konditionierbar sind. Lernen durch Konditionierung ist die einfachste (aber auch mühsamste) Art von Lernen. Man spricht von konditionierten Reflexen, die auch bei Tieren eintreten. Tiere lernen aufgrund solcher Reflexe. Das klassische Beispiel ist der Pawlowsche Hund, der gelernt hat, daß er Futter bekommt, wenn die Glocke ertönt. Nun kann die Glocke ertönen, auch ohne daß er Futter bekommt. Der Speichel fließt ihm trotzdem im Munde zusammen. Wenn allerdings sehr oft die Glocke ertönt und kein Futter kommt, nimmt der Speichelfluß ab, bis er ganz verschwindet. Der konditionierte Reflex, der wie ein Programm wirkt, ist nun gelöscht. Sollte jedoch wieder einmal auf das Glockensignal Futter erscheinen,, „lernt" der Hund viel schneller als beim erstenmal.

Techniken: Anker können „gesetzt" (1), „gestapelt" (2), „verkettet" (3) und „verschmolzen" (4) werden. Natürlich setzen sich Anker auf ganz natürliche und unbewußte Weise ständig in uns fest, wobei es sich um positive ebenso wie negative Anker handelt. Ein Beispiel für einen unbewußten positiven Anker: Ich höre im Radio ein Lied, daß damals in Mode war, als ich in XY verliebt war. Ich höre nach Jahren das Lied wieder und denke an XY, fühle mich verliebt, wie damals. Nun ein Beispiel für einen negativen Anker: Ich hatte einen gewalttätigen Freund, der seinen Bart in einer ganz bestimmte Art gestutzt trug. Neulich lerne ich meinen neuen Chef kennen und hege ein tiefes Mißtrauen ihm gegenüber, als hätte ich Schlechtes von ihm zu erwarten. Tatsächlich trägt dieser Chef seinen Bart ähnlich gestutzt wie der gewalttätige Freund. Der Bart löst in mir Gefühle aus, die den Freund von damals betreffen, aber auf den Chef übertragen werden. Gott sei Dank können negative Anker neutralisiert, positive Anker jedoch verstärkt werden.

1. Die Technik des „Ankersetzens" läßt sich gut mit BodyMind-Experimenten verbinden und geht in folgenden Schritten vor sich:

Finden Sie einen gewünschten Zustand, eine Kraft, Fähigkeit oder Einstellung (Ressource), die Sie verstärken möchten. Vergegenwärtigen Sie sich die Ressouce, und verbinden Sie dann, wenn die Ressource Sie ganz und gar erfüllt, dieses willentlich herbeigeführte Erleben mit einem weiteren Reiz. Es darf ruhig etwas Sinnlicheres sein als der Knoten im Taschentuch, aber auch der ist besser als nichts. Er erinnert Sie zumindest an die Ressource. Besser ist es, wenn der Reiz sich Ihnen sinnlich vermittelt, z.B. durch eine angenehme Körperberührung. Ideal ist es, wenn diese Berührung durch jemanden erfolgt, der sich in Sie einfühlen kann und Ihnen angenehm ist (ein Coach, ein Therapeut, ein Supervisor, ein mit Ihnen freundschaftlich verbundener Mentor und Begleiter). Immer wenn Sie sich nach dem Ankern dort selbst berühren, an dieser bestimmten Stelle, an der der Anker gesetzt wurde, wird die Ressource aktiviert.

Das Ressource-Programm ist „angeklickt". Es muß aber auch mit Energie versorgt werden, um seine Ladung zu behalten. Das heißt: öfters an die Ressource denken. Wenn sich daraufhin das Leben besser lebt, „stapelt" sich im Unterbewußtsein die Gewißheit, daß die Ressource existiert, daß Sie sie abrufen können, daß sie mehr wird, und nicht weniger. Oft verbinden sich mehrere Reize bzw. Eindrücke mit dem positiven Erleben, Sie wissen immer besser und öfter, was Ihnen guttut und wie Sie Zugang finden zu diesem Wohlfühlgefühl, das sich steigert und dadurch verstärkt und wieder steigert und wieder verstärkt ... (Dasselbe gilt natürlich auch für negative Anker, nur entsteht dabei ein Teufelskreis.)

2. Die Technik das „Stapelns" von (positiven) Ankern geht davon aus, daß ein einziger Sinnesreiz (z.B. Berührung) nicht so wirksam ist wie ein ganzer Schwall. Gestapelte Anker haben mehr Überzeugungskraft und haften länger/besser, weil sie mehr verdichtete Information tragen als ein einziger Anker. Es ist also gut, einige Anker zur Auswahl zu haben und sie kurz hintereinander oder gleichzeitig zu setzen. Dies können verschiedene positive Erlebnisse sein, die nun in der Erinnerung wach werden, oder es kann ein einziges Erlebnis sein, das „in vielen Farben", „in vielen Klängen" etc. sich zeigt. Dabei sollten die Sinne synästhetisch, also auf allen Kanälen angesprochen sein. Verbinden Sie also visuelle, auditive, kinästhetische, olfaktorische und eventuell gustatorische Reize zu einem Ereignis. Hüllen Sie

sich in farbiges Licht (in Ihrer Lieblingsfarbe), während Sie Ihre Lieblingsmusik hören, sich vielleicht an Ihrem Lieblingsort draußen in der Natur aufhalten, nehmen Sie den spezifischen Geruch dort wahr, und/oder besorgen Sie sich einen Duft, der Ihnen gefällt, und schmecken Sie etwas, was in Ihnen angenehme Gefühle/Erinnerungen hervorruft.

Geschmack und vor allem Geruch sind die effektivsten Anker, weil diese zwei Sinne unsere ältesten sind.

Vielleicht gibt es auch eine besondere Art der Haltung oder Bewegung, die sich mit dem positiven Anker verbindet. Dann machen Sie diese Bewegung, oder nehmen Sie diese Haltung ein. Vielleicht sind es auch Gesten, Gebärden, probieren Sie sie aus, experimentieren Sie damit und machen Sie sie öfters, um den Anker selbst zu verstärken und aufzuladen. Alles das wirkt zusammen und vermehrt den positiven Eindruck, den Sie auf sich selbst machen und den Sie als positiven Ausdruck ausstrahlen.

3. „Anker verketten" heißt die Technik, die einen Anker unwillkürlich mit dem nächsten verbindet, so daß der Auslöser-Anker nahtlos in den End-Anker übergeht. Auch das tun wir im Alltag ohne Absicht: Zum Beispiel sind viele Kinderlieder und Kinderspiele so aufgebaut, daß das Kind schon beim Hören der ersten Zeile (der ersten Bewegung) weiß, wie es weitergeht und endet. Das ist wünschenswert, wenn der erste Anker negativ ist, aber in der Abfolge der anderen Anker das Erleben immer besser wird, bis das Optimum-Erlebnis das Ende bildet. Die Umkehrung ist jedoch auch bekannt. Ein falscher Schritt genügt, um aus dem Tritt zu kommen und aus der Bahn geworfen zu werden. Der falsche Schritt führt unweigerlich in den Teufelskreis der negativen Verstärkung, weil das früher auch schon so war und damals als Konsequenz gelernt wurde. Die Technik des Verkettens, das von Negativ (z.B. Langeweile) zu Positiv (z.B. Engagement) führt, tut dies durch Zwischenschritte (z.B. Langeweile – neutrales Desinteresse – wohlwollende Beobachtung – persönliche Bezugnahme – Engagement), die z.B. auf je einem Finger geankert werden können. Auf Fingerdruck des negativen Pols wird sofort die andere Seite, der positive Pol, abgerufen. Immer wenn Langeweile erlebt wird, schwingt das Gegenteil, nämlich Engagement, schon als Möglichkeit mit.

4. „Anker verschmelzen“ ist die bekannteste NLP-Technik. In ihr werden negative Anker mit Ressourcen-Ankern verschmolzen, so daß dann ein Gemisch entsteht, das zwar nicht mehr die Strahlkraft der reinen Ressource hat (also kein ekstatisches Erlebnis ist), aber die negative Konditionierung verändert, vielleicht nicht ganz aufhebt und löscht, aber doch zumindest in Frage stellt.

Man kann dies an sich selbst ausprobieren: die rechte Hand soll die Sonnenseite des Lebens repräsentieren, die linke Hand die Schattenseite – also z.B. Ferienlaune und Widerwillen am Montagmorgen. Noch sind die beiden Pole, die ja beide zum Leben dazugehören, getrennt, als hätten sie nichts miteinander gemeinsam. Dann kommen die Hände langsam aufeinander zu, legen sich aneinander und „verschmelzen“, das Resultat ruft oft seltsam gemischte Gefühle, ja Konfusion hervor, eröffnet aber auch eine neue Lebensperspektive. Diese Technik bietet sich an, wenn jemand stark in Gegensätzen, Polaritäten und dem dualistischen Denken des Entweder-Oder gefangen ist. Die Technik lädt ein zur Perspektive des Und-Und.

Selbstankern (sich selbst Anker setzen, bewußt oder unbewußt) kann ebenso zu einem zwanghaften Verhalten der ständigen Selbstkonditionierung führen als auch zu einem neuen, bewußten Umgang mit Mini-Zeremonien, Kulten, Ritualen und Festen im Alltag anregen. Wer aufgrund einer pessimistischen, selbstdeprivierenden und distanziert nüchternen, rationalen, skeptischen Lebenseinstellung von Hause aus eher ressource-arm lebt, kann hier lernen, das Leben in seiner Fülle zu genießen, denn Ankern heißt auch: bewußt in assoziierte Zustände (der Begeisterung, der Erfüllung, der Ergriffenheit etc.) zu gehen. Das kann als tägliche Lebensübung, als Exerzitium, als Aufgabe begriffen und sich selbst verschrieben werden.

Wer allerdings schon voll ist mit Ankern, so daß das Haus überbordet mit Andenken aller Art und anderen bedeutungsgeladenen Gegenständen (Fetischen), und wer den Kopf schon voll hat mit Meinungen und spürt, davon abhängig zu sein, weil es Halt, Sicherheit und die Geborgenheit des Gewohnten gibt, der tut gut daran, Unabhängigkeit und geistige Freiheit zu entwickeln, indem er sich darauf konzentriert, immer genauer seine Wahrnehmung auf verborgene und unbewußte Anker (Gewohnheiten) zu untersuchen. Dann zeigt sich, daß die Wirklichkeit nicht eine ewige Wahrheit ist, sondern immer nur ein vorläufiges Ergebnis von erlernten Reaktionen, von Konditionierungen. Gleichzeitig eröffnet sich damit die Möglichkeit, auszusteigen aus dem Bedingtsein durch Verhaltensmuster (Reiz-Reaktion) und eine achtsame, tolerante, gelassene, mitfühlende Haltung einzunehmen (aktiv werden statt nur zu reagieren).

Die buddhistische Meditationspraxis des Vipassana ist eine Technik des Ent-Ankerns, ebenso wie Zen oft als ein Prozeß des Ent-Lernens bezeichnet wird. Es geht hierbei darum, die Anker zu lichten, Licht und Weite ins Leben zu bringen, und nicht immer neue, immer andere Anker zu setzen.

10.1 BodyMind-Experiment: Selbstanker setzen, Boden-Anker aufbauen

Boden-Anker sind auf dem Boden ausgelegte Plätze, z.B. als Kreise oder durch farbige Zettel markiert. In solchen Kreisen können positive Ressource-Anker „angebaut" werden. Der Schritt in einen solchen Bodenanker vermittelt das Gefühl, unmittelbar mit der Ressource in Verbindung zu stehen bzw. von ihr erfüllt zu werden. Natürlich wirkt dieser Schritt nicht an sich, sondern aufgrund meiner eigenen Entscheidung und der Konzentration, mit der ich dieses Arrangement in Szene setze. Ich plane die Wirkung und inszeniere sie.

Viele Kulttänze sind Inszenierungen, bei denen Boden-Anker durchschritten werden. Die Wirkung setzt in diesem Falle ein, auch wenn ich nichts über den Inhalt der Kulte weiß, weil die Bedeutung kultisch festgelegt ist und sich über das Gruppengefühl überträgt. Ist die Gruppe allerdings überhaupt nicht „eingeweiht", wird die Wirkung sich wohl kaum einstellen.

In einer kleinen Choreografie kann ich vier Boden-Anker mit unauffälligen Schritten jeweils nach rechts und links, nach vorn und nach hinten durchtanzen:

- ein Schritt nach rechts kann mich z.B. mit meinen linkshemisphärischen Fähigkeiten des Intellekts, der Analyse verbinden;
- ein Schritt nach links bringt mich z.B. in Kontakt mit meinen rechtshemisphärischen Fähigkeiten der Intuition und der Synthese;

- ein Schritt nach vorn fokussiert meine Aufmerksamkeit auf die Zukunft und die möglichen Aktivitäten, auf die Initiativen, die ich ergreifen kann;
- ein Schritt nach hinten bietet mir einen Raum des Rückzugs und stärkt meinen Bezug zur Vergangenheit, die ich im Gedächtnis bewahre und die mir auf diese Weise zugänglich bleibt.

Aufgabe: Die Orte mit bestimmten Ressourcen „laden“ und in einem ***Tanz der Integration*** verbinden oder ***in einem Orakel den Körper befragen***, was jetzt gerade mehr gebraucht wird. Andere Orte, die ich hinzunehme, können auch oben und unten sein, indem ich den Schwerpunkt weiter oben oder weiter unten im Körper ansiedle, also bewußt ausrichte auf die Anforderungen des Augenblicks. Ich kann mich schwer machen, um in die Tiefe zu gelangen. Ich kann mich aber auch leicht machen, wenn ich mich schnell bewegen, flexibel umstellen oder plötzlich verändern will. Ich kann ein ganzes Drama oder eine Choreographie entwerfen und als Ritual ausführen, wenn ich mich ressourcen-arm fühle, denn alle Ressourcen stehen mir immer gesammelt und gleichzeitig zur Verfügung. Das ist dann mein ***Ressourcen-Tanz***. Wie ich die Ressourcen und wann ich sie genau einsetze, ist dann eine Frage der passenden Gelegenheit.

11. BodyMind und Spiritualität

BodyMind ist der Schlüssel zu den verborgenen Schätzen unserer Körperweisheit. BodyMind weiß darum, daß wir ein Teil der Natur sind und an der Intelligenz der Evolution teilhaben. BodyMind hat jedoch kein spezifisches, zweckgebundenes „Interesse" und ist deshalb nicht zweckorientiert ausgerichtet nach dualistischen Kriterien von Richtig-Falsch, Gut-Böse etc., sondern ist systemisch organisiert.

Das Prinzip der Angemessenheit herrscht vor, das Maß wird im Verhältnis zum Ganzen angelegt und erfordert eine sehr komplexe Struktur. Tatsächlich ist unser Körper, unser Unbewußtes und das Es in uns in viel größerem Maße fähig, eine Vielfalt von Informationen aufzunehmen, zu verarbeiten und zu bewahren ebenso wie mit Komplexität umzugehen, als dies unser Bewußtsein vermag. Eine Entwicklung hin zur Komplexität wird aber von vielen Denkern als eine spirituelle Entwicklung bewertet. Ergo: BodyMind ist der Schlüssel zu unserer Spiritualität!

11.1 BodyMind-Experimente mit Atemräumen und Bewußtseinsräumen

➤ Auf der Ebene des Körpers kennen wir bestimmte Zonen, die als Atemräume bekannt sind und die sich besonders gut dazu eignen, „beatmet" zu werden, d.h. vor allem den Einatem fokussiert und kontrolliert dorthin zu lenken. Diese Zonen haben Informationen über unsere phylogenetische Entwicklung gespeichert, so daß es uns möglich wird, in körperlich induzierten Trancen diese Informationen abzurufen. Die Achselhöhlen „wissen" z.B., wie es sich anfühlt zu fliegen, da der Embryo noch einmal im Kurzdurchlauf das phylogenetische Programm der Vögel „erlernte".

➤ Auf der Ebene des Unbewußten kennen wir bestimmte Bereiche, die der Kulturanthropologie, der Tiefenpsychologie nach C.G. Jung und der Öko-Psychologie als Bewußtseinsräume bekannt sind. Sie sind bevölkert von den sogenannten Archetypen, die aus einem kollektiven Gedächtnis zu stammen scheinen und Informationen über die Evolution des Menschen bewahren. Wenn diese Archetypen in

Form von Mythen, Metaphern, Symbolen oder Ritualen angesprochen werden, wird das evolutionäre Potential im Menschen aktiviert. Das Fabelwesen des Drachen ist z.B. ein solcher Archetyp, der sehr viel „weiß" und an dessen Wissen wir teilhaben können, weil wir alle auf irgendeine Weise einen Drachen „in uns haben".

➤ Auf der Es-Ebene kommen wir in Kontakt mit einem Prozeß, der auf ein Ziel gerichtet und in dem Intelligenz am Werk zu sein scheint. Seit Aristoteles wird dieser Prozeß als Entelechie (von telos = Ziel) benannt und beschreibt Prozesse des Werdens. Auch der Geist ist noch nicht alles das, was er gerade zu sein scheint. Hegels Dialektik baut auf der Eigendynamik eines Geistes, der sich in der Geschichte zeigt, auf. Und es geht noch weiter – auch der Geist ist im Werden begriffen.

11.2 BodyMind-Experiment: Atemräume, Atemgestalten

Ich möchte Ihnen folgende Mitbewohner meines psychischen Aufenthaltsraums vorstellen:

➤ DER FLIEGER
➤ DER REITER
➤ DIE ECHSE
➤ DIE SCHLANGE
➤ DER ADLER

Ich habe sie während meiner langjährigen Beschäftigung mit Körpertherapie, Energiearbeit und Trancetanz kennengelernt. Ich weiß nicht, ob Sie auch solche Typen kennen, aber es lohnt den Versuch, sie näher kennenzulernen.

Natürlich rede ich meine Gäste immer so an, daß ich ihnen das Gefühl gebe, sie seien ein Teil von mir. Ich spreche also vom „Flieger in mir", obwohl ich zugeben muß, daß die Kunst des Fliegens mir in alltäglichen Situationen zwar sehr erstrebenswert erscheint, aber nicht zur Verfügung steht. Und auch die Echse läßt mich nur in Träumen und Trancen an ihrer Krötenweisheit teilhaben. Manchmal, wenn ich Märchen erzähle, in denen sie vorkommt, sagt sie mir, wie es weitergeht – natürlich sehr zu ihrem Vorteil. Die Schlange ruht meist unbeteiligt in ihrem Körbchen an der Basis meiner Wirbelsäule, wo sie auch hingehört, und der Adler schläft, was ich an meiner geistigen Kurzsichtigkeit merke. Nur der Reiter läßt sich herbei, mich ab und zu zu beehren durch seine vortreffliche Art, die Dinge für sich zu nutzen, indem er darauf herumreitet, mich eines Besseren belehren zu wollen.

Natürlich gibt es auch noch jede Menge andere Typen in meinem Seelen-Haushalt, aber beschränken wir uns auf diese fünf Typen, um einen Anfang zu machen. Ausgehend von den typischen Totemtieren der Nordwest-Pazifik-Indianer wurde z.B. in den USA versucht, den sieben Energiezentren im Menschen (Chakren) solche Tiere (Totems) zuzuordnen – dies ist vor allem in der Arbeit mit Kindern eine wunderbare Art, systematisch unbewußte und unkontrollierte Kräfte bekannt und zugänglich zu machen.

DEN REITER in mir spüre ich, wenn ich mich breitbeinig hinstelle, die parallel ausgerichteten Füße gut in den Boden gepflanzt, mit weichen, nachgiebigen Knien den Rücken ausgebügelt, und zwischen den Schenkeln jede Menge Energie. Da kann kommen was mag, es soll mir recht sein: Ich setze mich drauf und reite los. Ich atme in den Raum zwischen meinen Beinen, und alles wird mir zum Reitpferd. Das macht unbändige Lust.

DEN FLIEGER in mir spüre ich, wenn ich mit nachgiebigen Knien, bereit, mich zum Flug abzustoßen, dastehe und in den Raum zwischen Armen und Flanken hineinspüre, vor allem dort, wo die Achselhöhlen das Geheimnis ihres Fliegerwissens bewahren. Ich mache mir einen starken, breiten Rücken, blähe ihn durch meinen Einatem auf und stärke ihn, gebe mir selbst Rückendeckung. Und nun mache ich den Rücken noch breiter, noch stärker und mache mir selbst Rückenwind, indem ich die Ellbogen ein wenig anhebe, dies ebenfalls mit dem Einatem verbunden, und schon erinnere ich mich an die Weiten des Himmels. Nun wacht auch der ADLER in mir auf und öffnet seine Augen. Er sieht weit, weiter als ich, wenn ich verbohrt und verschlossen durch die Welt stolpere. Deshalb muß ich öfters solche Höhenflüge unternehmen, sie weiten meinen Geist. Jetzt habe ich auch eine Kurzformel für dieses Ritual des Weitens gefunden, so daß ich dieses zu allen möglichen gesellschaftlichen Anlässen dezent vollführen kann. Ich lehne mich ein wenig vor und atme tief in den Rücken ein. Gleich sehe ich besser und weiter aus meinen Augen heraus.

Die ECHSE in mir hat auch die Kunst der Camouflage gelernt und sich auf diese Weise eine gewisse Art der sozialen Akzeptanz gesichert. Die Echse sitzt mir im Nacken und schaut mit ihren goldenen Krötenaugen nach hinten. Auch sie sieht viel, sie hat diesen berühmten Panorama-Blick der Insekten. Sie verdaut komplexe Informationsfülle und organisiert sie für mich. Wenn die Echse in mir nicht aktiv ist, habe ich Angst und ziehe den Kopf ein. Oder ich halte den Kopf ganz gerade und steif, damit ich ihn nicht verliere. Wenn ich herzhaft gähne, wacht sie auf. Sie liebt es, am Nacken gekrault zu werden, dies vor allem, wenn ich den Kopf lange hängenlasse, die Nackenmuskel so richtig ausgiebig dehne und strecke, dann kommt sie zu sich.

DIE SCHLANGE in mir ist und bleibt mir ein Rätsel. Sie trägt ein Krönchen und hat Alchimie studiert. Sie weiß um transformative Operationen, mit denen sie mich zu überraschen verspricht. Manchmal züngelt sie leise, vor allem wenn ich in mein Kreuz, in mein Steißbein atme. Da ich ein Hohlkreuz habe, muß es ihr oft eng werden, sie droht dann mit einem Vorfall, und ich beschwichtige sie mit Rückengymnastik, die meine Bauchmuskeln strafft. Sie liebt straffe Bauchmuskeln und identifiziert sich gerne mit ihnen. Wir beide tanzen dann Tango.

11.3 Ein BodyMind-Repertorie an Metaphern, Mythen und Ritualen erarbeiten

Wie Sie vielleicht bemerkt haben, habe ich ein ganz persönliches Repertoire an Metaphern, Mythen und Ritualen, mit denen ich meine Magie des Alltags betreibe. Ich glaube, es hat wenig Sinn, ein fremdes Repertorie zu übernehmen, außer man ist in einer bestimmten Tradition aufgewachsen und erlebt diese als verbindlich und stärkend. Aber da wir meist in multikulturellen Kontexten aufgewachsen sind bzw. heute leben, halte ich es für wichtig, sich mit Mythen – das schließt Märchen und Legenden, Fabeln , Allegorien etc. ein – zu beschäftigen. Die mythischen Gestalten können als Archetypen auch noch in uns wirksam sein und uns einen großen Schatz an Wissen und Energie vermitteln. Es wäre töricht, ein solches Angebot auszuschlagen, nur um sich rational und aufgeklärt zu wähnen.

11.4 BodyMind-Experiment: Trancetanz – Die Trance sich tanzen lassen

In vielen außereuropäischen Traditionen ist der Trancetanz bis heute ein wichtiger Bestandteil des Gottesdienstes. Abgeleitet vom Trancetanz in der afrobrasilianischen Religion des Macumba wurde von Ethnomedizinern (David Akstein, Rio de Janeiro) und Psychotherapeuten (Jacques Donnars, Paris) eine Methode des Trancetanzens entworfen, die auch im Westen heilsam wirken soll. Sie heißt Terpsichoretrancetherapie, genannt nach der Muse des Tanzes, Terpsichore. Ihr Hauptziel ist darauf ausgerichtet, den Tanzenden mit der Quelle kosmischer Energie wieder zu verbinden. Der Trancetanz wird induziert durch eine „Verdrehung" des Kopfes, der einen Verlust des alten Gleichgewichts bewirkt. Im taumelnden Austanzen, bei dem sich der Tanzende von allem Alten befreit und reinigt, findet sich ein neues Gleichgewicht ein, wobei dies oft dramatisch erlebt wird als Tod und Neugeburt. Der Verlust des Gleichgewichts und die Phase kinästhetischer Desorientierung können bis in die tiefsten Schichten des Daseins hinein „greifen" und radikale Veränderungen hervorrufen. Es ist manchmal ein äußerst drastischer Eingriff, der mitunter auch körperliches Unwohlsein hervorruft, ganz zu schweigen von den seelischen Abgründen, die sich auftun. Ich halte es für uns, die wir in unserer religiösen Tradition über keine lebendige Praxis des Tanzens in Trance mehr verfügen, angemessener, sich nicht an den Praktiken anderer Kulturen zu orientieren, wenngleich dies auch sehr verlockend erscheinen mag, sondern einen ganz eigenen Stil zu entwickeln.

Dies geschieht seit einiger Zeit im profanen Bereich der Techno-Szene, die von keinen bestimmten Vorstellungen oder Vorschriften geprägt ist und dennoch Phänomene des veränderten Bewußtseins in den Tänzern auslösen kann. Immer mehr Menschen fühlen sich in den Bann dieser Unterhaltung gezogen, es gibt sogar Bemühungen, das Geschehen aus dem profanen Bereich in den des Sakralen zu bringen (siehe Rave-Gottesdienste). Aber auch wenn Sie zunächst kräftemäßig sich nicht der Szene gewachsen fühlen, können Sie sich mit dem Gedanken vertraut machen, daß auch Sie eine ganz eigene Art des Trancetanzes haben und diese weiterentwickeln können, wenn Sie einfach das Motto beherzigen: „Die Trance sich tanzen lassen.“

Es könnte dies einfach eine Fortführung der Fingersignale oder Handlevitationen sein, wie wir sie aus der Hypnotherapie nach Milton Erickson kennen. Das bringt Sie in den Genuß, sich mit dem ganzen Körper in Trance bewegen zu lassen statt nur mit Fingern oder Händen. Es ist ein ganzkörperliches Erlebnis, das Sie erwartet. Ansonsten geht es, genauso wie bei den Handlevitationen und den Fingersignalen im Sitzen, um den bewußt eingeleiteten Kontakt mit dem eigenen Unbewußten. Lassen Sie Ihr Unbewußtes durch Ihren Körper sprechen.

Diese Art von Trancetanz kann im Sitzen beginnen, mit einem Aufstehen überleiten zum Bewegen im Raum, und wieder durch das Hinsetzen beendet werden. Das Aufstehen wird schon in einer leichten Trance geschehen und die Phase des Kontakts mit dem Unbewußten als einer etwas tieferen Trance einleiten. Wenn Sie nicht aufstehen wollen bzw. sich nicht bewegt fühlen, in die Vertikale zu kommen, kann dies ein Zeichen sein, mehr in der Horizontale des Sitzens zu verweilen. Der Kontakt ist genauso stark. Nur der Ausdruck ist anders, und auch das hat seine Bedeutung. Als einleitende Geste zum Zeichen, daß die Trancetanzphase nun beginnt, habe ich eine bestimmte Gebärde aus dem afrobrasilianischen Tanz des Candomble genommen: es ist der Beginn einer Spiralenbewegung oder Unendlichkeits-Acht durch das Führen der einen Hand von unten nach oben schräg in der Diagonale über den Oberkörper und das Gesicht und über den Kopf hinaus leicht nach hinten, als würde dadurch ein weiter Bogen beschrieben und ein verhüllender Schleier beiseite geschoben. Diese Geste gehört zu der Göttin der Weite, der Yemanja, und sie ist für mich zum Zeichen eines Aufbruchs in die spirituellen Dimensionen geworden. Deshalb gebe ich sie in meinem Unterricht als eine solche Geste weiter. Natürlich gibt es noch viele andere möglichen Gesten, die für Sie eine ähnliche Bedeutung erhalten können. Vielleicht erinnert Sie eine andere Bewegung, die Sie im Alltag machen, an ein Erlebnis von tiefer Entspannung, von großer Ruhe und das Erlebnis, endlich ganz zu sich zu kommen, bei sich zu sein. Vielleicht assoziieren Sie mit einer Geste die Einladung, die Sie Ihrem Unbewußten gegenüber andeuten, sich nun Ihnen zu öffnen, weil Sie offen sind für die Botschaften, die von dort kommen. Wie auch immer – oft finden sich bestimmte Bewegungen und Gesten im Tanzen selbst ein, und führen Sie an den Punkt, da Sie das Gefühl haben, getanzt zu werden, ohne darüber hinaus etwas wollen oder dazu tun zu müssen.

Folgende Schritte sind möglich:

1. Beginnen Sie im Sitzen. Beginnen Sie zu kreisen, beruhigen Sie den Atem, entspannen Sie sich, indem Sie zunächst auf das lange Ausatmen (Separator vom Alltag) achten und sich ganz leer werden lassen. Lassen Sie auch alle Vorstellungen, Vorurteile, Erwartungen, Absichten betreffend des Trancetanzes gehen, lassen Sie sich aus sich herausfließen, und entspannen Sie als erstes Ihren Nacken, wo oft ein Kontrolleur sitzt. Beruhigen Sie den Kontrolleur in Ihnen, und versichern Sie ihm, Sie werden achtsam mit sich selbst umgehen, und übernehmen Sie bewußt die volle Verantwortung. Schicken Sie Ihren Kontrolleur in Ferien, aber nicht bevor Sie seine Dienste gewürdigt haben und ihn gebeten haben, nach Beendigung der Trance wieder seine Funktion aufzunehmen.

2. Gehen Sie langsam dazu über, die Augen zu schließen, den Kopf ebenfalls weich kreisen, nicken oder wackeln zu lassen, seufzen Sie aus, summen Sie ein wenig, und beginnen Sie nun, den Einatem länger werden zu lassen, so daß er als Attraktor Ihnen die Weite des Bewußtseins erschließen möge. Saugen Sie sich voll mit all dem, was Sie sich wünschen, was Ihnen guttut, wonach Sie sich sehnen – vergegenwärtigen Sie es sich jetzt, und erschließen Sie sich das Potential der Kraft, die im Glück liegt.

3. Wenn Sie sich im vollen Besitz Ihrer Kraft fühlen, bahnen Sie sich mit weit geöffneten Händen vor dem Körper eine Bahn, entlang derer Sie sich auf den Weg machen wollen, also zum Aufstehen kommen, als würde Sie etwas unsichtbar nach oben und nach vorn ziehen. Sie

gleiten mühelos vom Stuhl, hinein in die Vertikale, in der Sie zum Stehen kommen.

4. Es ist ein bewegtes Stehen mit weichen Knien, das die von unten aufsteigende Energie durchläßt ebenso wie die Energie, die von oben herabfließt. Sie befinden sich in einem „Energieschacht“, der vielleicht wie ein „Aufzug“ funktioniert und Sie in einen erhöhten, euphorischen Zustand befördert. Sie sind in einem „Kanal des Lichts“ oder in einem „Regenbogen, in einem Bad von Farben“, und Sie bemerken, wie etwas in Ihnen dadurch berührt wird, bewegt ist und diesem Bewegtsein nachgeben möchte. Es kann sein, daß das Stehen in ein Schwanken und leichtes Taumeln übergeht, ohne daß Sie etwas wollen oder beabsichtigen müßten. Sie schwanken nach vorn und erschließen sich die Räume, die vor Ihnen liegen. Sie schwanken nach hinten, und schon liegen die Räume offen hinter Ihnen, Sie spüren in die Seiten und erfahren eine Weite nicht nur des Körpers, sondern auch der Seele, des Geistes. Vielleicht möchten Ihre Arme sich heben, vielleicht auch nur die Hände die Gesten finden. Etwas in Ihnen weiß genau, was geschieht, ob Sie nun die Augen offen halten oder geschlossen haben. Etwas in Ihnen erlaubt sich immer mehr, nach innen zu gehen, obwohl Sie die Außenwelt mit einer ungewöhnlichen Überwachheit wahrnehmen, und ob Sie nun mehr mit dem Ausatem sich befreien wollen von allem Überflüssigen oder mit dem Einatem sich mit der Fülle Ihrer Möglichkeiten verbinden wollen – etwas in Ihnen findet das Gleichgewicht, das für Sie jetzt genau stimmt, und etwas in Ihnen ist sich bewußt, daß es so ist, wie es ist.

5. Aus dem bewegten Stehen können sich einzelne Bewegungen entwickeln, müssen aber nicht. Sie können auch im Stehen den ganzen Spielraum einnehmen, den Sie jetzt wollen.

6. Sie sind jetzt in einem außerordentlichen Zustand, in dem Sie ganz besonderen Zugang zu Ihren eigentlichen Bedürfnissen und Wünschen haben, aber auch ganz nah sind an den Möglichkeiten, über die Sie verfügen, ganz nah an der Freiheit des Geistes, die Sie über die Vorwände, Verstellungen, Hindernisse und Sachzwänge erhebt und Ihnen einen Überblick aus der Perspektive des Höhenflugs bietet. Gleichzeitig spüren Sie wie nie zuvor eine Erdung, die Ihnen gute

Chancen verspricht, die Wünsche und Visionen Realität werden zu lassen.

7. Sie können sich aber auch einfach dem Geschehen überlassen und die kinästhetischen Sinneswahrnehmungen genießen. Vielleicht möchten Sie sich auftanken mit Energie, vielleicht möchten Sie sich ausdrücken, zu einer Gestaltung finden. Vielleicht möchten Sie auch mehr darüber wissen, was in Ihnen steckt, und bringen es durch den Ausdruck der Bewegung nach außen.

8. Wenn Sie das Gefühl haben, der Spannungsbogen neigt sich dem Ende zu, beenden Sie bewußt dieses Experiment, indem Sie wieder Ihren Platz aufsuchen, in den Händen bewahrend alles das, was Sie jetzt an Gutem für sich erfahren haben, und diese dann in den Schoß sinken lassen. Sie können sie wie Schalen übereinander legen, so daß ein Anker für innere Sammlung entsteht. Genießen Sie noch einen Augenblick diesen Moment der Stille und des Beisichseins, öffnen Sie dann bewußt die Augen, atmen Sie aus (Separator von der Trance), klopfen Sie sich ein wenig ab, reiben Sie sich die Augen, gähnen, räkeln und strecken Sie sich, und machen Sie sich Notizen.

9. Führen Sie Tagebuch darüber.

12. BodyMind und Zeitstrukturen

12.1 Die Zeit ist die Zeit, die wir erleben

➤ Auf der *Ebene des Körpers* bedeutet es, daß das Erleben der Zeit abhängt vom Körpergefühl, das heißt, Veränderungen auf der einen Ebene haben einen Einfluß auf die andere. Wenn ich lerne, mein Körpergefühl durch irgendwelche Interventionen zu beeinflussen, habe ich Einfluß auf mein Zeiterleben, und damit auf meine Zeit.

➤ Auf der *Es-Ebene* bedeutet es, daß Zeit nichts anderes ist als die Vermessung eines Strömens in eine Richtung. Welches Maß ich anlege, hängt ab von dem Maß, das der jeweiligen Aufgabe entspricht. Es bedeutet aber auch, daß das Strömen eigentlich nicht in Maßeinheiten zu fassen ist und es ganzheitliche Einheiten jenseits aller Maße gibt, z.B. den „elan vital" des Philosophen Henri Bergson.

➤ Auf der *Ebene des Unbewußten* bedeutet es, daß wir immer, zu jedem Zeitpunkt, mit dem Kontinuum des Strömens verbunden sind und wir auf einer tiefen Ebene davon wissen. Diese Ebene ist einerseits der Glauben genannt worden, andererseits das Urvertrauen.

12.2 BodyMind und Kontinuität

Der BodyMind weiß um diese Kontinuität. Er erhält seine Gewißheit durch eine unmittelbare körperliche Erfahrung. Diese Kontinuität ist verschieden beschrieben worden: als durchgängige Intelligenz der Lebensenergie, als Puls oder Impuls des Lebens, als treibende Kraft, als Willen Gottes schöpferisch zu werden, als Gottes Ja zum Spiel der Schöpfung, die sich in verschiedenen Formen immer neu erschafft und weiterspielt, als gemeinsamer Nenner aller Motive, die uns bewegen, als letzter Beweggrund. „Glauben", schreibt Martin Buber, „ist die Fähigkeit, in Gottes Tempo zu gehen". Dies ist eine körperliche Erfahrung, wenngleich mystischer Art. Ist sie nicht gegeben, entsteht Angst. Sören Kierkegaard begründet das existenzphilosophische Denken mit dem tiefenpychologischen Verständnis für eine Angst, die keinen objektiven Grund hat: „Die Geschichte des indivdiuellen Lebens bewegt sich von Zustand zu Zustand fort. Jeder Zustand wird durch einen Sprung gesetzt. In einem jeden Zustand ist die Möglichkeit gegenwärtig und insoweit die Angst."

Es ist nicht die Angst vor etwas, sondern die Angst vor dem Nichts. Das Nichts entsteht in der Vorstellung durch das Fehlen von etwas, in diesem Falle von der natürlichen Gegebenheit eines Kontinuums, das Zustand mit Zustand verbindet und einen übergeordneten Zusammenhang erschafft. Fehlt dieser, fällt alles auseinander und ist nichts.

Kierkegaard wünscht sich ein neues Selbst: „Verzweifelt ein anderer sein wollen als man selbst, ein neues Selbst sich wünschen." Dieses Selbst soll zuverlässig sein, ein tragender Grund, auf den man bauen kann: „Und doch ist es im Grunde ein Rätsel, was das Selbst von sich versteht: gerade in dem Augenblick, wo es am allernächsten heranzusein scheint, das Gebäude fertig zu haben, kann es das Ganze willkürlich in nichts auflösen."

12.3 BodyMind und Identität

Die Brüchigkeit der Existenz führt zu dem Erlebnis dessen, was Albert Camus das Absurde genannt hat. Wie schafft man es, das Absurde zu erleben? fragte ich mich als Jugendliche, als ich fasziniert vom Klang des Wortes mich anstrengte, mich in eine solche Befindlichkeit zu versetzen. Und manchmal gelang es mir, plötzlich, als wäre ein Riß in der Wirklichkeit entstanden. Es brauchte einen Sprung, einen Sprung außerhalb aller Rationalität, jenem Nährboden für die guten Gründe. Kaum war ich aber draußen aus der Kausalität, gab es keine Gründe mehr dafür, warum ich mich nicht ebenso entfremdet fühlen sollte wie die Existentialisten. Und schon war ich mitten in der surrealistischen Landschaft des Absurden. Alles war dann verrückt, verlogen, verloren, und ich konnte mich rühmen, den Zeitgeist erfaßt zu haben.

Ich lernte also sehr früh, mich willentlich in Bewußtseinszustände zu versetzen, für die es keine guten Gründe bzw. keine Gründe gab. Und nun kommt der Clou: Ebenso wie ich mich in die Absurdität der Existenz hineindenken kann, genauso kann ich mich durch Denken allein in die Ekstase hineinbegeben. Der gemeinsame Nenner ist: Für beide Zustände, sei es die Absurdität, sei es die Ekstase, gibt es keine Gründe. Sie liegen außerhalb der Kausalität. Sich in solche a-kausalen Befindlichkeiten wie grundloses Elend oder grundloses

Glück hineinzuversetzen, gehört zu den Möglichkeiten, die der BodyMind besitzt.

Der BodyMind verfügt über ein Ich, das reisen kann, von Identität zu Identität hüpfen kann, ohne sich selbst zu verlieren. Robert Ornstein entwickelt die Theorie eines Viel-Ich, Gerd Gerken nennt es ein virtuelles Selbst, mir gefällt es am besten, von einem Reise-Ich zu sprechen, wobei ich an ein Märchen der Inuit denke: Ein Mann sieht ein Reh und wird das Reh, er wird verfolgt von einem Wolf und wird der Wolf, er trinkt frisches Wasser und wird zum Wasser, er ertrinkt in dem See und wird zur Oberfläche des Sees, in denen sich der Mond spiegelt, und er wird zum Mond, der von einer Wolke verdeckt wird, und er wird zur Wolke, und von dort aus fliegt seine Seele in die Weiten des Himmels, doch da sieht er seine Mutter, die nach ihm sucht, und, um ihr einen Gefallen zu tun, nistet er sich in ihrem Bauch ein. Als er geboren wird, freut sie sich, ihn wiederzusehen. Das Reise-Ich ist sich seiner selbst immer bewußt, auch durch die vielen Wanderungen der Existenzen hindurch. Solche schamanischen Erfahrungen und Fähigkeiten beruhen auf BodyMind. Kierkegaard hingegen muß den Sprung in den Glauben an Gott tun. Das ist ähnlich absurd und ähnlich ekstatisch.

12.4 BodyMind und Paradoxe

Die kausal-lineare Logik hatte immer schon ihre Lücken. So entstanden die Paradoxe, die zu konstruieren und in kleine Geschichten zu verpacken der vorsokratische Philosoph Zenon meisterhaft fähig war. So erzählt er z.B. von der absurden Unfähigkeit des Achilles, eine Schildkröte einzuholen, nur weil er ihr bei einem Wettlauf ein paar Schritte Vorsprung gelassen hatte. Er legt die Hälfte der Strecke zurück und hat noch die andere Hälfte vor sich. Nun legt er wieder die Hälfte zurück, aber er hat die Schildkröte nicht erreicht, denn noch liegt die andere Hälfte zwischen ihm und ihr, und so geht es immer weiter und immer fort, so daß bis heute Achilles der Schildkröte hinterherläuft, und zwar immer um genau die Hälfte des Abstands von ihr getrennt. Wäre Achilles dem Prinzip der Es-Ebene gefolgt, hätte er mit einem lauten Ausruf des Hui! und mit einem einzigen Satz die Schildkröte übersprungen. So aber, da er genötigt war, sich an die lineare Logik zu halten, die zu widerlegen Zenon im Sinn hatte, ist er gefangen im Zwischenreich des Paradoxen.

Es sei gesagt: Paradoxe existieren nur im Kopf. Schon im BodyMind verflüchtigen sie sich, weil das Es einem anderen Gesetz unterliegt als dieser begrenzten Logik. Es wurde in der Philosophie nach einem weiterentwickelten Modell der Logik gesucht, und ein solches auch gefunden. Dies führt uns direkt ins Chaos hinein bzw. in eine Komplexität, die wir als Chaos empfinden, so lange wir die Ordnung darin nicht entdecken können. BodyMind hat jedoch Zugang zu komplexen Strukturen und richtet sich darauf ein, noch lange bevor der kausal-lineare Kopf sich zerbrochen und das Denken aufgegeben hat. BodyMind-Experimente können also dazu vorhelfen, Chaos als vorläufige Unordnung und als zukünftige Komplexität zu begreifen, und nicht nur das, sondern auch zu genießen.

12.5 BodyMind-Experimente mit dem Zeiterleben

„Time Line ist eine pragmatische Metapher für die Abbildung der Zeit im Gehirn des Menschen, sie ermöglicht Integration der Vergangenheit und Gestaltung der Zukunft.“ – *Thomas Rückerl*, NLP in Stichworten

In der NLP-Arbeit mit der Zeitline, der Time Line, geht es nicht nur um die Linearität des Zeiterlebens, wenngleich das NLP zunächst konsequent zielorientiert arbeitet und den Anschein erwecken könnte, hier würde stur von A nach B gegangen, ohne Rücksicht auf Verluste. Doch ist das NLP der Verhaltenstherapie einen Schritt voraus: Es wird zwar zunächst ein Ziel definiert, auch wenn es nur ein kleines Nahziel ist, aber das Festhalten an einem einmal definierten Ziel ist keineswegs Teil des Programms. So kann durchaus von einem Ziel zum anderen gegangen, das Ziel hinter dem Ziel als Meta-Ziel entdeckt werden. Aufgrund von minutiös beachtetem Feedback, das der BodyMind gibt und das sich als „Physiologie“ zeigt, wird immer wieder das Programm korrigiert und neu ausgesteuert, so daß der Prozeß der Selbstorganisation erhalten bleibt.

Warum aber von Zielen sprechen, wenn Ziele allein nicht das Ziel sind?

Ziele an sich und vor allem gut definierte, „wohlgeformte“ Ziele erzeugen eine starke Sogwirkung, da sie unbewußte Kräfte aktivieren. Ziele können als Attraktoren wirken. Ein rigides Anhaften an einmal gesetzte und nie wieder hinterfragte Ziele könnte jedoch den therapeutischen oder beratenden Prozeß empfindlich stören und sehr unattraktiv machen, denn die Sogwirkung ist unberechenbar – die Strömung kann umschlagen und ganz woanders hinziehen. Die Kunst des Therapeuten oder Beraters ist nun, nicht gegen die Strömung schwimmen zu wollen, sondern auf den Wellen gekonnt zu surfen. Die Zeit verläuft im Erleben auch nicht immer linear und chronologisch. Es wäre also eine Zumutung an den Klienten, dieses von ihm abzufordern, wenn er doch gerade jene kreativen Potentiale, die in seinem Unbewußten schlummern, aktivieren möchte.

Die Zeitvorstellung, die sich am nützlichsten erwiesen hat, ist nicht die lineare, die direkt von A nach B führt, sondern die zirkuläre. Eine solche Erkenntnis hat in dem alten Symbol der Schlange, die sich in den Schwanz beißt, und in dem Symbol des Labyrinths seine entsprechende Gestalt gefunden, und sicher war es nicht nur ein einziger Gedanke, der zu solcher Erkenntnis geführt hat, sondern zahlreiche Erfahrungen und Informationen, die vom BodyMind verarbeitet wurden. Deshalb empfiehlt es sich auch im NLP, immer mehr die systemische, multiperspektivische Sicht anzusteuern bzw. zuzulassen. Multiperspektivität ergibt sich vor allem durch den ständigen Wechsel von Wahrnehmungspositionen. Mal sehe ich die Sache von dem einen, meinem Standpunkt aus, mal versetze ich mich so sehr in die Lage des anderen, daß ich ihn ganzkörperlich „ver-stehe", als würde ich an seinem Platz stehen, und so gibt es schon zwei Arten des Erlebens, auch des Zeiterlebens und der Zeit: Es gibt meine Zeit und die Zeit des anderen. Dann gibt es auch die Zeit, die aus der Meta-Ebene dissoziiert erlebt wird.

In der systemischen Therapie wird die Linearität der Zeit ebenso wie der Kommunikation und des Erlebens durch Zirkularität ersetzt. Prozesse der Selbstorganisation haben Vorrang vor dem einfachen Abwickeln eines zielorientierten Verhaltensprogramms.

Zirkularität bedeutet, auf Zeitstrukturen bezogen: Die Zukunftsvorstellungen, die wir uns machen, wirken auf die Gegenwart, so wie wir sie erleben, ein, ebenso wie die Erinnerungen immer noch einen Einfluß haben, der nicht bei der Gegenwart endet, sondern sich bis in die Zukunft erstreckt. Die Gegenwart könnte als Mitte des Labyrinths gesehen werden. Um mein Ziel außerhalb des Labyrinths zu erreichen, kann es gut sein, vor und zurück auf der Zeitschiene hin- und herfahren zu müssen. Für die Psychogeographie hat es sich als förderlich erwiesen, manchmal von der Vorstellung einer linearen Zeit-Linie abzukommen und das Konzept der Time Lines um einige Zeitgestalten zu erweitern. Da gibt es also nicht nur die

- Zeitlinie, sondern auch den
- Erlebnis- und Lebensraum, ebenso wie
- Orte der Befindlichkeiten.

In meiner Freude an einer anschaulichen, an Metaphern reichen Sprache habe ich für diese drei Gestalten folgende Namen gefunden:

➤ LAUFSTEG, das ist der lineare Weg von A nach B, meist im Arbeitsbereich vollzogen und angesichts einer kontrollierenden, nach bestimmten Kriterien auswertenden Öffentlichkeit. Das kann eine Komission sein, die darüber entscheidet, ob die Prüfung bestanden wurde oder nicht, das kann der Chef sein, der seine Ansprüche stellt, aber auch ein Publikum, das eine Performance erwartet. Typisch für die linearen Wege ist das Gefühl, innerlicher oder äußerlicher Kritik ausgesetzt zu sein und wenig Spielraum zu haben. Der Laufsteg fordert Präsentation, die sich meist innerhalb einer chronologisch bemessenen Zeit abspielt. Gutes Timing ist wichtig, kann aber auf dieser Ebene nicht entwickelt oder gelernt werden.

➤ TEPPICH, das ist der Fliegende Teppich oder der Teppich auf dem Boden, je nachdem. Der Teppich ist ein begrenzter Raum, in dem ich mich orientieren kann. Er hat vier Kanten und ist aus einem bestimmten Material. Er hat eine festgelegte Größe, mit der ich mich arrangieren muß. Ich arbeite sehr gern mit dem sogenannten Lebensteppich: das Leben in seiner Räumlichkeit hat Anfang und Ende, aber es hat nicht nur eine einzige Linie von Geburt bis zum Tod. Da gibt es durchaus Ecken, die nicht auf der chronologischen Zeitlinie liegen. Es sind vielleicht Positionen, die ich als Beobachter einnehme. Das Heraustreten aus dem assoziierten Zustand auf der Zeitlinie und das Hineingehen in die Meta-Position, die ich aufsuche, um mein Leben einmal aus der dissoziierten Perspektive des neutralen Beobachters zu betrachten, ist ja im NLP ein wichtiger Bestandteil. Darüber hinaus gibt es jedoch auch noch Positionen, die in einer Traumwirklichkeit, in einer „Traumzeit“ liegen. Auch aus diesen Positionen heraus erhalte ich eine Sichtweise aus einer vielleicht ungewöhnlichen, aber nichtsdestotrotz aufschlußreichen Perspektive. Aber es bleibt alles „auf dem Teppich". Teppich ist Teppich. Das heißt, daß das Heraustreten aus dem Teppichraum einem „Abtreten" im Sinne von Sterben gleichkäme. Und es hat sich als äußerst fruchtbar erwiesen, das Abtreten experimentell zu durchleben, weil es sehr viel „auf den Teppich bringt", was vorher „unter den Teppich gekehrt war". Es wurden in diesem Rahmen sogar Erfahrungen der Transzendenz gemacht, die für Menschen sehr wichtig und hilfreich waren. Ich kann mich experimentell in transzendentale Positionen versetzen, z.B. in einen Zustand vor meiner Geburt, in dem ich mir mein Programm und „Lernpensum" für die nächste Inkarnation zurechtlegte. All dies sind natürlich nur Arbeitshypothesen, aber eine Arbeit mit solchen Hypothesen ist höchst anregend und aufregend.

➤ TOPF, das ist ein Ort, an dem man sich gerade befindet, natürlich mehr ein geistiger als ein ganz konkret räumlicher. Behälter, Kalebassen und Töpfe erhalten in vielen Kulten eine große Bedeutung, auch wenn Töpfe uns zunächst an Küchengeschirr erinnern. Von Löchern zu sprechen würde komisch klingen, außer im Kontext mit Schwarzen Löchern. Topf legt für mich die Assoziation mit Farbe nahe: ein Farbtopf. Der Ort der Befindlichkeit, die Befindlichkeit selbst ist eingefärbt, je nach Stimmung und Schwingung. Wieder ist die Metapher etwas für Visuelle, aber vielleicht finden Sie eine Entsprechung im auditiven oder kinästhetischen Bereich, etwas, was man hören (Klangraum/Resonanzbereich?) oder fühlen und erfahren (Raum für Bewegungsfreiheit/ Terrain/ Spielraum?) kann, während man sich dort aufhält. Meine Arbeit mit Töpfen ist geprägt von meiner Neigung, mit Farben zu experimentieren. Mich interessiert dabei nicht nur, wie ich in einen positiven Topf (z.B. dem „circle of excellence" im NLP) hineinkomme oder wie ich aus einem negativen Topf (der Phobie, der Depression etc.) herauskomme, sondern wie ich mit Töpfen verschiedenster Art eine innere Alchemie betreiben kann.

12.6 BodyMind-Experiment mit trance-induzierenden Körperhaltungen

Angenommen, Trance wäre weniger ein bestimmter Zustand und mehr ein Prozeß, durch den verschiedene Bewußtseinsräume erreicht oder durchschritten werden könnten, angenommen also, Trance wäre nicht ein einziger Aufenthaltsort und mehr eine Reise, eine Reise, die durch verschiedene Phasen und Dimensionen eines Bewußtseinsprozesses hindurchführen würde, und angenommen, es ginge in der Trance-Arbeit weniger darum, in Trance zu geraten, sondern mehr darum, durch das Vehikel der Trance eine Reise zu machen, jeweils entsprechend der geistigen Orientierung oder den Bedürfnissen, sei es der Person oder des Kollektivs, dann könnte es sein, daß diese Art des Reisens durch bestimmte Hilfsmittel erleichtert wird.

Bestimmte Haltungen, wie sie archäologische Funde von Kult-Objekten und Statuen aufweisen, lassen vermuten, daß diese Haltungen nicht zufällig entstanden sind, sondern eine kultische Bedeutung hatten. In archaischen Zeiten und Kulturen – so sehen wir es heute aus der Perspektive der kulturanthropologischen Forschung – wurde Lebens- und Weltbewältigung durch die Veränderung von Bewußtseinszuständen bewerkstelligt. Trance-Techniken, wie sie von Schamanen oder Medizinmännern etwa angewendet wurden, sollten dafür sorgen, Verbindung herzustellen zu den geistigen Kräften, die hinter den Naturerscheinungen geglaubt wurden. So wurden vermutlich jene trance-induzierenden „Reisehaltungen" entdeckt, entwickelt und gelehrt. Diese Haltungen sollten ermöglichen, die Trance und damit die Reise zu steuern.

Die körperliche Art der Haltung erleichterte dabei wahrscheinlich nicht nur den Eintritt in die geistige Bewegung des inneren Reisens, sondern führte den Reisenden in die jeweiligen Dimensionen, in denen der heilende Kontakt zu den Geistern gewünscht bzw. notwendig war.

So unterscheiden Kulturanthropologen z.B. eine „Jäger-Haltung", eine „Wahrsager-Haltung", eine „Heiler-Haltung", eine „Seelenführer-Haltung", eine Haltung, die in die obere Welt reisen läßt, und eine Haltung, die auf den Meeresboden hinab tauchen läßt. Die Haltungen werden durch die Funktion der Trance, die sie induzieren und bestimmen, gekennzeichnet. Die Haltung selbst wird zum Vehikel, das benannt wird nach dem Ziel, das es ansteuert.

In späteren Epochen der Kulturgeschichte tritt das archaische Erleben des unmittelbaren Kontakts mit den geistigen Kräften immer mehr in den Hintergrund und wird durch Mythen, Symbole, Metaphern, Allegorien, analoges Denken und schließlich die Logik ersetzt. Das Erleben wird durch den Glauben ersetzt und zu einer Institution erhoben. Der Kontakt mit den Geistern bzw. mit dem Geist wird immer mehr verwaltet bzw. verordnet. Körperhaltungen werden als Ausdruck von psychischer, emotionaler Befindlichkeit gedeutet und sind Merkmale des Charakters, der wiederum eine bestimmte Geisteshaltung zum Standard erhebt. Körperhaltungen werden als Stereotypen erkannt und „verstanden", d.h. als spezifische Zeichen gedeutet, die auf einen Inhalt des Unbewußten verweisen sollen. Diese Art von Deutung des Körperlichen findet man in den immer noch beliebten Abhandlungen und Nachschlagewerken über die sogenannte Körpersprache. Trotz der möglichen Mißverständnisse, die durch diese standardisierten Deutungen gegeben sind, ist es interessant, von den Körperhaltungen auszugehen und zu schauen bzw. am eigenen Leibe zu erleben, was sie uns über uns selbst zu sagen haben. Von diesen selbsterfahrenen Aussagen können wir eventuell ausgehen, um sie zu verallgemeinern. Natürlich müssen diese Verallgemeinerungen immer neu hinterfragt werden.

Wir wollen annehmen, daß Körperhaltungen seelischen und geistigen Haltungen entsprechen.

Diese Annahme ist experimentell, die Übung, die daran anschließt, ist ein Experiment.

Das Experiment hat den Zweck, am eigenen Leibe und für sich selbst herauszufinden, einerseits herauszufinden, welche Einstellungen, Glaubenshaltungen, Werte und Lebensweisen jetzt gerade vorherrschen, andererseits um sich ein bewegtes und bewegendes Bild davon zu machen, inwieweit Körperbefinden und Geistesverfassung sich gegenseitig beeinflussen. Jede Körperhaltung, die sich aus dem Bewegungsfluß ständiger Veränderung ergibt, ist eine Momentaufnahme innerer Verhältnisse, die sich zu einem Bild verdichten, um wieder aufgelöst zu werden und in das nächste Bild überzugehen.

Übung: Reise durch die verschiedenen Lebenshaltungen

Trance ist eine Reise durch Bewußtseinszustände und Stadien des Lebensprozesses.

Die Reise, die als Exkursion oder Expedition ins eigene Innere vorbereitet wird, vollzieht sich auf drei Ebenen:

1. auf der Ebene des organischen, vegetativen und instinkthaften Körpererlebens;
2. auf der Ebene des emotionalen, gefühlsbetonten und stimmungsabhängigen Erlebens von Resonanz (Schwingungserleben);
3. auf der Ebene des mental erfaßten und Identität durch Kontinuität schaffenden Erlebens der vielfältigen Formen und Gestalten innerhalb des Bewußtseinsstroms.

Natürlich beeinflussen die drei Ebenen sich gegenseitig. Jede Veränderung auf einer Ebene bewirkt direkt oder indirekt eine Veränderung auf den anderen Ebenen und das Verhältnis der Ebenen zueinander (z.B. Kongruenz oder Inkongruenz).

Diese drei Ebenen werden durch drei Fragen angesprochen: Wo halte ich mich gerade auf? Wie fühle ich mich dabei? Wer bin ich jetzt? Dabei können innere Bilder/Eindrücke/Erinnerungen und Gedanken einen inneren Film ablaufen lassen. Der innere Film zeigt auf, wie die innere Reise verläuft und wohin sie führt.

Stellen Sie sich vor:
Es ist wie bei einem altmodischen Radio, bei dem Sie durch Drehen an einem Knopf den Sender einstellen können, der genau das Programm empfängt, das Sie haben und hören möchten. Jede Haltung, die Sie einnehmen, entspricht einer bestimmten Frequenz, auf die sich Ihr Körper einschwingt. Manche Frequenzen empfangen Programme, andere nicht. Und manche Programme, die Sie auf diese Weise empfangen können, interessieren Sie, und andere nicht. Begeben Sie sich nun in einen Bewegungsfluß, in dem Sie von einer Haltung zur anderen übergehen, bis Sie die Haltung finden, die ein ganz bestimmtes und für Sie interessantes Programm beinhaltet bzw. in Ihnen auslöst. Es ist, als ob Sie durch das Verharren in dieser Haltung in einen Film einsteigen, der sich jetzt in Ihnen abspielt. Kaum verändern Sie die Haltung, verändert sich das Programm, und Sie steigen wieder aus.

Üben Sie nun:
1. „auf Empfang zu gehen“, indem Sie bewußt Ihren Bewegungsfluß dazu gebrauchen, um von einer Haltung zur anderen zu gelangen und Ihre Bewegungsfreiheit zu genießen;

2. den Bewegungsfluß anzuhalten und eine bestimmte Haltung auszuwählen, in deren Programm Sie einsteigen möchten. Wählen Sie einen Sender aus, und stellen Sie ihn durch Feinabstimmung so klar ein, daß er sich von allen anderen möglichen Programmen unterscheidet. Geben Sie diesem Programm einen Namen, und seien Sie sich bewußt, warum Sie diesen Sender jetzt empfangen möchten.
3. Nach dem Anhalten kommt das Innehalten. Verharren Sie in dieser bestimmten Haltung, die ein bestimmtes Programm in Ihnen auslöst, und lassen Sie den dazu gehörigen inneren Film ablaufen. Seien Sie sich bewußt, daß Sie durch diese Haltung sich auf eine bestimmte Frequenz einschwingen. Dadurch gehen Sie mit allen anderen Programmen, die eine ähnliche Stimmung haben, in Resonanz;
4. Lösen Sie die Haltung auf, indem Sie aus ihr aussteigen und wieder in den Bewegungsfluß einsteigen. Lassen Sie die Bewegungen schließlich sich ausschwingen und in Ruhe übergehen, so daß die Übung damit beendet wird.

12.7 BodyMind-Experimente mit Gebetshaltungen

Angenommen, im Trancetanz als dem „Austanzen der Seele“ geschehe ein Prozeß, der die Ganzheit von Körper-Seele-Geist erfaßt und neu organisiert, dann erhält eine bestimmte Beobachtung, wie nämlich Menschen ihren Tanz beenden, eine ganz besondere Bedeutung. Es läßt sich beobachten, daß in vielen Fällen das kathartische Tanzen sein eigenes Ende findet und in einer Haltung mündet, die wie eine Öffnung oder Lösung ausschaut. Es scheint, als ob der Mensch durch das Tanzen an das Ende der eigenen Weisheit gelangt sei und sich nun einer größeren und für ihn neuen Weisheit öffne. Diese Öffnung wirkt sich offensichtlich lösend und befreiend, erleichternd aus, als ob dadurch Erlösung erlangt werden könnte.

Angenommen, es gäbe wirklich so etwas wie Erlösung, und es gäbe eine bestimmte Körperhaltung, die diese Öffnung und Lösung körperlich sowohl bewirken als auch ausdrücken könnte, dann könnten wir durch das Auffinden der jeweils persönlich stimmigen und angemessenen Körperhaltung einen direkten Zugang erhalten zu einer

Geistesverfassung, die eben diese Neuordnung auf der Ebene des unmittelbaren Erlebens ermöglicht.

Angenommen, eine solche Öffnung und Weitung gehe dem Beten voran, dann könnten wir diese Haltung eine Gebetshaltung nennen. Sie ist für jeden Menschen und für jeden Augenblick verschieden bzw. kann, aber muß nicht, verschieden sein. Durch das Auffinden der passenden Gebetshaltung läßt sich der Vorgang des Betens als spiritueller Prozeß besser nachvollziehen und sich aneignen als Praxis gelebter Erfahrung.

Die Frage ist: Wie komme ich zum Beten?

Die Antwort findet sich auf der non-verbalen Ebene des Wahrnehmens, Empfindens, Fühlens. Die Übung besteht im Mitgehen mit den Wahrnehmungen, dem Empfinden und den Gefühlen statt sie ausgrenzen zu wollen. Ich lerne, auf der leibhaftigen und ganzheitlichen Ebene zu beten.

➤ *Visualisations-Übung:* Stellen Sie sich vor, Sie tanzen sich die Seele aus dem Leib. Ihr Körper vollführt die ungewöhnlichsten Bewegungen, die Sie an die Grenze Ihrer Möglichkeiten bringen. Während Sie sich bewegen lassen, wissen Sie, daß dies alles geschieht, um an die Grenze Ihrer Gewohnheiten zu kommen und über diese Grenze hinauszugelangen. Der Prozeß des Tanzens bringt Sie an diese Grenze, und er führt Sie darüber hinaus. Es fühlt sich leicht an, befreit von der Schwere des Erwartungsgemäßen, des Gewöhnlichen, es wird hell, licht und leicht, und Ihr Körper ist vorangegangen im Erleben dessen, was Sie nicht für möglich gehalten hätten – so frei, so licht und leicht sein zu können. Der Atem bestätigt das neue Gefühl und verstärkt es, so daß es sich weiter ausbreiten kann. Körperliche Empfindungen treten auf als Anzeichen, die auf etwas hinweisen, das für Sie neu sein mag – vielleicht ein Kribbeln, ein Strömen, eine feine Erschütterung des ganzen Systems, das Sie sind. Das Gefühl, das sich daraus ergibt, ist gemischt – vielleicht Angst, aber auch Freude. Und indem Sie das gemischte Gefühl zulassen, ohne es zu bewerten, erinnern Sie sich vielleicht, daß es immer so ähnlich war, wenn etwas grundsätzlich Neues in Ihrem Leben geschehen ist, und eigentlich, auch das erinnern Sie jetzt, ist das Neue in jedem Moment gegeben, wenn Sie es zulassen, von gemischten Gefühlen bewegt zu werden. Die Übung besteht nun darin, die Augen zu schließen, und sich einem Bewegungsfluß zu überlassen, der von einer Körperhaltung zur anderen überführt, bis Sie sich in derjenigen Körperhaltung eingefunden haben, die Ihnen am meisten Öffnung ermöglicht. Ihr Körper selbst bewirkt die Öffnung, die er ausdrückt: Er ist offen für etwas, was größer und weiser und umfassender und höher ist als das, was er bisher gelebt hat.

➤ *Einstiegs-Übung:* Stellen Sie sich vor, vor Ihnen erstreckt sich das Leben als Fluß. Der Fluß bringt die Zeit aus der Vergangenheit in die Zukunft, und ständig fließt der Fluß in einer Richtung an Ihnen vorbei. Alle Ihre Empfindungen sind in einer Reihenfolge geordnet, es gibt ein Vorher und ein Nachher, ein Zuerst und ein Danach, ein Früher und ein Später, alles, was Sie erleben, erleben Sie auf einer Linie aufgereiht, und das Gefühl von Ordnung vermittelt sich durch den Eindruck, alles ordentlich aufreihen zu können, „auf die Reihe zu bekommen". Aber dieses Bewußtsein ist nicht das einzige, das Ihnen zur Verfügung steht, ebenso wie Sie nicht nur eine Vorderseite haben und nicht nur nach vorne ausgerichtet leben. Stellen Sie sich nun vor, hinter Ihnen erstreckt sich die Zeit als Meer, und in diesem Zeitmeer sind alle Informationen, die das Leben Ihnen gebracht hat und bringen wird, enthalten. Wenn Sie in dieses Meer einsteigen, dann sind Sie mit allem verbunden, was das Leben Sie lehren kann. Wenn Sie sich nun dem Bewegungsfluß überlassen, um die richtige Gebetshaltung für sich zu finden, dann werden Sie sich Ihrer Rückseite bewußt, mit der Sie im Kontakt mit dem Meer Ihrer möglichen Erfahrungen sind, und so steigen Sie rückwärts ein in den Bewegungsstrom, der Sie erfassen und mit sich führen wird. Atmen Sie in Ihren Rücken, machen Sie ihn weit und breit, lassen Sie ihn zu einem Floß werden, das Sie trägt. Mit einem leichten Ruck stoßen Sie von der nach vorn gerichteten Gegenwart ab, schwanken ein wenig nach hinten. Vielleicht fühlt es sich an wie ein Taumeln, ein Fallen. Überlassen Sie sich dem Strom, lassen Sie sich darauf treiben.

➤ *Übung „Ins Minus gehen, um das Plus zu aktivieren":* Lassen Sie sich treiben auf der Suche nach der richtigen Haltung, die Sie offen macht für Neues. Als Ausrichtung dient Ihnen die Vorstellung, daß es in Ihrem Leben Defizite gibt, die Sie jetzt freiwillig und bewußt aufsuchen möchten, um sie auszugleichen und zu heilen. Heilung geschieht durch das bewußte Hineingehen in die Defizite, um das, was fehlt, zu erbitten. Durch das Bitten bzw. Beten wird der entsprechende Pluspol angesteuert und aktiviert. Die Defizite müssen nicht klar umrissen und genau im Bewußtsein beschrieben sein – es reicht, die Defizite als Orte oder Positionen zu erspüren und aufzusuchen, d.h. sich bewußt hineinzubegeben in eine Lage oder Haltung der Bedürftigkeit. Indem ich mich bedürftig erlebe, mache ich mich klein und niedrig im Vergleich zu dem, was mir fehlt. Es geschieht eine „Unterwerfung“ – etwas, was in spirituellen Traditionen im Angesicht des Höheren als selbstverständlich gilt und für den Außenstehenden so schwer nachzuvollziehen ist. Betrachten wir es jedoch unter dem Aspekt des Gefälles: Was tief liegt, zieht von oben an. Die Leere zieht die Fülle an. Das Gefühl der eigenen Unvollkommenheit macht Erfüllung erst möglich. Finden Sie nun eine Haltung, die diese Unvollkommenheit verkörpert. Finden Sie dann in dieser Haltung eine Gebärde oder Geste, die verkörpert, daß Sie bereit sind für Heilung und Erfüllung. Bleiben Sie so lange in der Haltung und in der Gebärde, bis Sie das Gefühl haben, das Defizit hat sich ausgeglichen, und Heilung ist geschehen. Wiederholen Sie diese Übung so oft, bis das Gefühl von innerer Zufriedenheit und Ausgeglichenheit sich einstellt.

Beispiele von Gebetshaltungen:

- Ausgestreckt auf dem Rücken liegen, die Arme nach oben ausgestreckt, als wollten Sie umarmen und umarmt werden. Die Erfüllung geschieht im Brust-/Herzraum.
- Ausgestreckt auf dem Bauch liegen, die Arme neben dem Kopf, den Kopf zu einer Seite gelegt. Der Bauch holt sich Kraft aus dem Kontakt mit der Erde, mit der eigenen Vergänglichkeit. Die Erfüllung geschieht im Bauchraum.
- Sie liegen, eingerollt wie ein Embryo im Mutterleib, auf der Erde. Der Rücken ist ungeschützt und bittet um Rückhalt aus dem Kosmos. Die Erfüllung geschieht im Bereich von Kreuz und Rücken.
- In der Hocke kauernd erfahren Sie die Erde als Ihren Sitz.
- Stehend erheben Sie die Arme, abgewinkelt oder ausgestreckt, nach oben. Erfüllung geschieht, indem Sie über sich hinauswachsen.

13. Ekstase im Alltag – vom besonderen Glück und anderen Ausnahmezuständen

Es geht um Erfahrungen von Glück, es geht um die Gefühle von Freude, von Dankbarkeit. Von Liebe. Gerade im NLP wird die Aktivierung von Glückserfahrungen befürwortet, da ein Teil der Arbeit darin besteht, aus der negativen Trance des Problembewußtseins aufzutauchen und sich an der möglichen Lösung zu orientieren (statt sich durch eingehende Analyse länger bei den tieferen Gründen der Problematik afuzuhalten). Ein Leben ohne Freude unterminiert jede Motivation schon an der Wurzel und setzt das Niveau der Leistungsfähigkeit herab, Undankbarkeit macht sich letztlich nicht bezahlt, und ein Leben ohne Liebe beeinträchtigt nicht nur die Gesundheit, sondern riskiert auch den Halt jeder längeren Beziehung und steht dem Erfolg als Gesamtkunstwerk im Wege. Auf der Suche nach Freude, Gefühlen der Dankbarkeit und der Liebe antworten nicht viele, aber doch einige Menschen unverfroren dem hoffnungsvollen Therapeuten (oder Trainer) ins Gesicht: Warum sollte ich? Ich habe keinen Grund. Es gibt keinen Grund dafür, mich zu freuen, ich bin niemandem Dank schuldig, und Liebe ist ein sentimentaler Luxus, den ich mir nicht leisten kann. Das bringt das Problem auf den Punkt, denn: Hier geht es nicht um Freude, die als Endergebnis erwartet werden kann, hier geht es nicht um einen Dank, der abgeleistet werden soll, hier geht es auch nicht um Liebe, die ihre Bedingungen und ihren Preis hat. Hier geht es um Gefühle, die sich nicht auf der Linie der Berechnungen von Ursache und Wirkung befinden. Solche Gefühle, die zu ekstatischen Erlebnissen führen können, befinden sich außerhalb der normalen, linear ausgerichteten Kausalität, die ja die Domäne unseres sogenannten gesunden Menschenverstandes ist. Unverdientes Glück, unbegründete Dankbarkeit und nicht-bedingte Liebe sind die Schlüsselerfahrungen, die über den alltäglichen Stumpfsinn hinausführen. Schon aus Interesse an ihrem ekstatischen Potential sollten diese Phänomene mehr Bedeutung erhalten. Zwar wird in der Esoterik gern von der nicht-bedingten Liebe gesprochen oder geschrieben, aber sie erschreckt den Uneingeweihten, der sich von dem hohen Anspruch überrumpelt fühlt.

Tatsächlich leisten wir uns solche irrationalen Erfahrungen selten, auch wenn wir sie immer wieder in unserem Leben gehabt haben. Wir machen sie uns einfach nicht bewußt, und es gibt auch kaum Worte und Begriffe dafür. Diese Ekstasen des Alltags nehmen wir selten wahr, es sei denn als verwunderliche Einzelfälle einer göttlichen Laune, ähnlich dem Wetter, das uns manchmal mit Sonnenschein überrascht, obwohl Regen vorausgesagt war. Durch unsere Denkgewohnheiten, die sich innerhalb einer engen und ängstlichen, kausal-linear ausgerichteten Logik ausprägen und einprägen, sind wir wie auf Auto-Pilot gestellt und suchen nach den Bestätigungen der Prognosen. Wir suchen immer nach Gründen und Ursachen, auch dort, wo es keine gibt. Insgeheim ahnen wir, daß das Glück, das ich habe, nicht das Glück ist, das mich glücklich macht, und daß die größte Freude sich nicht an einem bestimmten Warum festmachen läßt. Vor allem bei Erfahrungen einer überströmenden Dankbarkeit neigen wir dazu, sie zuordnen zu wollen. Wir suchen danach, wem wir für was danken können, geradezu als wollten wir uns von der wunderbaren Offenheit und Intensität des Lebens, das sich in solchen ekstatischen Erlebnissen offenbart, abgrenzen und wieder verschließen, um uns so auf das normale Maß zurückzuschrauben. Die Orientierung an Glück und Freude im Gegensatz zu Leid, Trotz und Haß, soll keineswegs eine Politik der Verdrängung rechtfertigen. Ähnlich wie die Kurzzeittherapien sich eher an der Lösung statt am Problem orientieren, kann das Bewußtsein sich grundlegend dafür entscheiden, die Möglichkeit und Fähigkeit zu alltäglichen Ekstasen voll auszuschöpfen, ja dieses ekstatische Potential des Menschen dazu zu nutzen, auf eine schnellere Frequenz von Licht und Intelligenz zu kommen.

Zu den Zuständen, die uns im Alltag nicht leichtfallen, wenn wir uns nicht bewußt dafür entscheiden und uns in diese Richtung wenden, gehört der Zustand eines emotionslosen Mitgefühls und einer Liebe, die keine Bedingungen stellt. Das vielzitierte Umdenken kann jedoch nicht auf der Ebene, auf der die alltägliche Logik zu argumentieren versucht, stattfinden. Es gibt ein ekstatisches Denken. Freilich ist dieses Denken nicht mehr rational im alltäglichen Sinne, da es die Enge der linearen Kausalität sprengt. Um dieses Denken geht es, denn es führt direkt zu einer tiefgreifenden Veränderung der Lebens- und Erlebensqualität – was sich wiederum auf alle Bereiche des Lebens auswirkt.

13.1 BodyMind-Experiment: geistige Führung erlangen

1. Denke an eine Zeit, da du begeistert warst.

2. Konzentriere dich ganz auf dieses Gefühl der Begeisterung.

3. Lasse das Gefühl der Begeisterung anwachsen, sich in dir ausbreiten, über dich hinauswachsen, alles erfassen.

4. Du wirst jetzt in begeisternden Erinnerungen schwelgen, und entweder werden es „wahre“ Erinnerungen sein oder Erinnerungen an deine Träume und Sehnsüchte – und du weißt, daß es im Bewußtsein selbst keinen Unterschied macht, ob du es wirklich erlebt oder es geträumt, gewünscht, herbeigesehnt hast oder du jetzt diese begeisternden Träume träumst, diese Vorstellungen erschaffst. Die Wirkung ist dieselbe. Begeisterung wird jetzt einen heilenden, erlösenden Einfluß auf dich haben.

5. Erinnere dich, oder stell dir vor: den Augenblick, da deine Eltern oder andere frühe Bezugspersonen, auch z.B. Lehrer etc., dich voller Liebe angesehen haben, und du den Geist der Liebe gespürt hast. Spüre jetzt, wie der Geist der Liebe dich begeistert, und siehe dich mit den Augen der Liebe voller Begeisterung an.

6. Dann erinnere dich, oder stell dir vor: den Augenblick, da ein Geliebter oder eine Geliebte dich voller Liebe angesehen hat, und du hast den Geist der Liebe gespürt. Spüre jetzt, wie der Geist der Liebe dich begeistert, und siehe dich mit den Augen der Liebe voller Begeisterung an. Du spürst in deinem Körper, wie die Begeisterung sich ausbreitet, je mehr die Liebe erwidert wird. Es ist eine einzige gemeinsame Flamme die Begeisterung, die sich in diesem Blick – Sehen und Gesehenwerden – vereint.

7. Und während die Begeisterung dich ganz erfaßt, tauchen in deiner Vorstellung jetzt weitere Gestalten auf, von denen du weißt, daß es deine Begeisterung ist, die da Gestalt angenommen hat. Vielleicht sind es Menschen, die du verehrt hast, die für dich Vorbilder gewesen sind, die dich begeistert haben, vielleicht sind es Persönlichkeiten, die du aus der Geschichte kennst und die dir nahe sind. Vielleicht sind es Idole oder Ideale. Sie nehmen Gestalt an, sie haben Augen,

und aus den Augen der Liebe schauen sie dich an. Du merkst, daß die Begeisterung wechselseitig ist, daß auch sie von dir begeistert sind, indem sie etwas in dir erkennen, was ihre Begeisterung auslöst.

8. Du fühlst: Ja, du bist gemeint. Du fühlst dich angesprochen, verstanden, angenommen, anerkannt, geliebt. Die Begeisterung ist wie ein inneres Feuer. Du spürst, wie es brennt, wenn es einmal entfacht wurde. Konzentriere dich immer mehr darauf, das Innerste dieser Begeisterung zu erfassen, das Wesen, die Essenz, das, worauf es ankommt. Es ist eine Idee, jenseits aller Inhalte, aller Bedingungen. Bedingungslos. Du fühlst bedingungslose Liebe, und mit den Augen dieser Liebe schaust du dich selbst an und erkennst dich – vielleicht zum erstenmal, erkennst, wer du wirklich bist.

9. Die Idee von dir selbst, diese Idee, die dich begeistert – diese Idee ist schon lange vor dir dagewesen, lange bevor du existiert hast, gab es schon diese Idee, mit der du dich jetzt verbindest. Du bist diese Idee, und diese Idee, das bist du. Dieses Ideal, das höchste Ideal ...

10. Nimm Kontakt auf mit dieser Idee, mit diesem Ideal – lasse deinen Geist sie finden, indem deine Begeisterung sucht nach einem angemessenen Inhalt, der sie begeistert. Und du weißt, daß die höchste Idee ohne Inhalt ist – reiner Geist. Feuer.

11. Die Flamme sucht das Feuer und geht darin auf.

12. Vielleicht ist diese höchste Idee, die du von dir selbst gewinnst und jetzt manifestierst, indem du sie denkst, jene Kraft und Möglichkeit, die du immer schon im Hintergrund gespürt hast, vielleicht wie ein Stern am Himmel, der jetzt nach vorn in dein Blickfeld kommt, ein flammender Stern, der dich anzieht und leitet, dein Leitstern ...

13.2 BodyMind-Experiment mit einer Lichtvisualisation

(Diese Übung ist am besten im aufrechten Sitzen zu machen, so daß der Scheitel nach oben und der Beckenboden nach unten zeigt.)

1. Stelle dir eine äußere Lichtquelle vor. Lasse diese Lichtquelle sehr stark werden und weit nach oben wandern, so daß sie wie eine Sonne

von oben auf dich herabscheint. Du spürst es auf deinem Scheitel. Diese Lichtquelle ist unerschöpflich und immer zugänglich. „Über den Wolken scheint immer die Sonne." Diese Lichtquelle kann auch noch weiter entfernt sein als die Sonne – sie kann z.B. ein Stern sein: „die Ewigkeit der Gestirne". Stelle eine Verbindung zwischen dir und der Lichtquelle her, indem du körperlich nachvollziehst, wie das Licht dich berührt und von dir aufgenommen werden kann. Meist fühlt es sich als leichtes Ziehen im Kopf an.

2. Stelle dir eine senkrechte Achse vor, die deinen Körper durchzieht und eine Verbindung zwischen Sonne (Stern) und Erde schafft. Sobald diese Verbindung hergestellt ist, fühlst du eine mühelose Aufrichtung, die deinen Körper durchzieht und dich aufrecht hält. Das Rückgrat streckt sich auf natürliche Weise, die Wirbelsäule richtet sich darauf ein, der Energiefluß zwischen oben und unten reguliert sich von selbst.

3. Deine Aufmerksamkeit bewegt sich entlang dieser Verbindungslinie der senkrechten Achse und setzt einen Lichtpunkt auf der Höhe des „Herzens", jedoch auf der Achse liegend und nicht links davon, wo das physikalische Herz sich befindet, ungefähr dort, wo die Thymusdrüse und das Brustbein sind. Kaum ist dieser Punkt gesetzt, zieht er einen Lichtstrahl von oben an. Dieser verankert sich im Herzen und entzündet dort ein Licht.

4. Das Licht im Herzen ist zunächst eine ruhige, kleine Flamme, die darauf wartet, sich ausbreiten zu können. Und kaum denkst du dies, geschieht es schon. Das Licht leuchtet auf und verbreitet sich im ganzen Körper. Das Licht dringt bis an die Grenzen des Körpers und breitet sich weiter aus, es geht über die Grenzen und Konturen des physischen Körpers hinaus. Einige Atemzüge lang läßt du dieses Licht erstrahlen, dann ziehst du es wieder zurück und läßt es klein werden – eine ruhig brennende Flamme, die sich jederzeit entflammen läßt.

5. Beende diese Übung, indem du wieder die Konturen deines physischen Körpers wahrnimmst.

13.3 BodyMind-Experiment: die Entdeckung des Höheren Selbst

(Diese Übung sollte im aufrechten Sitzen gemacht werden, so daß das Körpergefühl der Vertikale sich einstellen kann. Die Übung baut auf der Übung der Lichtvisualisation auf.)

1. Stelle dir wieder die vertikale Achse vor, die deinen Körper durchzieht und aufrichtet. Nimm dir Zeit dafür, diese Achse einzurichten, falls sie verkrümmt, gestückelt oder abgebrochen sein sollte. Nimm dir Zeit, die Achse als Verbindungslinie zwischen oben und unten körperlich zu erfühlen bzw. durch das Gefühl als inneres Bild zu erzeugen, oder setze an dem inneren Bild an, das eine durchgehende Linie abbildet. Strichle diese Linie nach, verstärke sie, nimm wahr, wo Bruchstellen sind, die du mit deinem inneren Stift der Vorstellung überbrückst, nimm eventuell die Krümmungen wahr, die du nun glättest. Erzeuge ein Körpergefühl, mit dem du die Vertikale sanft nachfährst, an ihr entlangstreifst und sie ausstreichst.

2. Gehe mit deiner Aufmerksamkeit nun wieder zu der äußeren Lichtquelle, und spüre die Kraft der Einstrahlung, die es notwendig macht, eine Zwischenschaltung außerhalb des Körpers einzubauen. Diese Station des Zwischenschaltens, Umschaltens und Herunterschaltens nimmt die Form einer leuchtenden Kugel an. Diese Kugel schwebt in einigem Abstand über deinem Scheitel und ist mit deinem Herzen durch eine feine leuchtende Schnur verbunden.

3. Erspüre den Unterschied, den es macht, wenn du bewußt mit dieser Position der leuchtenden Kugel verbunden bist. – Stelle diese Verbindung jetzt bewußt her, indem du die Verbindung dir bildlich vorstellst und erfühlst, hörst, wie sie klingt, wie sie sich körperlich auswirkt etc. Experimentiere mit dem Gefühl/inneren Bild/Klang, wenn diese Verbindung aus irgendeinem Grund verstellt, abgebrochen oder verstopft ist. Finde dazu entsprechende Gefühlszustände, die dir signalisieren:

- die Linie ist verstellt oder verknotet,
- die Verbindung ist brüchig oder abgebrochen,
- der Kanal ist verstopft oder verschmutzt.

4. Nun wird die Bedeutung der leuchtenden Kugel festgelegt. Lege sowohl das Bild wie auch die Bedeutung für dich so fest, daß sie für dich persönlich stimmt. Die leuchtende Kugel ist das HÖHERE SELBST. Folgende Eigenschaften werden für das Höhere Selbst definiert:

- Das Höhere Selbst hat alles Wissen, das die Person braucht, um ihr Leben entsprechend ihrer innersten Intention, gemäß des vielleicht unbewußten Lebensentwurfes und Plans gestalten zu können. Das Höhere Selbst ist weise.
- Das Höhere Selbst weiß auch, daß manchmal alles Wissen auf einmal zuviel ist, und dosiert deshalb das Wissen in kleine Portionen von Lernerfahrungen. Aus der menschlichen Perspektive betrachtet bzw. erfahren können diese Lernerfahrungen manchmal auch sehr schmerzvoll sein. Das Höhere Selbst jedoch weiß um ihren letzten Sinn.

13.4 BodyMind-Experiment: Verbindung zum Höheren Selbst schaffen

(Diese Übung kann im Sitzen oder Stehen, allein oder als Partner- und Gruppenübung gemacht werden. Am besten ist es, die Übung in dieser Reihenfolge zu üben: allein – mit einem Partner in der Nähe – mit einem Partner aus dem Abstand und in der Gruppe, die im Kreis sitzt.)

Du sitzt oder stehst und konzentrierst dich auf die vertikale Achse, die durch deinen Körper läuft, ihn aufrecht hält. Du spürst die Ausrichtung der Vertikale. Nun löst du diese Vorstellung wieder auf und läßt die Vertikale nach oben ins Unendliche verlaufen. Du bekommst durch diese Vorstellung ein Gespür, einen Geschmack für die Unendlichkeit. Wenn du dieses Gefühl der vertikalen Weite ohne Grenzen in dir gefunden hast, läßt du deine Vertikale eine leichte Krümmung erfahren, so daß sie letztlich auf andere Vertikalen im unendlichen Raum stoßen wird. Aus allen diesen Vertikalen formt sich die Kuppel eines Doms. Du erfährst diese Formung vielleicht als einen Kontakt, als ein Stoßen an Grenzen, als würde man sanft mit dem Scheitel an etwas anstoßen und dadurch Kontakt herstellen mit etwas, das anders ist als das eigene. Und dennoch verwandt ist –

etwas, das verbindet, das man teilt und das durch das Teilen sich verstärkt. Sobald der Kontakt einmal hergestellt ist, bleibt er erhalten, auch wenn er nicht bewußt ist. Er ist im Unbewußten als Möglichkeit verankert. Finde ein Bild, eine Metapher, ein Körpergefühl, ein Wort, mit dem du diese Erfahrung des Kontakts jederzeit wieder abrufen und dir bewußtmachen kannst.

Löse die Spannung, die vielleicht in deinem Körper entstanden ist, wieder auf, indem du dich auf die Klarheit im Kopf, die Flamme, die in der Weite des Herzens brennt, und die Kraft im Bauch besinnst. Sammle dich, indem du die Hände auf den Bauch legst und den Atem dorthin fließen läßt. Schließe die Übung mit ein paar Atemzügen ab.

Variante 1 (alleine):
Finde Zugang zu dem Höheren Selbst eines anderen Menschen, einer Gruppe oder der Menschheit, indem du zunächst deine Vertikale ins Unendliche verlängerst, sie dann leicht krümmst und auf den Kontakt mit anderen Vertikalen stößt. Lasse die Weisheit, die dort, in dem Punkt der Berührung und Verbindung gespeichert ist, zu dir sprechen. Besinne dich auf das Gemeinsame, das du mit einem oder mit vielen, allen Menschen teilst. Stelle dir vor, daß dieses gemeinsame Wissen die Form, in der es zustande gekommen ist, überdauert. Entwickle in dir ganz bewußt ein Gespür oder einen Geschmack für Unsterblichkeit.

Variante 2 (mit einem Partner):
Finde Zugang zu dem Höheren Selbst des anderen Menschen, der vor dir sitzt, indem du deine Vertikale aus dem Körper über den Kopf aufsteigen und suchend sich nach oben verlängern läßt, bis du auf den Kontakt mit der anderen Vertikalen deines Partners stößt. Lasse das gesammelte Wissen, das dort gespeichert ist, zu dir sprechen. Erspüre das Bedürfnis nach Mitteilung, und warte ab, was das Höhere Selbst dieses Menschen dir von sich aus sagen will. Sei dir bewußt, daß das normale Bewußtsein und auch das Unbewußte eines Menschen sich von dem Höheren Selbst unterscheiden, insofern das Höhere Selbst einen umfassenden Überblick hat. Entwickle in dir ganz bewußt Ehrfurcht, und schließe die Übung mit Respekt ab.

Variante 3 (in einer Gruppe):
Die Gruppe sitzt oder steht in einem Kreis und konzentriert sich auf die Vorstellung einer Vertikale, die den Körper durchläuft, nach oben über den Scheitel aufsteigt und sich mit den anderen Vertikalen trifft. Es kann auch von der Vorstellung eines Energiedoms, der sich über den Köpfen der Gruppe aufbaut, ausgegangen werden – manche werden diesen Zugang leichter finden, andere „bauen" lieber selbst. Je mehr die Vorstellung von der ganzen Gruppe geteilt werden kann, desto mehr Energie zirkuliert und kann am Anfang körperlich spürbar werden als Ziehen am Kopf, Ohrensausen etc. Später gewöhnt sich der Körper an diesen Zustand und reagiert weniger heftig. Trotzdem sollte die Vorstellung, die diesen Zustand auslöst, nie zu lange aufrechterhalten werden, sondern wieder „abgebaut" oder „eingepackt", „zusammengefaltet" werden. Jeder der Teilnehmer sollte seine eigene Metapher dafür finden, daß diese Übung nun zu einem gelungenen Ende kommt.

Das Wissen, das sich durch diese Übung vermittelt hat, läßt sich oft nicht in Worte kleiden. Trotzdem ist es wichtig, nach der Übung sich über die Erfahrung auszutauschen und die Ahnung um das Wissen auszudrücken. Manchmal gibt es auch ganz präzise Eingebungen und Erkenntnisse, die durch diese Übung ausgelöst wurden. Manchmal vermittelt sich das Wissen in Form von Träumen und Visionen. Aber in welcher Form auch dieses Wissen zustande gekommen ist – du weißt, daß dieses gemeinsame Wissen die Form, in der es zustande gekommen ist, überdauert. Entwickle in dir ganz bewußt ein Gespür oder einen Geschmack für Unsterblichkeit, und mache dir bewußt, daß du diese Gewißheit mit allen teilst, die diese Erfahrung gemacht haben.

Der weite Bogen der Unendlichkeit
Stell dir vor: Die Unendlichkeit ist keine unendliche Verlängerung vereinzelter Linien, sondern ein Raum, der entsteht, wenn viele Linien sich verlängern und in dieser Verlängerung treffen. Der Raum selbst ist leer, die Grenze eine Schwelle, auf der Schwelle spürst du, wie die Fäden des Wissens sich durchziehen, ineinander weben, ergänzen, erweitern.

13.5 BodyMind-Experiment: Herz-Geist erfahren

Mit Herz ist hier nicht das physische Organ gemeint, sondern jener Ort im Körpererleben, an dem bestimmte archetypische Erfahrungen und Fähigkeiten gespeichert sind. Redewendungen weisen darauf hin. Zum Beispiel:

- Da geht mir das Herz auf.
- Da wird mir warm ums Herz.
- Das geht mir zu Herzen.
- Etwas im Herzen bewegen.
- Etwas spricht mir aus dem Herzen.
- Aus dem Herzen sprechen.
- Mit dem Herzen sehen.
- Mit dem Herzen denken.
- Das Herz auf dem rechten Fleck haben.
- Das Herz sieht, was der Verstand nicht begreift.

Das Herz ist die Mitte und Verbindung zwischen Kopf und Bauch. Das Herz stellt Verbindungen her, das Herz ist mit allem verbunden. Das Herz beachtet die größere Einheit, innerhalb derer Beziehungen stattfinden. Das Herz drängt danach, in der größeren Einheit aufzugehen. Das Herz „denkt" systemisch, insofern es alles in sich aufnimmt, als Einfluß integriert und verarbeitet, und erst nach einem Prozeß eine Antwort findet. Der Prozeß wird beschrieben als:

- im Herzen bewahren,
- im Herzen bewegen.

Und die Antwort, die aus dem Herzen erfolgt, ist verantwortungsvoll. Kopf und Bauch haben die Tendenz, auf einen Reiz direkt mit einer Reaktion zu antworten: Im Bauch ist es die motorische oder emotionale Reaktion – der Impuls –, im Kopf ist es die mentale Reaktion – das Gegenargument.

Das Herz antwortet in Anbetracht aller Verbindungen, Zusammenhänge, Wechselwirkungen und im Dienste der möglichen Vereinigung. Das Herz bringt zusammen, was getrennt ist, und verbindet, was vereinzelt war. Das Herz denkt in großen Zusammenhängen.

Der Philosoph Martin Buber beschreibt einen Traum, in dem das Echo, das aus dem Wald, in den er hineingerufen hatte, heraus schallt und zu einer eigenen Stimme geworden ist. – Diese Traumerfahrung bildet den Gegensatz zu dem Sprichwort: „Wie man in den Wald hineinruft, so schallt es auch aus ihm heraus."

Der „Bubersche Wald" soll als Metapher für die Transformationsfähigkeit des Herzens stehen. Ich nehme etwas in mein Herz, bewege es dort, und es wird sich verwandeln. Die Antwort, die aus dem Herzen kommt, wird voller Verantwortung sein. Sie wird stimmig sein – für mich und für den, den sie angeht.

Die Antwort, die aus dem Herzen kommt, ist Liebe. Die Liebe hat die Fähigkeit, zu verwandeln und zu erlösen.

Welche Eigenschaften und Verhaltensweisen, die auf Unerlöstes in einem Menschen hinweisen, was auch immer unerlöst ist – wenn es ins Herz genommen und dort bewegt wird, kann Erlösung geschehen. Die Liebe erlöst. Manchmal geschieht dies weder freiwillig noch bewußt – wie viele Märchen erzählen.

Übung in einer Gruppe (natürlich kann diese Übung auch allein gemacht werden):
Auf einem Flipchart werden Eigenschaften und Verhaltensweisen gesammelt und aufgeschrieben, die auf Unerlöstes hinweisen bzw. so wirken. Viele Worte sind durch das Präfix ver- ausgewiesen. Zum Beispiel: verdorben, verfallen, verzweifelt etc.

Auf diesem Flipchart wird ein „Buberscher Wald" angedeutet, die vielen Stämme deuten auf die feste Verwurzelung hin, die Baumkronen wecken die Assoziation eines Rauschens, in dem sich die Antwort vorbereitet. Das „Rauschen" bildet den Prozeß der Verwandlung und Erlösung als Klangbild ab.

Rechts von diesem Flipchart steht ein weiteres Flipchart mit einer leeren Seite, die sich nun mit erlösten Eigenschaften und Verhaltensweisen füllen wird.

Die Teilnehmer beginnen sich durch den Raum zu bewegen. Die Hände der locker schwingenden Arme beginnen den Raum zu ertasten. Sie fahren aus, um Unerlöstes, das „in der Luft liegt", aufzugreifen, zum Herzen zu bringen, im Herzen zu bewegen, wobei die Hände auf dem Herzen für einen Augenblick ruhen. Vielleicht ist es vor allem die rechte Hand, die ausfährt, um Unerlöstes in Erfahrung zu bringen, während die linke Hand vom Herzen die Antwort geben wird, die Erlösung bringt.

Die Teilnehmer können sich von dem linken Flipchart etwas Unerlöstes abholen, ins Herz nehmen, dort bewegen und dann die Antwort, die aus dem Herzen kommt, auf das rechte Flipchart schreiben.

Am Schluß werden das rechte und das linke Flipchart einen Überblick darüber geben, was in der Luft liegt und wie es transformiert worden ist.

14. BodyMind und die verrückende Sprache der Trance

Manche Texte sind nicht dazu da, den Anspruch auf Wirklichkeit zu erheben. Sie sind dazu da, neue Wirklichkeiten zu schaffen. Jede gesprochene Trance-Induktion hat die Möglichkeit, neue Wirklichkeiten zu schaffen, die sich dann vielleicht im Laufe des Lebens verwirklichen können, aber nicht müssen, denn es kommt nur auf die Wirkungen an, die sie erzielen. Wirklichkeit ist das, was wirkt. Insofern sind bestimmte magische Worte schon Wirklichkeit, obwohl sie nie das halten können, was sie versprechen, aber die Macht ihrer Versprechungen ist so groß, daß dies wiederum eine Wirklichkeit für sich selbst ist.

Erlaubnis, Einheit, Wesen, Sein, Mitte, Ruhe, Kern, Grund, Tiefe, Höhe, Weite, Freiheit, Licht, Ursprung, Leben, Jetzt, Rückkehr – all das sind Worte, die unspezifisch sind und dennoch wirken. Sie berühren etwas in uns, was berührt werden will. Die Erfüllung eines sehnlichen Wunsches und seine Erfüllung durch die Nennung dessen, was nicht genannt werden kann, drückt sich durch einen veränderten, vertieften Atem aus. Entspannung setzt ein, auch wenn Entspannung nicht das Ziel der Trance war. Die Anspannung, sich nicht berühren zu lassen, um nicht gerührt zu werden, läßt nach, der Körper wird weich, gibt nach, schmilzt dahin, alles ist jetzt möglich. Über die unpersönliche Es-Qualität der strömenden, pulsenden Lebensenergie hinaus sehnt sich BodyMind nach Worten, nach Worten, die Wirkung haben. Worte sind etwas Persönliches, sie sprechen zur Person. Der verkörperte Geist ist der begeisterte Körper, der sich ansprechen lassen will. Und Worte können begeistern.

15. Verkörperter Geist, begeisterter Körper

Folgender Text, der auf einem ethnologischen Bericht von Florinda Donner-Grau beruht, wurde in der unspezifischen Sprache der Verallgemeinerung abgefaßt und berührt die Ränder des Denkbaren. Er führt uns an die Grenze unserer westlichen, aufgeklärten Weltanschauung und vermittelt vielleicht einen ersten Einblick in das, was in der Welt der indianischen Yaqui-Zauberer so anders ist als in unserer Welt.

Bei der Philosophie ebenso wie bei der Zauberei handelt es sich um hochentwickelte Formen abstrakten Wissens. Für den Zauberer wie für den Philosophen steht der Grund für unsere Existenz in dieser Welt im Mittelpunkt seiner Betrachtungen. Der Zauberer geht jedoch einen Schritt weiter. Er handelt aufgrund seiner Erkenntnisse, die ihrer Definition nach bereits außerhalb unserer kulturell akzeptierten Möglichkeiten liegen. Um dieser monumentalen Aufgabe nachzukommen, müssen Zauberer über einen außerordentlichen Vorrat an Energie verfügen. Den gewinnen sie durch die Loslösung aus dem sozialen Gefüge, doch ohne sich dabei aus der Welt zurückzuziehen.

Zauberer brechen die Übereinkunft, die die Realität definiert, ohne sich selbst dabei zu zerbrechen. Die Welt der Zauberer hat nichts zu tun mit den Vorstellungen, die man sich üblicherweise von Magie macht, sie wird nicht bestimmt durch Gesänge, Beschwörungen, Rituale oder irgendeinem bizarrem Verhalten. Sie wird durch den konzentrierten Willen jener, die daran teilhaben, manifestiert. Jeden Augenblick wird sie durch den konzentrierten, unbeugsamen Willen der Zauberer intakt gehalten, genau wie die Alltagswelt durch den eisernen Willen ihrer Bewohner und Teilhaber zusammengehalten wird.

Die Wahrnehmung von Zauberern

Zauberer sind an einer Wahrnehmung der Welt außerhalb ihrer Determination durch kulturelle Umstände interessiert. Unsere persönlichen Erfahrungen sind durch Kultur geprägt ebenso wie durch ein gemeinsames, soziales Übereinkommen darüber, wie unsere Sinne imstande sind wahrzunehmen, und genau dies stellt eine Beschränkung eben der Wahrnehmungsfähigkeit selbst dar. Alles, was außerhalb dieses auf Übereinstimmung beruhenden Bereiches liegt, wird durch den Verstand herausgefiltert, es wird automatisch aus seinem Zusammenhang entfernt und getilgt. Auf diese Weise wird die Übereinkunft nie gebrochen oder in Frage gestellt.

Die Zauberer lehren, daß Wahrnehmung außerhalb dessen stattfindet, was durch die normalen Sinne erfaßbar ist. Sie wissen, daß etwas weitaus Größeres als unser Abkommen betreffend unserer sinnlichen Kapazitäten existiert. Wahrnehmung findet an einem Ort außerhalb unserer Körpers und jenseits der Sinne statt, doch genügt es nicht, daran zu glauben. Es muß erfahren werden.

Philosophen sind intellektuelle Zauberer. Sie beschränken sich auf Gedankenbilder. Nichts von der philosophischen Arbeit kann die sinnliche Wahrnehmung der Welt verändern, denn Philosophen bleiben an den sozialen Kontext ihrer Texte gebunden. Philosophen sind gescheiterte Zauberer. Zauberer hingegen bedienen sich eines Bewußtseinszustandes, den sie als stilles Wissen bezeichnen und der jenseits von Sprache und Denken liegt. Es ist jedoch kein Wissen, das allein auf Intuition beruht, denn ein solches Wissen für sich allein ist bedeutungslos, da plötzliche Erkenntnisse in kohärente Gedanken gefaßt werden müssen. Ansonsten sind sie sinnlos, ähnlich wie die Sichtung unerklärlicher Phänomene letztlich ohne Deutung und damit ohne Bedeutung bleibt.

Würden die Wahrnehmungen der Phänomene nicht dauernd gefestigt, würden sie aus dem Bewußtsein so schnell, wie sie gekommen wären, wieder verschwinden. Zweifel und Vergessen würden die Wahrnehmung aufheben und auslöschen, denn der Verstand ist durch praktisches Denken konditioniert und akzeptiert nur das logisch Begründbare, das, was sich nachprüfen läßt. Unsere Gesellschaft bewertet die Wahrnehmung einzig und allein nach ihrer Tauglichkeit, inwiefern sie uns bei der Bewältigung des komplexen und deshalb komplizierten Alltagsgeschehens nützen könne. Unsere sozial ausgerichtete Welt setzt der Wahrnehmungsfähigkeit durch bestimmte Parameter Grenzen. Diese werden durch Wort, Sprache und Gedanken erschaffen und aufrechterhalten. Sie basieren auf einem Konsens und existieren durch ihn. Auch für Zauberer gelten diese Parameter, sie kennen sie und können damit umgehen. Doch sie gehen einen Schritt weiter. Sie haben sich auf eine andere Art von Konsens eingelassen, und damit brechen sie die Gesetze des alltäglichen Konsens – nicht nur intellektuell, sondern physisch, praktisch.

Das Bewußtsein der Zauberer

Zauberer sind Experten im Wechseln von Bewußtseinsebenen. Durch einen Zauberer lernen wir zu verstehen, daß das Wesen der Realität anders ist, als wir glauben. Auf intellektueller Ebene geben wir uns damit zufrieden anzunehmen, daß unsere jeweilige Kultur uns prägt und zu dem macht, was wir sind, wie wir uns benehmen, was wir willens sind zu erfahren und was wir imstande sind zu fühlen. Zauberer lenken unsere Aufmerksamkeit auf verschiedene Realitäten und verschiedene Möglichkeiten, nicht nur in bezug auf die Welt, sondern auch auf uns selbst, und dies bis zu einem Punkt, an dem es uns nicht länger möglich ist, selbst die hartnäckigsten Vorstellungen von uns und unserer Umgebung aufrechtzuerhalten.

Der Zustand des erhöhten Bewußtseins könnte auch als Zustand einer außerordentlichen Aufmerksamkeit oder einer außerordentlichen Geistesgegenwart bezeichnet werden. Innerhalb dieses Zustandes ist der Traum so real wie die Welt des Alltags. Schlafwandelnde, wachträumende Gehirne verfügen über ein ungeheures Potential, vorausgesetzt, die Person entscheidet sich, diesen ihren traumwandlerischen Charakter zu kultivieren.

Alle weltlichen und außerweltlichen Bestrebungen der Zauberer sind durch untadelige Handlungen gesteuert, und hinter jeder untadeligen Handlung liegt die Fügung. Fügung heißt nicht Hinnahme. Fügung enthält ein dynamisches Element, sie beinhaltet Handlung. In dem Augenblick, da du in dieses erhöhtes Bewußtsein eintrittst, öffnet sich eine Welt verführerischer und unerforschter Möglichkeiten. Eine Welt, in der die ultimative Verwegenheit zur Realität wird und in der man das Unerwartete erwarten kann. Die Welt wird offen für alle Möglichkeiten und Wunder. Im Zweifelsfalle müssen die Spuren getrennt werden – eine Spur für die alltägliche Welt, und eine für die nicht-alltägliche. Jede Welt hat ihre Träume, aber nur die Träume auf der nicht-alltäglichen Spur führen in die Weite.

Zeiten und Welten, in denen Zauberer leben

Zauberer heben den Fluß der Zeit auf. Wenn jemand träumt, wie die Zauberer träumen, so existiert die Zeit nicht mehr länger in den Einheiten, in denen wir sie gewöhnlich messen. Zauberer dehnen oder raffen die Zeit, wie es ihnen beliebt. Für Zauberer ist Zeit keine Angelegenheit von Sekunden, Minuten, Stunden, Tagen, sondern etwas völlig anderes. Während des „Träumens" verschärft sich unsere Wahrnehmungsfähigkeit, was jedoch die Wahrnehmung von Zeit betrifft, so ist sie nicht verschärft, sondern überhaupt nicht vorhanden. Bei dem Zeitempfinden, das uns vertraut ist, handelt es sich um einen psychologischen Zustand, der die Wahrnehmung automatisch in physikalisch meßbare Einheiten umwandelt. Diese eingefleischte Gewohnheit ist derart tief in uns verwurzelt, daß wir, ohne uns dessen bewußt zu sein, wie auf das Ticken einer inneren Uhr lauschen und so darüber informiert sind, daß Zeit vergeht, und somit existiert. Die Information, die wir erhalten, betrifft das lineare Verlaufen von Zeit in einer einzigen Richtung. Beim „Träumen" ist dieser Zustand aufgehoben, und eine neue, durch und durch andere, unbekannte Struktur tritt an ihre Stelle. Die Zeit wird nicht in Meßeinheiten wahrgenommen, sie muß nicht gemessen werden. Der Zauberer benutzt die Zeit und läßt sie schrumpfen oder sich ausdehnen, wie er es gerade braucht. Es ist allerdings eine der schwierigsten Aufgaben für einen Zauberer, reale Ereignisse in den richtigen zeitlichen Ablauf zu stellen. Oft können sie im Kopf völlig durcheinander geraten, verwirrende Bilder, die sich dem Zugriff noch weiter entziehen, wenn man versucht, sie einordnen zu wollen. Mit unglaublicher Leichtigkeit und Klarheit können Ideen empfangen werden, wie Klangwellen pulsieren sie im Kopf und im Körper, Worte werden gehört und gesehen zur gleichen Zeit, und doch sind es weder die Augen noch die Ohren, die wahrnehmen, was sich abspielt. Vielmehr scheinen es Fäden im Inneren zu sein, die sich strecken oder auch spannen. Das Denken ist wie ein Sauerteig, der nur im geschlossenen Raum aufgehen kann. Worte tanzen vor den Augen und formen sich zu bedeutungsvollen Gebilden, bis sie im Gehirn als Offenbarungen explodieren. Schwer zu sagen, wann es begonnen hat, und wo es aufhört.

Was heißt hier Verstand?

Unser subjektives Befinden in der alltäglichen Welt teilen wir mit all unseren Mitmenschen. Aus diesem Grund sind wir in der Lage, zu jedem gegebenen Zeitpunkt zu wissen, wie sich jeder Mensch unter welchen Umtänden auch immer verhalten würde. Dazu müssen wir unsere Mitmenschen nicht einmal nach ihren Vorlieben und Eigenheiten fragen, sondern uns lediglich an ihre Stelle versetzen und die für uns zutreffenden Möglichkeiten aufschreiben. Sie treffen für jeden anderen ebenfalls zu, weil wir sie alle teilen. Unser subjektives Empfinden wird von allen mitempfunden, unser subjektives Wissen von der Welt wird als allgemeiner, als normaler, als gesunder Menschenverstand bezeichnet. Dieser mag von Gruppe zu Gruppe und von Kultur zu Kultur variieren, ist jedoch so allgemeinverständlich und nachvollziehbar, daß diese Alltagswelt auch als intersubjektive Welt bezeichnet werden könnte. Bei Zauberern jedoch ist dieser sogenannte Menschenverstand außer Kraft gesetzt. Sie verfügen über einen anderen Verstand, weil sie einem anderen Befinden ausgesetzt sind. Die Welt der Zauberer ist eine mystische Welt, die von der Alltagswelt durch einen geheimnisvollen Unterschied getrennt ist. Der Unterschied besteht aus Träumen und in Verpflichtungen.

Was ist die Absicht hinter der Absicht des absichtlich zaubernden Zauberers?
Zauberer sind Menschen von dieser Welt, die nicht das geringste Interesse an weltlichen Belangen haben. Wer sich in der Anwesenheit eines Zauberers befindet, versteht nicht, was ihm widerfährt, denn er kennt die Absichten eines Zauberers nicht aus eigener Erfahrung. Er kann sie nicht nachvollziehen. Doch er spürt eine Wirkung des Unterschieds, der den Zauberer von ihm selbst unterscheidet und trennt. Er spürt die Wirkung in seinem Körper, vielleicht als seltsame, unmotivierte innere Unruhe, als Drängen, sich ohne äußeren Grund plötzlich freikämpfen zu wollen, als ein Gefühl eines Ungenügens, eines Mangels, ein Gefühl der eigenen Unvollkommenheit. Es ist, als ob durch die Anwesenheit des Zauberers sich etwas Wesentliches ereignen würde, woran aber der Anwesende noch nicht teilnehmen kann, als geschähe es an einem jenseitigen Ort, zu dem zu gelangen ihm noch nicht möglich ist. Aber er spürt, daß es den Ort gibt, und daß es grundsätzlich möglich ist, dorthin zu gelangen.

Für einen Zauberer ist die Welt immer neu, und in seiner Gesellschaft sieht man sie so, wie sie nie vorher war. Solche Zauberer, wirkliche Zauberer sind in ihren Gefühlen und Taten makellos, unberührt von weltlichen Interessen wie Erfolg, Macht oder gesellschaftlichem Ansehen, unberirrt ihrer Ansicht folgend, die Welt so zu erfinden und zu benutzen, daß sie alles bietet, was benötigt wird, um den Fluß der Handlungen aufrechtzuerhalten. Es geht dabei um die Maßstäbe einer Absichtslosigkeit, die zur Makellosigkeit und Unschuld wird. So entsteht wahre Integrität.

Die Fähigkeit der Zauberer, Einfluß zu nehmen, ist jedoch nicht allein das Ergebnis ihrer eigenen Absichtslosigkeit und beruht auch nicht nur auf der Stärke ihrer Persönlichkeit und ihrer Ausstrahlung, sondern kommt aus einer Kraft, die aus der Freiheit herrührt.

Die Freiheit der Zauberer

Die Freiheit ist furchterregend. Der Preis für die Freiheit ist sehr hoch. Freiheit kann nur durch das Träumen ohne Hoffnung und Zweck erreicht werden: nur wenn du willens bist, alles zu verlieren, selbst den Traum. Das Leben zu träumen heißt, Hoffnung zu haben, ein Ziel, einen Zweck, ein Motiv und Wünsche an das Leben zu haben. Es bedeutet, daß du um des lieben Lebens willen an deinem Traum festhältst. Dein Sterben aber zu träumen heißt ohne Hoffnung, ohne Ziel, ohne Zweck und Lebensmotive zu träumen. Du träumst, ohne an deinem Traum festzuhalten. Freiheit ist die vollkommene Abwesenheit der Sorge um die eigene Person. Die Freiheit kostet die Maske, die du trägst, diese Maske, die so bequem scheint und so schwer abzulegen ist – nicht, weil sie so gut paßt, sondern weil du sie schon so lange getragen hast. Träume sind nicht von Dauer. Unsere Vergänglichkeit erlaubt uns zu existieren. Nichts außer dem Traum hält uns.

Und so ende ich wieder, so wie ich begonnen habe, mit einem Zitat von Franz Kafka: „Die Tatsache, daß es nichts gibt als die geistige Welt, nimmt uns die Hoffnung und gibt uns die Gewißheit.“

Literatur

ALMAAS A.H., *Die Leere.* Oldenburg 1992

ALMAAS A.H., *Essenz.* Oldenburg 1994

BENNETT John G., *Hasard – Risiko und Freiheit.* Südergellersen 1979

BLAKE Anthony, *Intelligenz Jetzt!* Südergellersen 1990

CAPRA Fritjof, *Lebensnetz.* München 1996

CLAXTON Guy, *Die Macht der Selbsttäuschung.* München 1997

DONNER-GRAU Florinda, *Traumwache. Eine Frau geht den Weg der Yaqui-Schamanen.* München 1996

GEBSER Jean, *Ursprung und Gegenwart.* Frankfurt 1973

GERKEN Gerd und KAPELLNER Rudolf (Herausgeber), *Wie der Geist überlegen wird.* Paderborn 1993

GOODMAN Felicitas, *Die andere Wirklichkeit.* München 1995

GOODMAN Felicitas, *Trance – der uralte Weg zum religiösen Erleben.* Gütersloh 1992

GROCHOWIAK Klaus, *Vom Glück und anderen Sorgen. Wie man es schafft, mehr Glück zu ertragen, als man denkt.* München 1996

GROF Stanislav & Christina, *Jenseits des Todes. An den Toren des Bewußtseins.* München [2]1986

GROF Stanislav, *Das Abenteuer der Selbstentdeckung. Heilung durch veränderte Bewußtseinszustände.* München 1987

GROF Stanislav & Christina, *Spirituelle Krisen. Chancen der Selbstfindung.* München [4]1997

GROF Stanislav & BENNETT Halzina, *Die Welt der Psyche. Neue Erkenntnisse aus Psychologie und Bewußtseinsforschung.* München 1993

HASSELMANN Varda & SCHMOLLKE Frank, *Archetypen der Seele.* München 1993

HOFFMAN Kay, *Das Arbeitsbuch zur Trance.* München 1996

HOFFMAN Kay, *Ganzheit des Lebens. Systeme, Prozesse. Theorie und Praxis.* Inning 1995

HOFFMAN Kay, *Das Jenseits ist jetzt! Zeitmanagement aus spiritueller Sicht.* Sulzbach 1995

HOFFMAN Kay, *Starke Gefühle.* München 1996

HOFFMAN Kay, *Traumzeiten! Neuordnungen des Lebens durch Tanz, Trance und Ritual.* Inning 1997

HOFFMAN Kay, *Von Göttern besessen.* Erweiterte Neuauflage. Inning 1997

HOUSTON Jean, *Phantasiereisen zu neuen Stufen des Bewußtseins. Ein Führer durch unsere inneren Räume.* München 1984

ISERT Bernd, *Die Kunst schöpferischer Kommunikation.* Paderborn 1996

JAMES Tad & WOODSMALL Wyatt, *TimeLine. NLP Konzepte.* Paderborn 1992, [3]1994

JONAS Hans, *Das Prinzip Leben.* Frankfurt 1994

KIBED Matthias Varga von, *Ganz im Gegenteil ... Querdenken als Quelle der Veränderung.* München 1996

LASKOW Leonhard, *Heilende Energie. Einführung in die Medizin der inneren Kräfte.* München 1995

LASZLO Ervin, *Kosmische Kreativität. Neue Grundlagen einer ganzheitlichen Wissenschaft von Materie, Geist und Leben.* Frankfurt 1995

MADELUNG Eva, *Kurzzeittherapien. Neue Wege zur Lebensgestaltung.* München 1996

MARKOVA, Dawna, *Die Versöhnung mit dem inneren Feind.* Paderborn 1997

MATURANA Humberto, *Was ist Erkennen?* München 1994

NGAKPA Chögyam, *Reise in den inneren Raum. Ein Handbuch tibetischer Meditationstechniken.* Paderborn 1991

ORNSTEIN Robert, *MultiMind. Ein neues Modell des menschlichen Geistes.* Paderborn 1989

REYO Zulma, *Innere Alchemie. Der Weg der Meisterschaft.* Freiburg 1995

ROSSI Ernest, *Psychobiology of Mind-Body Healing.* New York 1986

ROSSI, Ernest, *20 Minuten Pause. Wie Sie seelischen und körperlichen Zusammenbruch verhindern können.* Paderborn 1993, [4]1997

ROSSI Ernest, *The Symptom Path to Enlightment. The New Dynamics of Self-Organization in Hypno-Therapy: An Advanced Manual for Beginners.* Los Angeles 1996

ROSZAK Theodore, *Ökopsychologie*. Stuttgart 1995

RÜCKERL Thomas, *NLP in Stichworten. Ein Überblick für Einsteiger und Fortgeschrittene.* Paderborn 1992, [2]1996

TARNAS Richard, *The Passion of the Western Mind. Understanding the Ideas That Have Shaped Our Word View.* New York 1991

WERDER Lutz von, *Beklage dich nicht – philosophiere. Ein Übungsbuch in praktischer Philosophie für einzelne und Gruppen.* Berlin 1996

WOLINSKY Stephen, *Quantenpsychologie. Die dunkle Seite des inneren Kindes.* Freiburg 1995

Ursula Gerken-Haberzettl

Wo beginnt eine Time-Line? Ansätze einer erweiterten Time-Line-Arbeit

Seit Freuds Psychoanalyse wissen wir, daß vergangene Erfahrungen den Menschen für sein Leben entscheidend prägen können, und das sowohl im positiven als auch im negativen Sinne. So können sich traumatische Erlebnisse, die ins Unterbewußtsein verdrängt wurden, oder bestimmte belastende Familienkonstellationen blockierend oder behindernd auf unser gesamtes Leben auswirken.

Es wurden seit jenen Kindertagen der modernen Psychotherapie zahlreiche mal mehr, mal weniger erfolgreiche Versuche unternommen, diese Narben der Vergangenheit wieder bewußtzumachen, sie zu verarbeiten und zu heilen. So gibt es heute, ungefähr 100 Jahre nach Freud, dafür eine ganze Palette therapeutischer Möglichkeiten, sei es in Form von Körper- und Atemarbeit, Katharsis, Regressionsarbeit, Rückführungen in Trancezuständen o.ä.

NLP hat – auf Basis der Arbeit von Virginia Satir, Milton H. Erickson und Fritz Perls – dem ganz eigene und vor allem stärker veränderungsorientierte Methoden hinzugefügt.

Begeben wir uns auf diesen Weg der Selbsterkenntnis und -heilung, so können wir auch erfahren, daß in unserer Vergangenheit ein großes Potential von Lernerfahrungen und Wissen liegt, das sich lohnt, wiederzuentdecken und als Ressource für unser gegenwärtiges Leben zu nutzen.

1. Change History

Das erste Konzept aus dem NLP, das sich mit der Aufarbeitung der Vergangenheit beschäftigt, ist das von Richard Bandler und John Grinder entwickelte *Change History*, das im Laufe der Zeit hauptsächlich von Robert Dilts ausgebaut und zum umfassenden Modell des *Re-Imprintings* erweitert wurde.*

Change History – die eigene Geschichte verändern –, das ist für viele von uns ein sehr provozierender Grundgedanke, weil wir an dem Konzept festhalten, daß es die Vergangenheit gibt, so wie wir uns ihrer erinnern, und daß sie unumstößlich ist. Wie können wir sie also verändern? Wir wollen uns doch schließlich nichts vormachen!

Die uns so objektiv erscheinende Vergangenheit, also unsere eigene Geschichte, ist jedoch in einem manchmal erschreckenden Ausmaß subjektiv. Und diese persönliche, mal tragische, mal heldenhafte, mal epische, mal prosaische Geschichte ist es, die im Change History und im Re-Imprinting verändert wird.

Das, was uns in unserem Leben blockiert, ist die innere Repräsentation unserer Vergangenheit, das heißt die von uns internalisierte Geschichte oder das Bild, das wir uns von ihr gemacht haben.

Ein einfaches Beispiel, das vielleicht viele von uns kennen: Wir kehren vom Urlaub zurück und erzählen unsere Erlebnisse einem Freund, dann einem anderen Freund und so weiter. Dabei nimmt die Geschichte immer mehr Form an. Kleine peinliche Szenen werden vielleicht verschwiegen, bis wir uns selbst kaum noch erinnern, daß es sie je gegeben hat. Anderes wird einfach vergrößert, wie eine kleine Mutprobe, die wir zur Heldentat ausbauen, so daß die persönliche Geschichte eine Art Eigenrealität gewinnt und schließlich irgendwo zwischen Dichtung und Wahrheit angesiedelt ist.

---

* Diese beiden NLP-Methoden werden im nachfolgenden Kapitel sehr komprimiert beschrieben und vor allem auf die Essenz reduziert, die für eine erweiterte Time-Line-Arbeit von Bedeutung ist. Interessierte Leser, die sich damit noch intensiver beschäftigen wollen, verweise ich auf die folgenden, im Junfermann Verlag erschienenen Bücher: „Identität, Glaubenssysteme und Gesundheit“, Robert Dilts; „Die Veränderung von Glaubenssystemen“, Robert Dilts; „Neue Wege der Kurzzeit-Therapie“, Richard Bandler, John Grinder.

Liegt nicht in dem, was wir Geschichte nennen, an sich schon eine gewisse Doppeldeutigkeit? Ist Geschichte nicht sowohl das, was real passiert ist, als auch das, was wir uns darüber erzählen?

So können zum Beispiel Geschwister die gemeinsamen Eltern unterschiedlich erleben: Die eine Tochter empfindet den Vater als liebevoll, humorvoll und gütig, die andere Tochter jedoch als kühl, sachlich und streng. Unsere eigene Beschreibung der Wirklichkeit, unsere eigene Geschichte ist jeweils unsere ganz persönliche Antwort auf das Geschehen und die Ereignisse.

Was also ist nun die Wahrheit? Letztlich spielt sie in der Therapie keine Rolle. Hier wird es immer nur um die subjektive Wahrheit des Klienten gehen, sein persönlich gefärbter Bericht über das, was vorgefallen ist. Und seine Antwort auf das Erlebte ist die Ursache für sein Problem, nicht das Erlebte an sich.

Folgendes Beispiel kann das verdeutlichen: Der Vater gibt seinem Sohn eine Ohrfeige. Das tut dem Sohn weh, er reagiert vielleicht wütend, beleidigt oder ängstlich. Das geht vorüber und stellt als solches noch nicht unbedingt ein Problem dar. Schwierig wird es erst dann, wenn der Sohn dem Verhalten seines Vaters bestimmte Bedeutungen beimißt. Er könnte es zum Beispiel so interpretieren, daß er als Person nichts wert sei, daß der Vater ihn nicht liebe, und noch schlimmer, daß er demnach auch für andere Menschen nicht liebenswert sei. So entstehen Glaubenssätze.

Es ist also nur bedingt das äußere Geschehen und der Schmerz darüber, was schadet, vielmehr ist es die innere Verarbeitung, die wiederum einschränkende Schlußfolgerungen, Verallgemeinerungen und Glaubenssätze nach sich zieht. Anders ausgedrückt: Nicht das Ereignis selbst ist die Ursache unserer Muster und Glaubenssätze, sondern erst unsere spezifische Antwort darauf.

Was ist der Unterschied zwischen einem Stein und einem Hund?

(eine Metapher von Gregory Bateson)

Tritt man einen Stein mit dem Fuß, so beschreibt der Stein gemäß physikalischer Gesetzmäßigkeiten eine bestimmte Flugkurve, bevor er wieder zu Boden fällt. Der Flug des Steines, das, was ihm „zugestoßen“ ist, ist vollständig durch den Fußtritt erklärbar und durch ihn verursacht.

Tritt man einen Hund (wir wollen hier nicht spekulieren, ob Gregory Bateson ein Hundeliebhaber war oder nicht), so mag er anfangs ebenfalls eine physikalisch definierte und verursachte Flugkurve beschreiben. Spätestens mit dem ersten Bodenkontakt jedoch zeigt sich das Eigenleben des Hundes. Sofern er nicht ziemlich verängstigt ist, ist die Wahrscheinlichkeit groß, daß der „Treter" von ihm gebissen wird. Vielleicht knurrt er ihn auch nur an. Oder er bellt.

All diese Reaktionen sind eigenständige Antworten des Hundes und sind nicht notwendige Folge des Fußtritts, auch wenn der alltägliche Sprachgebrauch uns dies sehr nahelegt.

Die Aussage: „Der Hund hat mich gebissen, weil ich ihn getreten habe", hat zwar diesselbe sprachliche Struktur wie die korrekte Aussage: „Der Stein ist geflogen, weil ich ihn getreten habe", ist im Gegensatz dazu jedoch eine unzutreffende und verzerrte Beschreibung. Denn der Grund, warum ein Hund beißt, liegt in ihm selbst, in seiner Art, auf Ereignisse zu antworten.

Wenn wir uns also mit dem Thema „Ursache und Wirkung" beschäftigen, so erkennen wir, daß wir von Ursache im eigentlichen Sinne nur bei physikalischen Gegebenheiten sprechen können. Der Unterschied zwischen dem Stein und dem Hund besteht darin, daß der Hund ein lebendes System ist, und lebende Systeme sind fähig, Antworten zu geben, und zwar verschiedenste Antworten.

Kommen wir nun wieder zurück zum ursprünglichen Modell des *Change History*. Worum geht es hier wirklich? Wenn ich mit einem Klienten ein *Change History* durchführe, so ist dieser in der Regel mit einem Problemthema oder Konflikt zu mir gekommen, der sich für ihn in der Gegenwart belastend auswirkt, dessen Ursache jedoch in der Vergangenheit zu finden ist. Vielleicht handelt es sich um einen beruflich sehr erfolgreichen Mann, der in seinem Leben viele Fähigkeiten entwickelt hat. Und trotzdem scheint es so zu sein, als gäbe es da einen Teil in ihm, der sich in bestimmten Lebenssituationen so verhält, als würde er noch in der Kindheit leben: Er reagiert immer wieder mit der gleichen Angst wie damals als Kind.

Wir haben nun die Möglichkeit, entweder anhand seiner Lebenslinie (externalisierte Time-Line) oder in einer inneren Zeitreise in verändertem Bewußtseinszustand (Trance) zurückzugehen, um in seiner Vergangenheit die früheren Erfahrungen aufzuspüren, die Ursache seiner Angst sind.

Wenn wir diese vergangenen Situationen oder besser noch das früheste Erlebnis gefunden haben, das diese bestimmte Angst auslöste, stellen wir fest, was seinem jüngeren Selbst (in der Regel dem Kind) damals an Ressourcen fehlte, sprich Fähigkeiten, positiven Gefühlszuständen u.ä. Diese Ressourcen aktivieren wir in der erwachsenen Person, damit diese sie dann von außen (aus der Dissoziation) in die belastenden Erlebnisse einfließen lassen, das heißt seinem Kind-Ich zugänglich machen kann.

Auf diese Weise können die vergangenen Ereignisse noch einmal neu und ressourcevoll erlebt werden, so daß dieser Prozeß die innere Repräsentation der Vergangenheit und damit die Erlebensweise verändert.

So gesehen ist *Change History* wie ein Update, was ja auf den neuesten Stand bringen bedeutet. Das alte Programm wird um die neuen Ressourcen erweitert, genauer gesagt: Es wird erweitert um die Fähigkeiten, die der Klient als Kind noch nicht besaß, jedoch als Erwachsener inzwischen entwickelt hat.

Und es wird noch mehr möglich: Durch das Verändern der alten Geschichte (ich selbst nenne es *„das Drehbuch umschreiben“*) verändern wir auch die Fortsetzungen dieser Geschichte. Und hier steckte ja das Problem: Mein Klient hatte in der Kindheit auf bestimmte Erlebnisse mit starken Angstgefühlen reagiert. Es wurde Teil seiner Geschichte und immer wieder aufs neue reaktiviert, wenn er in seinem späteren Leben mit ähnlichen Situationen konfrontiert wurde, als würde ein Teil in ihm sagen: „Aha, lassen wir wieder den alten Film ablaufen.“ Geschichten scheinen nach Fortsetzung oder Wiederholung zu verlangen, wodurch wir immer wieder ähnliches erleben.

Zusammengefaßt können wir sagen, daß es beim *Change History* darum geht, Problemzuständen eines Klienten in der Vergangenheit Ressourcen hinzuzufügen, wobei es sich bei diesen Ressourcen gewöhnlich um Fähigkeiten handelt, die die betreffende Person als Kind noch nicht hatte, die sie jedoch als Erwachsener inzwischen entwickelt hat. Damit arbeiten wir im *Change History* im wesentlichen auf der Fähigkeitsebene.

2. Re-Imprinting

Robert Dilts erweiterte nun das *Change History* im systemischen Sinne, da nach seiner Erfahrung viele Glaubenssätze in Interaktion mit anderen Menschen entstehen, also in sozialen Situationen, im Kontakt und in Beziehung mit anderen.

Re-Imprinting kann man mit „Neuprägung" übersetzen. Den Begriff „Prägung" übernahm Robert Dilts von Konrad Lorenz, bekannt durch seine Versuche mit Entenküken. Ich halte diese Bezeichnung für nicht ganz zutreffend. Der Begriff „Prägen" verlegt den aktiven Part nach außen. Er läßt es so aussehen, als wären wir die passiven Empfänger von Schicksalsprägungen, als würde von außen etwas aufgeprägt. In Wirklichkeit geht es doch um die eigene Antwort auf die äußeren Geschehnisse. Und das anschließende Entwickeln von Glaubenssätzen ist eine aktive, internale Leistung. „*Re-Answering*" erschiene mir daher ein zutreffenderer Name, den Prozeß zu beschreiben, wie Glaubenssätze entstehen und wie sie gemäß dem Dilts'schen Konzept verändert werden können.

Kein noch so schlimmes Ereignis zwingt uns, dies und nur dies zu glauben und nur eine einzige Schlußfolgerung zuzulassen. Traumatische Erfahrungen legen sicherlich nahe, etwas Bestimmtes zu glauben und eine bestimmte Richtung einzuschlagen, jedoch gibt es immer auch andere Möglichkeiten. So entwickelte beispielsweise Viktor Frankl einige seiner Ideen über die Bedeutung des Humors für Therapie und Problembewältigung ausgerechnet während seines langjährigen KZ-Aufenthalts!

Kehren wir nun wieder zurück zur Vorgehensweise im *Re-Imprinting*-Prozeß. Wenn wir nun in der Vergangenheit meines Klienten eine angstbesetzte Situation aufgespürt haben, in der nicht nur er als Kind, sondern vielleicht auch noch seine Eltern und Geschwister mitbeteiligt sind, so wird es schwierig sein, sein Angstthema zu lösen, indem wir nur seinem Kind-Ich Ressourcen zur Verfügung stellen. Vielmehr ist es hier erforderlich, das gesamte Familiensystem oder die entscheidenden Familienmitglieder mit Ressourcen zu versorgen, denn hier geht es darum, die Beziehung zu heilen und nicht nur den einzelnen.

Im *Change-History*-Prozeß war es für den Klienten unter Umständen ausreichend, seinem früheren Selbst in der angstbesetzten

Ursprungssituation – vorausgesetzt er war dort allein – die Ressource „Mut“ zu schicken, um die Situation anders erleben zu können.

Beim *Re-Imprinting* würden wir jetzt noch einen Schritt weitergehen: Wir würden versuchen, den Glaubenssatz zu finden, den mein Klient aufgrund seiner Angsterlebnisse entwickelt hat, um diesen dann zu verändern. Der Glaubenssatz könnte zum Beispiel heißen: „Wenn ich Angst habe, bin ich kein Mann.“ Wir würden nun die Geschichte in dem Punkt verändern, daß der Klient zu einer anderen Schlußfolgerung und einem neuen Glaubenssatz kommen kann, der ihn in seinem Erwachsenenleben nicht mehr behindert, zum Beispiel: „Auch ein Mann darf Angst haben.“ Dadurch wird die Situation entproblematisiert.

Um es noch deutlicher zu machen: Ziel des *Change History* ist, diese angstbesetzte Situation ohne Angst erleben zu können, während das Ziel des *Re-Imprintings* darin liegt, die Bedeutung der angstvollen Situation zu verändern, um eine andere Antwort darauf geben zu können. Damit gehen wir beim *Re-Imprinting* über die Fähigkeitsebene hinaus in Bereiche, in denen es um Glauben, Werte, Identität und Zugehörigkeit geht.

3. Psychogeographie und Time-Line

Die ersten *Change History-* und *Re-Imprinting*-Modelle im NLP waren anfänglich tranceähnliche Arbeiten. Dabei vollzogen sich die Suchprozesse nach Ursprungssituationen in der Vergangenheit, das Dissoziieren von Problemzuständen, das Aktivieren von Ressourcen usw. unter Anleitung des Therapeuten im Inneren des Klienten, während dieser dabei die gesamte Zeit in derselben Position verblieb, sei es sitzend, liegend oder stehend.

Im wesentlichen wurde diese Arbeit dann später von Robert Dilts um die *Psychogeographie* als explizites Arbeitsmittel bereichert, wobei die innere Repräsentation der Geschehnisse (zum Beispiel eine bestimmte familiäre Problemsituation des Klienten aus dessen Kindheit) im Raum durch Positionen oder Markierungen (Raumanker) abgebildet wird. Dabei bestehen fließende Übergänge zu anderen therapeutischen Verfahren wie Psychodrama, Gestalttherapie u.ä.

Ein Aspekt von Psychogeographie ist die Repräsentation von Zeit. Meines Wissens ist NLP die erste Methode, bei der man die Zeit (Vergangenheit – Gegenwart – Zukunft) als *Time-Line* im Raum auslegt, die der Klient dann benutzen kann, um sich „physisch" sowohl in die Vergangenheit als auch in die Zukunft zu bewegen.

Diese externalisierte Zeitlinie halte ich für eine der wichtigsten Neuentwicklungen des NLP, weil Klient und Therapeut sich über die im Raum ausgelegte Zeitlinie und die Psychogeographie im wahrsten Sinne des Wortes in „Zeiträumen" bewegen können. Das ermöglicht eine neue Form von Übersichtlichkeit und erleichtert außerdem viel mehr als vorher eine Trennung zwischen assoziiertem Erleben und dissoziiertem Von-außen-Betrachten. Und vor allem schafft es die Voraussetzung, daß der Klient sich in andere Wahrnehmungspositionen begeben kann: Er kann beispielsweise die für ihn problematische Szene assoziiert auch aus der Position des Vaters oder der Mutter erleben.

Den wichtigsten Vorteil sehe ich jedoch darin, daß der Klient sich in vertrauenswürdiger Begleitung (durch den Therapeuten) weiß, während er negative Dinge erlebt und gleichzeitig die Möglichkeit hat, jederzeit „auszusteigen", um sich das Ganze von außen anzuschauen. Dieses „Aussteigen“ ist meiner Erfahrung nach oftmals nicht so leicht zu vollziehen, wenn dieser Prozeß im Inneren abläuft.

Arbeiten wir mit inneren Zeitrepräsentationen, so geschieht das noch verstärkter in Verbindung mit Entspannungs- und Trancezuständen. Bei der externalisierten Time-Line wird die motorische Kinästhetik angesprochen, der Körper (oder die „Körperweisheit“) erspürt oder erinnert sich, was war, und dem können manche Klienten mehr trauen. Meine Erfahrung hat jedoch gezeigt, daß man nicht sagen kann, was besser ist, die Vorgehensweise sollte auf jeden Klienten individuell abgestimmt werden.

4. Wo beginnt eine Time-Line?

Vielleicht gibt es unter Ihnen, liebe LeserInnen, einige Therapeuten, die wie ich schon folgendes in ihrer NLP-Arbeit erlebt haben: Sie beabsichtigen mit einem Klienten ein *Change History* oder *Re-Imprinting* durchzuführen zur Veränderung eines Glaubenssystems, lassen den Klienten auf der Time-Line zurückgehen in die Vergangenheit, um eine auslösende Situation in der Kindheit zu finden ... und plötzlich, ohne daß Sie oder der Klient damit gerechnet hätten, tauchen Bilder auf, die in gar keinem Bezug zu seinem jetzigen Leben stehen. Er findet sich vielleicht wieder in einem völlig anderen Land, mit einem anderen Körper und Geschlecht ... ein früheres Leben?

Nicole (Name der Klientin geändert) kam zu mir, weil sie immer wieder unter einem für sie unerklärlichem zwanghaften Bedürfnis litt, sich von allen Menschen in die Einsamkeit zurückzuziehen. Sie hatte bereits viel an sich und ihrer Kindheit gearbeitet, jedoch dieses Problem bisher noch nicht lösen können. Ihr selbst erschien dieses Gefühl in ihrem gegenwärtigen Leben als unangemessen und unpassend.

Daher bat ich sie, im Raum eine Zeitlinie zu markieren, auf der sie sich dann Schritt für Schritt langsam in Richtung Vergangenheit bewegte, um den Ort bzw. Zeitpunkt zu finden, an dem dieses zwanghafte Bedürfnis entstand. Plötzlich, an einem bestimmten Punkt auf ihrer Time-Line, kam ihr Körper ins Schwanken, und ihre Physiologie (Haltung, Gesichtsausdruck, Mimik etc.) veränderte sich schlagartig.

Auf meine Rückfrage hin teilte sie mir mit, daß vor ihrem inneren Auge ein Bild aufgetaucht war, das sie nicht in bezug zu diesem Leben setzen konnte. Statt sich selbst als Kind zu erleben, sah und empfand sie sich als erwachsenen Mann in einer altmodischen Kleidung, der durch ein Gestrüpp im Wald lief. Ab diesem Zeitpunkt bat ich sie, die Time-Line zu verlassen und sich hinzusetzen, um in dieses Erleben tiefer einzusteigen.

Ich habe diese Erfahrung schon häufig gemacht. Für manche Klienten ist das verblüffend, für andere jedoch absolut natürlich. Von den meisten wird diese Erfahrung als authentisch empfunden und angenommen.

Bevor ich NLP und damit die *Change-History*- oder *Re-Imprinting*-Technik kennenlernte, arbeitete ich bereits seit mehreren Jahren u.a. mit Pastlife-Therapie. Dabei verwendete ich (und verwende es heute zum Teil auch noch) zur Vorbereitung eine einleitende Entspannungstechnik, die es dem Klienten erleichtert, im Liegen oder Sitzen in einen veränderten Bewußtseinszustand zu kommen. Ich würde es „bewußte Trance“ nennen. Der Klient ist sich sowohl des Raumes bewußt, in dem wir uns befinden, jedoch auch all dessen, was er in der Rückführung erlebt. Er kommuniziert mit mir und kann den Prozeß jederzeit abbrechen.

In der ersten Zeit, als ich zusätzlich mit NLP-Techniken zu arbeiten begann, trennte ich zunächst beide Formen der Arbeit, das heißt die Pastlife-Arbeit setzte ich in der gewohnten Art und Weise fort, während die Verfahren, die sich auf die Aufarbeitung dieser Kindheit bezogen, von Anfang an sehr durch NLP bereichert wurden.

Meine Klienten selbst „hielten“ sich jedoch nicht an die – heute würde ich sagen – künstliche Trennung zwischen NLP und Pastlife-Arbeit. So „rutschten“ sie (wie zum Beispiel Nicole) während einer NLP-Sitzung in ein früheres Leben, ohne mir vorher Bescheid zu geben. Letztlich waren es meine Klienten, die mich lehrten, auch diese beiden Methoden miteinander zu verknüpfen. Im Laufe der Zeit wurde mir dadurch immer deutlicher, daß NLP meine Pastlife-Arbeit nicht nur sehr bereichern, sondern in einigen wesentlichen Bereichen auch stark verbessern kann. Aber dazu später ausführlicher.

Im folgenden zum besseren Verständnis ein kurzer Abriß zum Thema „Reinkarnation“ und „Pastlife-Therapie“.

5. Reinkarnation – Gewißheit, Glauben oder Hypothese

Die Lehre von der Reinkarnation gehört zum ältesten Glaubensgut der Menschheit. Pythagoras, Plato, Cicero waren ebenso von ihr überzeugt wie Paracelsus, Voltaire, Nietzsche, Schopenhauer, Schiller und Goethe. Viele Kulturen und Religionen gründen sich auf den Glauben an Wiedergeburt. Heute ist allein für ein Drittel der Weltbevölkerung die Reinkarnation eine grundsätzliche Tatsache ihres Lebens. Und der Anteil der Menschen in der westlichen Welt, die sich für spirituelle Fragen, Übersinnliches und fernöstliche Religionen interessieren, steigt ständig.

Es gibt viele Argumente, die gegen die Wiedergeburtslehre ins Feld geführt werden können, jedoch auch zahlreiche seriöse Untersuchungen und Erlebnisse von Menschen, die sie belegen könnten. Wissenschaftlich kann die Reinkarnation zur Zeit nicht bewiesen, aber auch nicht völlig widerlegt werden. Ist es nun philosophische oder höhere Wirklichkeit? Das kann nur jeder selbst für sich herausfinden. Letztlich bleibt die Reinkarnationslehre für jeden einzelnen Menschen entweder eine Sache innerer Gewißheit und inneren Glaubens oder aber hypothetische Möglichkeit.

Das Für und Wider oder die Beweisbarkeit der Reinkarnationslehre soll jedoch nicht Inhalt dieses Buches sein. Interessierte LeserInnen werden eine Fülle von Literatur im Buchhandel finden, die dieses umstrittene Thema ausführlicher behandelt. Ich werde im nachfolgenden auch nur eine relativ kurze Zusammenfassung geben zur Reinkarnationslehre und zur Pastlife-Therapie, um dann aufzuzeigen, wie man die *Time-Line-Therapie* auch auf frühere Leben ausweiten kann und wie die NLP-Modelle *Change History* und *Re-Imprinting* die Pastlife-Therapie positiv und wirksam bereichern können.

Ich lade Sie ein, liebe NLP-interessierte LeserInnen, dafür offen zu sein, die These der Reinkarnation als eine zusätzliche Möglichkeit zur Ursachenforschung zu betrachten, die in der therapeutischen Arbeit für einige Menschen sehr hilfreich und wirksam sein kann. Haben Sie selbst als TherapeutIn es mit einem Klienten zu tun, für den die Reinkarnation zu seinem Weltbild gehört, so ist es sogar unerläßlich, sich auf diese Ebene einzuschwingen, sie also nicht auszuschließen, um zu einem erwünschten erfolgreichen Resultat in der Arbeit zu gelangen, ob man persönlich nun daran glaubt oder nicht. Diese Meinung vertritt auch Tad James in seinem Buch „Time Line". *

Bevor ich zur Pastlife-Therapie komme, werde ich zunächst einmal kurz auf das Weltbild oder – wie wir es im NLP bezeichnen würden – die Voranahmen eingehen, die dieser Therapieform zugrunde liegen.

* „Time Line. NLP-Konzepte zur Grundstruktur der Persönlichkeit", Tad James, Wyatt Woodsmall, Junfermann Verlag, Paderborn [4]1998

6. Grundlagen und Vorannahmen der Reinkarnationslehre

Die Bhagavad-Gita, die heilige Schrift der Hinduisten, sagt: „Wie ein Mann abgetragene Kleider ablegt und andere, neue anzieht, so legt auch die Seele die abgetragenen Körper ab und geht in andere, neue ein."

Was ist nun eigentlich die Seele? Wir Menschen erfahren uns im Alltag als Körper, vielleicht auch als Geist und Gefühl, die Seele ist jedoch für viele von uns etwas Mystisches und Geheimnisvolles. Wir sprechen zwar oft von ihr, sind vielleicht in unserer Seele berührt, jedoch können wir selbst sie nicht sehen, nicht berühren.

Die Reinkarnationslehre geht davon aus, daß die Seele aus der göttlichen Einheit kommt und als individuelles Einzelwesen ihre Erfahrungen macht in vielen Inkarnationen und Körpern, um dann schlußendlich wieder mit der kosmischen Einheit zu verschmelzen.

Ersetzen wir das Wort „Seele" durch „Bewußtsein", so können wir uns diesen Prozeß auch vorstellen, indem wir das kosmische oder göttliche Bewußtsein als riesigen Ozean betrachten. Und aus diesem Ozean schöpfen wir mit einem Gefäß etwas Wasser, das heißt, dieses Bewußtsein bekommt eine Form. Und eben diese Form ist die jeweilige Inkarnation und der jeweilige Körper. Irgendwann gießen wir dann das Wasser in eine andere Form, das heißt, das Bewußtsein identifiziert sich mit einer anderen Inkarnation und einem anderen Körper. Und so vollzieht sich der Prozeß viele Male, bis sich das Wasser irgendwann einmal wieder ins große Meer ergießt. Der Weg der Individualität ist beendet, und sie ist wieder verschmolzen mit dem Ganzen, zurückgekehrt in die Einheit.

In veränderten Bewußtseinszuständen, zum Beispiel in Meditationen oder Trancezuständen, können wir erleben, daß wir keine fixierte Identität haben. Wir können uns mit dem Bewußtsein von anderen Menschen, ja auch von Tieren und Pflanzen verbinden, quasi mit ihnen verschmelzen, einswerden; eine transpersonale Erfahrung, bei der sich alle Grenzen auflösen und wir mit allem eins sind, was ist. Wir haben zwar immer noch eine separate Identität und sind doch eins mit allem, das heißt wir *sind* alles.

Was bedeutet nun unter diesem Gesichtspunkt der Tod? Was sich da während des Sterbeprozesses vollzieht, ist, daß die fixierte physische Identität aufgelöst wird und der Mensch eintritt in den immateriellen oder transpersonalen Bereich. Alles in unserem Leben auf der Erde ist dem Naturgesetz der Polarität unterworfen, das heißt alles, was ist, schwingt entweder positiv oder negativ. Wir leben in einer stofflichen, materiellen Welt, und folgen wir dem Polaritätsgesetz, so muß es zwangsläufig auch eine nichtmatierelle, geistige Welt geben, von uns Menschen auch als das Jenseits bezeichnet.

Dies bestätigen zahlreiche Bücher, in denen Menschen über Nahtod-Erfahrungen berichten. Diese Menschen waren klinisch tot, wurden reanimiert und schreiben über ihre Erlebnisse in diesem Zwischenbereich zwischen Leben und Tod beziehungsweise zwischen Tod und Leben, was letztlich das gleiche ist.

All diesen Berichten gemeinsam ist die Tatsache, daß das Bewußtsein nicht mit dem Körper stirbt, sondern sich vom Körper löst. In den meisten Fällen fühlten sich diese Menschen sehr erleichtert, erlebten das „Verlassen" ihres Körpers als Erlösung und wie ein Nachhausekommen. Manche hatten den Eindruck, mit ihrem Geist einige Meter über ihrem sterbenden Körper zu schweben, sei es, daß dieser auf dem Operationstisch lag oder auf der Straße nach einem Verkehrsunfall.

Und neben einem hellwachen Geist, der sich selbst und andere anwesende Personen wahrnehmen konnte, existierten nach wie vor Empfindungen, zum Beispiel Gefühle von tiefer Ruhe, Frieden und Geborgenheit. Viele berichten danach von einem gleißend hellen Licht, manchmal ausgehend von einer Gestalt, jedoch immer verbunden mit einer unbeschreibbaren Liebe, einer göttlichen, bedingungslosen Liebe, die mit der menschlichen Liebe nicht vergleichbar ist. Je nach religiöser Prägung, die ein Mensch in seinem Leben erfahren hat, kann er dieses Licht als Jesus, Buddha, Mohammed o.ä. identifizieren.

Vielleicht ist es ja auch nichts anderes als unser eigenes göttliches Licht, dem wir da beim Übergang ins Jenseits begegnen, unser wahres göttliches Wesen, das sich nicht wirklich außerhalb von uns befindet, auch wenn wir es so wahrnehmen. Für diese Instanz in uns hat jeder Mensch seine eigene Bezeichnung. Und wenn wir versuchen, sie zu beschreiben, so werden wir an die Grenzen unserer Beschreibungsfähigkeit stoßen. Wir können sie nur um-schreiben. Und deshalb finden wir in psychologischer, religiöser oder spiritueller

Literatur auch eine so große Anzahl von Begriffen hierfür: Die einen nennen es innere Führung, die anderen Höhere Führung, Höheres oder wahres Selbst, Höheres Bewußtsein, kosmisches Bewußtsein, göttliche oder innere Quelle u.ä.

Im allgemeinen spreche ich selbst in meiner Arbeit vom *Höheren Bewußtsein* oder *Höheren Selbst* und meine damit unser wahres Wesen, diese allwissende und allesliebende Instanz in uns, die jenseits und frei ist von irgendwelchen Masken, Programmierungen oder Konditionierungen unseres Egos, und von der wir letztlich durch unser Leben geführt werden.

Ich mache in meiner Arbeit immer wieder die Erfahrung, daß selbst Menschen, die keineswegs religiös sind oder dem spirituellen Weltbild skeptisch gegenüberstehen, an diese Kraft glauben, sie bezeichnen sie eher als Geist, als innere Weisheit oder Intuition. Letztlich sind das jedoch alles nur Metaphern für eine Ebene, die jeder nur für sich selbst empfinden kann. Und als Therapeut ist es gerade in diesem Bereich sehr wichtig, dem Klienten hier nicht das eigene Weltbild aufzudrücken, sondern ihn zu pacen, das heißt, ihm in seinem Modell der Welt zu begegnen und sich in seinem Begriffs- und Glaubenssystem zu bewegen.

Zum Beispiel arbeitete ich kürzlich mit einem älteren Mann, der streng katholisch erzogen worden ist und auch sein ganzes Leben lang nach diesem Weltbild gelebt hat. Für ihn gibt es nur Gott-Vater, Gott-Sohn (Jesus) und den Heiligen Geist. Die Arbeit mit ihm wäre wenig wirkungsvoll gewesen, hätte ich das nicht vorab im Gespräch mit ihm geklärt, denn unter dem Begriff „Höheres Bewußtsein" konnte er sich nichts vorstellen und sich demnach dieser Führung auch nicht anvertrauen.

7. Nutzen und Sinn von Pastlife-Therapie

Was ist nun der Sinn von Pastlife-Therapie, und wozu kann sie uns verhelfen? Wenn wir lediglich einen Beweis dafür suchen, bereits mehrmals gelebt zu haben, so können ein, zwei Rückführungen ausreichen, um die Neugierde zu befriedigen. Allerdings könnte auch das Gegenteil eintreten: Wenn ein Skeptiker dem eigenen inneren Prozeß und den Bildern, die ihm sein Unbewußtes vermittelt, nicht traut, könnte er zu der Ansicht kommen, alles nur phantasiert zu haben. Aber die wenigsten Menschen, die sich zu einer Rückführung entschließen, tun dies aus einem Motiv der Neugierde heraus.

Jeder, der sich eingehender und ernsthaft mit Pastlife-Therapie beschäftigt – sei es Klient oder Therapeut – wird mit der Zeit eine beachtliche Bewußtseinsveränderung und -erweiterung bei sich wahrnehmen.

Das erste, wovon wir durch Pastlife-Therapie befreit werden können, ist Existenzangst und Angst vor dem Tod, weil sie das Überleben des Todes *erlebbar* macht. Wir erkennen, daß wir keine Angst vor einem endgültigen Tod zu haben brauchen, da Tod nur ein veränderter Bewußtseinszustand ist, und daß das, was stirbt, lediglich unser Körper ist, jedoch nicht unser Bewußtsein oder unsere Seele.

Wir erfahren außerdem, daß wir in einem anderen Körper wiedergeboren werden und daß unser Geschlecht, unsere Hautfarbe und Nationalität wechseln, je nachdem welche Lernerfahrungen unsere Seele machen will, um zu wachsen. Haben wir uns selbst in Rückführungen als Schwarzer, als Homosexueller oder als ein anderes Mitglied einer von der Gesellschaft diskriminierten Randgruppe erlebt, beginnen wir mehr Toleranz diesen Menschen gegenüber zu entwickeln.

„Die Erfahrung der Wiedergeburt geht in der Regel damit einher, daß Liebe, Mitgefühl und Ehrfurcht vor dem Leben geweckt werden“, so faßt Stanislav Grof, einer der Begründer der transpersonalen Psychologie, seine Erfahrungen zu diesem Thema zusammen.

Durch Pastlife-Arbeit gelangen wir zu einem Verständnis von Ganzheit, das in der Tat transpersonal ist. Hier wird ein Hauptthema eines jeden Menschen mit eingeschlossen: die Suche nach dem Sinn, die Fragen beinhaltet wie: „Wer bin ich? Woher komme ich? Wohin gehe ich?“

Erfahrungen während einer Rückführung lassen uns erkennen, daß es keine Zufälle gibt und daß wir alles, was immer wir je erlebt haben, auch von einer anderen, höheren Ebene betrachten können. Dieser höhere Bewußtseinszustand entspricht im wesentlichen der „Metaposition“ im NLP, einer Wahrnehmungsposition, von der aus man sich und das Geschehen dissoziiert (von außen) betrachten und erfahren kann. So wie man den Wald vor lauter Bäumen nicht sieht, versperrt die Innen-Perspektive (die assoziierte Position) häufig den Blick auf das Wesentliche. Hier bedarf es einer Außensicht, die in der Pastlife-Therapie eine Art höhere Warte oder Bewußtseinszustand darstellt.

Und von dieser Ebene aus schauen wir uns am Ende einer Rückführung den höheren Sinn und Zweck des damaligen Lebens an und können erkennen, daß all die Erfahrungen – seien es glückliche oder schmerzliche –, die wir gemacht haben, unserer Seele dazu dienten zu lernen.

Haben wir erfahren, daß wir im einen Leben Opfer und im anderen Leben Täter waren, daß wir also sowohl Licht als auch Schatten in uns tragen, verändert sich unser Bewußtsein in bezug auf Schuld. Wir erkennen, daß etwas in uns immer nach Balance sucht, nach Ausgleich. Es ist das, was auch als Karma-Gesetz benannt wird und schon in der Bibel beschrieben wird mit: „*Was du säst, wirst du ernten.*“

Ich betrachte das Karma-Gesetz, so wie es in östlichen Religionen und zum Teil auch in manchen westlichen spirituellen Weltmodellen gesehen wird, nicht als ein Bestrafungssystem einer göttlichen Instanz, sondern glaube, daß es unsere Seele selbst ist, die nach einem Ausgleich sucht. Haben wir etwas getan, was wir selbst nicht richtig finden, wollen wir es wiedergutmachen, wir wollen es ausgleichen, und deshalb erschaffen wir selbst Karma. Gott hat uns einen freien Willen gegeben und läßt uns daher unsere Erfahrungen machen, welcher Art sie auch sein mögen innerhalb dieses – vom Prinzip der Dualität bestimmten – Lebens auf der Erde.

Und wenn wir begonnen haben, unsere eigene schicksalhafte Struktur zu erkennen, können wir sehen, daß wir diese frei gewählt haben. Dann führt uns kein Weg daran vorbei, für alles, was war und ist, die Verantwortung selbst zu übernehmen und nicht mehr die Schuld zu suchen bei anderen oder in äußeren Ereignissen und

Umständen. Aus dieser Sicht gesehen ist die Pastlife-Arbeit auch ein wunderbares Mittel, um Schattenanteile zu integrieren.

Und hier kommen wir zum aus meiner Sicht wichtigsten Aspekt in der Pastlife-Therapie: der Aussöhnung mit uns selbst, mit unserer Vergangenheit und unseren Schattenanteilen. Wenn wir erfahren haben, daß wir in der Vergangenheit nicht immer nur das Opfer waren, sondern oft genug auch der Täter, was bedeutet, daß wir uns auch unseren Schattenanteilen gestellt haben, dann geht es nun darum, uns selbst zu verzeihen. Ich habe in meiner langjährigen Arbeit mit Regressionen in vergangene Leben die Erfahrung gemacht, daß das die schwerste Hürde für die meisten Menschen ist. Es fällt uns leichter, Entschuldigungen, Verständnis und Toleranz für andere aufzubringen als für uns selbst.

Jede Erfahrung des Menschseins ist notwendig, um die Gesamtheit zu erkennen, auch das Verstehen von Gefühlen wie Wut, Neid, Haß und Aggression, die für viele von uns Schattenanteile repräsentieren, mit denen wir uns gar nicht gern identifizieren wollen.

Nun prägen sich all die Erfahrungen, die unsere Seele auf diesem Weg in vielen Inkarnationen durchläuft, ebenso ein wie Erfahrungen in der Kindheit, an die wir uns als Erwachsene kaum bewußt erinnern können. Besonders Erlebnisse während des ersten Lebensjahres hinterlassen kaum Spuren auf der bewußten Ebene, obwohl sie andererseits das spätere Leben erheblich beeinflussen können. Wo sind diese Spuren gespeichert?

Es ist nicht unser bewußter Verstand, der sich erinnert. Da gibt es eine andere Ebene in uns, die genau weiß, was damals geschah, wie wir uns gefühlt haben, wie wir gelitten haben. Wir bezeichnen diese Ebene oft als das Unterbewußtsein, in der Pastlife-Therapie sprechen wir vom Zellgedächtnis oder vom Emotionalkörper. Und eben dieser Emotionalkörper stirbt nicht, wenn der jeweilige physische Körper sich auflöst, sondern wird von Inkarnation zu Inkarnation auf den jeweils neuen physischen Körper übertragen. Er ist so etwas wie das Gedächtnis der Seele. Da die Lernerfahrungen unserer Seele immer auf der gefühlsmäßigen Ebene stattfinden, nicht auf der mentalen oder geistigen, sind sie deshalb auch hier gespeichert.

Ebenso wie sich schmerzhafte Erfahrungen aus der Kindheit auf unser Erwachsenenleben negativ auswirken können, so haben solche

Erlebnisse aus vergangenen Inkarnationen Auswirkungen auf unser heutiges Leben.

Und hier liegt der hauptsächliche Nutzen der Pastlife-Arbeit: Das Ziel ist, diese vergangenen Erfahrungen wieder bewußt zu machen und die Glaubenssätze und Entscheidungen für die Zukunft, die aus diesen Erfahrungen entstanden sind, zu verändern, um sich von deren negativer Auswirkung auf das heutige Leben zu befreien.

8. Erfahrungen in der Pastlife-Therapie: Wahrheit oder Phantasie?

Wenn wir uns mit Pastlife-Arbeit auseinandersetzen, stellen sich zunächst einmal noch deutlicher als in der Aufarbeitung der Kindheit folgende Fragen: Was ist Wahrheit? Was ist real und was ist Phantasie? Sind Reinkarnationserlebnisse während einer Rückführung nicht nur bloße Wunschvorstellungen, Projektionen von Erwartungen oder Phantasiegebilde des jeweiligen Klienten? Oder entsprechen sie tatsächlich dem, was der Klient in diesem angeblich früheren Leben real erlebt hat?

Im Konstruktivismus wird häufig ein Unterschied zwischen Realität und Wirklichkeit gemacht. Die Realität ist ein abstraktes Konzept, während die Wirklichkeit das ist, was wir bewirken oder was wirkt. Es mögen vielleicht bei einigen Klienten Zweifel zurückbleiben, ob das, was sie in einer Rückführung erlebt haben, realistisch war, unabhängig davon kann das Erlebte jedoch wirksame Veränderungen initiieren.

Eine der Grundlagen des Body-Mind-Konzeptes ist, daß Wirklichkeit untrennbar mit Verkörperung zusammenhängt. Erst wenn etwas verkörpert ist, sozusagen inkarniert, eine Idee in Fleisch und Blut umgesetzt, erleben wir es als wirklich im Sinne von wirksam. Und das ist eine Wirksamkeit, die auf uns einwirkt.

Die Emotionen sind eines der Bindeglieder zwischen Körper und Geist, die wirksam sind. Wenn ich zum Beispiel völlig entspannt bin, ist es sehr schwierig, wütend zu sein. Ich persönlich habe im Laufe der vergangenen Jahre, seit ich Rückführungen mit Menschen durchführe – sei es in die Kindheit oder in vergangene Leben – die Erfahrung gemacht, daß diese Form der therapeutischen Arbeit ein Potential beinhaltet, starke körperliche und emotionale Empfindungen auszulösen. Und ich habe weiterhin dabei erfahren, daß diese Gefühle ganz und gar wirklich und authentisch sind, daß die wenigsten Menschen Gefühle wie Angst bis hin zu Panik, Wut, Haß, Trauer, aber auch größte Freude und Glückseligkeit „spielen" können. Warum sollten sie auch?

Für die Pastlife-Therapie gilt das gleiche wie für Change-History- und Re-Imprinting-Prozesse im NLP zur Aufarbeitung der Kindheit: Es geht um die innere Repräsentation dessen, was in diesem vergangenen Leben vorgefallen ist und um die Überzeugungen und Glaubenssätze, die aufgrund von durchfühlten, ja oft schmerzhaft durchlittenen Erfahrungen entstanden sind. Und letztlich von großer Bedeutung sind die daraus resultierenden Entscheidungen, die für die Zukunft getroffen werden.

Weniger relevant für die psychische Veränderungsarbeit ist es meiner Erfahrung nach, in welchem Land, in welcher Stadt, zu welcher Zeit und unter welchem Namen wir im jeweiligen Leben, das in der Rückführung auftaucht, unsere Erfahrungen gemacht haben (bis auf seltene Ausnahmen, wo diese Fakten unter Umständen mit dem Problem in Verbindung stehen können).

Für die meisten Menschen, die ich bisher in Rückführungen begleitet habe, war es eher schwierig, die Fragen nach Namen und Daten zu beantworten. Diese Informationen kommen aus der linken Gehirnhälfte und sind emotional kaum besetzt, während der gefühlsmäßige Rückführungsprozeß über die rechte Gehirnhälfte läuft. Und gerade bei Fragen: „Wie ist dein Name? Wie heißt das Land? Zu welcher Zeit lebst du dort?“ fällt es oft schwer umzuschalten, und die Antworten sind dann vom rationalen Verstand und von Vermutungen geleitet.

Für mich ist es von nebensächlichem Interesse, ob die Geschichte des vergangenen Lebens eines Klienten wirklich so stattgefunden hat, ja ob es sich überhaupt um ein früheres Leben handelt. Allerdings bin ich immer bereit und offen, das als solches anzunehmen und den Klienten hier voll in seinem Erleben zu bestätigen. Wichtig ist allein die subjektive Wahrheit des Klienten. Selbst wenn alles, was der Klient in der Rückführung erlebt, Phantasie wäre, so phantasiert er auf jeden Fall nur über Dinge, die einen Bezug zu seiner Persönlichkeit haben. Die inneren Bilder und Erlebnisse während des Rückführungsprozesses stellen die Wesenseigenarten und Problemthemen desjenigen dar, und sie werden ihm vom Unbewußten nicht ohne Grund geschickt, ähnlich wie Traumbilder.

Reinkarnation, Regression in frühere Leben sind in diesem Prozeß Hilfsmittel. Sie haben keinen Eigenwert. Wir können eine Rückführung auch als eine Metapher oder eine Phantasiereise ansehen, wenn dadurch das Ziel erreicht werden kann, unbewußte Überzeugungen, Glaubenssätze und Entscheidungen zu erkennen, um sie bewußt zu verändern. Stanislav Grof drückt das so aus: *„Jedes Ding ist eine Metapher, und jede Metapher ist eine Wahrheit.“*

Das Ziel meiner Arbeit ist nicht, den Menschen Beweise dafür zu liefern, daß sie früher schon einmal gelebt haben, sondern sie zu unterstützen, daß sie im Hier und Jetzt zu einem glücklicheren, erfüllteren Leben kommen können. Und dafür kann es sehr wirksam und heilsam sein, Regression in ein vergangenes Leben als unterstützende Maßnahme für das heutige hinzuzuziehen oder anders ausgedrückt: einen Brückenschlag zu vollziehen vom Damals zum Heute.

Gegen Pastlife-Therapie hört man oft den Einwand: Die Probleme liegen im Hier und Jetzt und müssen hier bearbeitet werden, alles andere ist Flucht. Für mich ist es das keineswegs.

Denn manche Problemthemen behindern Menschen, sich im Hier und Jetzt zu erleben. Um hier wirklich anzukommen, müssen häufig erst Hindernisse aus der Vergangenheit beseitigt werden. Der „Umweg“ über ein früheres Leben ist da manchmal der schnellste Weg ins Hier und Jetzt.

Es geht ja gerade darum, daß ein Teil des Klienten, mit dem ich jeweils arbeite, noch in der Vergangenheit lebt, dort verhaftet ist, sei es in der Kindheit des gegenwärtigen Lebens oder in vergangenen Inkarnationen. Und das Problem liegt darin, daß dieser Mensch unfähig ist, sich im Hier und Jetzt authentisch zu erleben, da er die alten Muster und Glaubenssätze, die damals in der Vergangenheit entstanden sind, auf Situationen des gegenwärtigen Lebens projiziert.

Wie beim Re-Imprinting so stellen wir auch in der Pastlife-Therapie dem Klienten eine (allerdings innere) Zeitachse zur Verfügung, die ihm ermöglicht, Teile von sich selbst zu entdecken. Und das sind oftmals Teile, die er bisher noch nicht kannte. Und all das, was er da in der Vergangenheit entdeckt, ist ja noch da, es steckt noch in ihm, nur vielleicht verdrängt. Und es hat Auswirkungen auf sein heutiges Leben.

Wie stark Erfahrungen aus vergangenen Inkarnationen unser jetziges Leben beeinflussen können, läßt die Arbeit mit meiner Klientin Nicole erkennen, die ich bereits im Kapitel *„Wo beginnt eine Time-Line?“* erwähnte. Das, was hier in der Arbeit mit Nicole entstand, war ein Change-History-Prozeß, der allerdings in einem Trancezustand außerhalb der Time-Line stattfand.

Im nachfolgenden gebe ich den wörtlichen Dialog zwischen Nicole und mir wieder, wobei ich darauf hinweisen möchte, daß es während des Regressionsprozesses immer wieder mehr oder weniger lange Pausen gegeben hat – im Transkript durch „...“ gekennzeichnet – in denen Nicole assoziiert verschiedene Phasen dieser vergangenen Inkarnation durchlebte und wir nicht im ständigen Dialog miteinander standen:

9. Transkript einer erweiterten Time-Line-Arbeit (Regression in ein vergangenes Leben)

UG: „Wo befindest du dich jetzt? Was nimmst du wahr?"

Nicole: „Ich bin in einem Wald und laufe hier durch das Gestrüpp. Und ich bin kein Kind, sondern erwachsen ... ich bin ein Mann."

UG: „Wie alt bist du jetzt?"

Nicole: ... „So um die 30 Jahre."

UG: „Schau dir an, wie du aussiehst und welche Kleidung du trägst."

Nicole: „Ich habe dunkle kurze Haare und trage grobe Schuhe, eine Hose und einen Pullover ... sieht alles ein bißchen altmodisch aus."

UG: „Bist du dir bewußt, in welcher Zeit du lebst und in welchem Land?"

Nicole: „Ich glaube, so ungefähr am Anfang vom 19. Jahrhundert ... und ich denke, es ist auch Deutschland."

UG: „O.K., wir werden später noch einmal in diese Lebensphase zurückkehren. Ich bitte dich, jetzt einmal in der Zeit zurückzugehen, und zwar in deine frühe Kindheit. Schau dir an, wer deine Familie ist, und nimm wahr, wie es dir als Kind geht."

Nicole: ... „Ich bin ein kleines Baby. Meine Mutter ist bei mir, sie ist riesengroß. Wir sind allein in einem Zimmer. Ich glaube, mein Vater ist nicht bei uns, der ist weg ... Es geht mir nicht gut; ich spüre, daß mein Mutter mich nicht liebt ..."

UG: „Geh jetzt wieder weiter in der Zeit nach vorn. Wie verläuft deine Kindheit?"

Nicole: ... „Jetzt bin ich so ungefähr 4 Jahre alt und bin in einem alten, düsteren Haus. Da ist eine alte Bäuerin bei mir, die steht am Herd und kocht. Ich sitze auf einem Sofa und schau ihr zu. Sie sieht so böse aus, so männlich-roh! Ich bin irgendwie abhängig von ihr ... Meine Mutter ist weg, ich glaub, sie hat mich einfach alleine gelassen ... Ich fühle mich gar nicht wohl hier mit dieser Frau in dem dunklen Haus ..."

UG: „Geh nun wieder weiter bis zum nächsten entscheidenden Ereignis, das in deinem Leben etwas verändert."

Nicole: ... „Ich glaube, jetzt bin ich 7 oder 8 Jahre alt, und ich sitze allein an einem See. Ich bin immer allein. Irgendwann bin ich von dieser bösen alten Frau weggelaufen. Ich glaube, ich lebe im Wald und bin tatsächlich immer allein. (Nicole staunt selbst.) Ich komme nie mit Menschen zusammen."

UG: „Geh wieder weiter in der Zeit nach vorne."

Nicole: ... „Jetzt bin ich etwa 20 Jahre alt. Ich komme an einen Fluß ... oh, jetzt bin ich mittendrin im Fluß, ich fließe mit ihm. Es ist ganz toll und angenehm, ich habe keine Angst. Je schneller der Fluß dahingleitet, um so schöner ist es. Es passiert viel dabei. Ab und zu kommt ein kleiner Wasserfall, da sause ich dann runter. Diese Geschwindigkeit und diese Macht, ich fühle mich ganz sicher" ... Nachdem Nicole dies eine Weile wirklich genossen hat: „Jetzt gehe ich wieder an Land."

UG: „Wie ist dein Leben in den vergangenen Jahren verlaufen?"

Nicole: „Die ganzen letzten Jahre war ich immer allein. Ich habe mich selbst ernährt von den Früchten der Natur. Es gibt keine Menschen, mit denen ich in Kontakt bin."

UG: „Wie geht es dir dabei? Vermißt du den menschlichen Kontakt nicht?"

Nicole: „Es ist immer alles gleich, es ist nicht schlecht: Ich bin in der Natur aufgewachsen, unterhalte mich mit den Tieren und Pflanzen. Das ist schön. Es ist so, als ob ich auf einer Insel lebe, von der ich nicht weg kann. Die Menschen sind ganz weit weg. Ich bin immer im Grünen. Mir geht es nicht besonders gut und auch nicht schlecht. Ich bin irgendwie erstarrt ... Ich hoffe schon, daß es mal anders wird und daß ich mal Menschen treffe. Gleichzeitig fühle ich mich auch nicht wohl bei dem Gedanken, unter Menschen zu gehen. Ich mag es nicht, wenn sie mich dauernd ausfragen, woher ich komme und wohin ich will!"

UG: „Geh jetzt wieder weiter in der Zeit nach vorn, und schau, ob du irgendwann einmal mit anderen Menschen in Kontakt kommst."

Nicole: ... „Ich bin jetzt ungefähr Mitte 20 und treffe einen Mann, der auch allein ist. Er ist ein Pfarrer aus einem kleinen Dorf. Ich wohne dort bei ihm und arbeite für ihn. Ich kaufe ein, hole Holz und mach sauber. Wir reden selten miteinander, er läßt mich in Ruhe ... Ich gehe dann irgendwann nach ungefähr 2 Jahren dort weg, weil es mich weitertreibt."

UG: „Wohin gehst du?"

Nicole: „Ich gehe in eine größere Stadt, weil ich mir dort eine interessante Arbeit erhoffe. Aber dazu müßte ich erst was lernen. Und ich müßte jemanden suchen, bei dem ich was lernen könnte. Ich glaube, ich würde ganz gern die Heilkunst kennenlernen ... Kräutermedizin oder so etwas ähnliches. Es gibt Ärzte, bei denen man das lernen kann. Es zieht mich an, weil dann die Menschen zu mir kommen, das heißt mich brauchen. Und wenn ich zu ihnen gehe, werde ich nicht gefragt, wer ich bin. Man ist froh, wenn ich komme."

UG: „Gut, wie geht es weiter mit dir? Wirst du zu einem Arzt in die Lehre gehen?"

Nicole: ... „Ja, inzwischen ist wieder einige Zeit vergangen. Ich bin in die Lehre gegangen bei einem Arzt, ich habe es versucht, aber ich konnte mich nicht unterordnen. Das habe ich nie gekonnt. Darum bin ich immer allein ... Ich war immer allein, mußte mich nie unterordnen, war immer selbständig ... Ich glaube, ich gehe wieder in den Wald, ich ziehe mich wieder von den Menschen zurück."

UG: „Nimm wahr, welche Entscheidung du in diesem Moment für deine Zukunft triffst, bevor du dich wieder in den Wald zurückziehst."

Nicole: „Ich gehöre nicht dazu! Ich gehöre nicht dazu! Ich gehe nie wieder unter Menschen!"

(Ich lasse Nicole diese Entscheidungen einige Male wiederholen, damit die hiermit verbundenen bisher unterdrückten Emotionen losgelassen werden können. Es kommen Gefühle von Trotz, Wut, Verzweiflung und tiefe Traurigkeit hoch. Nicole weint eine Zeitlang ...)

Nicole (inzwischen wieder ruhiger geworden): „Aber in diesem Leben, heute als Nicole will ich doch! Ich will unter Menschen gehen!“

UG: „Gut, ich weiß, darauf werden wir später noch zurückkommen. Schau jetzt erst einmal, wie dein Leben dort weitergeht, nachdem du dich wieder von den Menschen zurückgezogen hast.“

Nicole: ... „Jetzt bin ich ungefähr 40 Jahre alt. Hier ist es schrecklich heiß. Ich bin in einer Hütte im Wald und hab das Gefühl, verrückt zu werden. Ich hab Halluzinationen. Dann schreie ich immer, aber es hört mich niemand. Eigentlich bin ich froh, daß mich niemand hört ... Ich glaube, ich sterbe dann dort auch. Vorher hab ich die ganze Einrichtung zertrümmert.“

UG: „Geh zum Moment deines Todes und werde dir bewußt, wenn du dir deinen Lebensfilm anschaust, welche Essenz dieses Lebens du mitnimmst. Was sind deine letzten Gedanken über dich und dieses Leben?“

Nicole: „Ich möchte ein ganz anderer Mensch sein, leicht und fröhlich! Wenn jedes Leben so verläuft, dann ist es schrecklich. Es ist immer das gleiche und so sinnlos. Ich habe keine Aufgabe gehabt, die mir einen Lebenssinn gegeben hätte. Irgendwie habe ich versagt. Ich bin froh, daß es jetzt zu Ende geht.“

UG: „Was glaubst du über dich?“

Nicole: ... „Ich bin es nicht wert, dazuzugehören!“

UG: „Löse dich nun von der irdischen Ebene, und verlasse mit deinem Bewußtsein deinen Körper. Visualisiere vor deinem geistigen Auge einen Tunnel, und benutze ihn, um durch Zeit und Raum hindurchzugehen. Nimm wahr, was auf der anderen Seite des Todes auf dich wartet.“

(Während Nicole in ihrem inneren Erleben die irdische Ebene verläßt und in die immaterielle Welt hinübergeht, findet eine Zeitlang kein Dialog zwischen uns statt. Sie genießt es sehr, fühlt sich leicht und frei in dieser anderen Dimension, wie sie mir später berichtete.)

UG: ... „Schau dir nun von der Ebene deines Höheren Bewußtseins diese Inkarnation noch einmal an: Was war der höhere Sinn dieses Lebens? Welche Lernerfahrung wollte deine Seele machen?"

Nicole: ... „Ich wollte lernen, von Menschen unabhängig zu sein, das heißt, andere nicht zu brauchen."

UG: „Hast du das gelernt?"

Nicole: „Nein. Dieses Leben war so sinnlos, so eintönig, ohne Aufgabe. Das ewige Alleinsein hat mich letztlich verrückt gemacht. Ich konnte weder allein noch mit Menschen zusammen sein."

UG: „Wir werden uns jetzt noch einmal dieses vergangene Leben anschauen, aber diesmal von außen. Stell dir vor, du sitzt in einem Kino und läßt den Lebensfilm dieser vergangenen Inkarnation auf der Leinwand noch einmal ablaufen. Du hast erkannt, welche Lernerfahrung du dir für dieses vergangene Leben vorgenommen hattest. Aber irgendwann scheint dein früheres Selbst vom Kurs abgekommen zu sein. Schau dir an, ab welchem Zeitpunkt das war."

Nicole: ... „Das war schon in der Kindheit, als ich von der Frau weglief, bei der ich gelebt habe, nachdem meine Mutter mich verlassen hatte."

UG: „Cut. Warum glaubst du, daß es dieser Zeitpunkt war?"

Nicole: „Ich hätte etwas lernen müssen, um später als Erwachsener eine Aufgabe zu haben, die meinem Leben Sinn gibt. Aber dadurch, daß ich mich in den Wald zurückgezogen habe und ab dem Zeitpunkt immer nur allein war, wurde es nicht möglich. Später konnte ich mich dann auch den Menschen nicht mehr unterordnen und fühlte, daß ich nicht zu ihnen gehörte. Es war ein Teufelskreis, aus dem ich nicht mehr rauskam. Ich mußte mich wieder in die Einsamkeit zurückziehen."

UG: „Ja, da hast du unbewußt den Glaubenssatz entwickelt, daß du nicht dazugehörst, worauf die Entscheidung folgte, nie mehr unter Menschen zu gehen. Und das ist die Ursache, daß du in diesem heutigen Leben als Nicole zeitweise immer noch von diesem Bedürfnis bestimmt wirst, dich in die Einsamkeit zurückziehen zu müssen."

Nicole: „Ja, das erkenne ich jetzt."

UG: „Du hattest am Ende dieses Lebens das Gefühl, versagt zu haben. Spüre, bevor wir weitergehen, ob du dir dieses Versagen jetzt verzeihen kannst."

Nicole: „Ja, ja. Ich konnte damals nicht anders."

UG: „Und auf einer anderen Ebene gibt es in Wirklichkeit kein Versagen. Deine Seele hat gelernt, daß der völlige Rückzug von den Menschen für dich nicht der Weg war, dein Ziel zu erreichen, und zwar zu lernen, allein sein zu können, die Menschen nicht zu brauchen. Du hast jetzt die Möglichkeit, das Drehbuch dieses vergangenen Lebens umzuschreiben, um einfach mehr Wahlmöglichkeiten zu bekommen. Laß nun noch einmal dissoziiert vom Kinsosessel aus die Zeitphase auf der Leinwand Revue passieren, als du als Kind bei dieser Frau lebtest, die du als böse empfandest. Was hätte dein früheres Kind-Ich gebraucht? Welche Ressourcen, welche Fähigkeiten standen dir in dieser Situation nicht zur Verfügung?"

Nicole: ... „Wenn ich mir das von meinem jetzigen Bewußtsein aus anschaue, dann war diese Frau gar nicht so böse. Sie hat mich aufgenommen, hat mich versorgt, nachdem meine Mutter mich verlassen hatte. Das hätte sie ja nicht tun müssen. Ich war wohl ziemlich trotzig. Dabei hätte ich ihr dankbar sein können."

UG: „Gut. Kannst du dich an eine Situation in deinem heutigen Leben als Nicole erinnern, in der du die Fähigkeit zur Verfügung hattest, einem Menschen dankbar zu sein und diesem Menschen gegenüber das auch auszudrücken?"

Nicole: ... „Ja." (Ich führe Nicole jetzt mit all ihren Sinnen assoziiert in diese Ressource hinein und lasse sie es intensiv erleben.)

UG: „Und nun finde eine Möglichkeit, deinem früheren Selbst diese Ressource zu vermitteln. Und dann nimm wahr, wie es die Situation verändert."

Nicole: ... „Ich habe jetzt dem kleinen Jungen diese Fähigkeit der Dankbarkeit rüberfließen lassen und habe es auch die Frau spüren lassen. Und das verändert die ganze Situation. Die Frau wirkt jetzt nicht mehr so böse. Es entsteht zwar keine große emotionale Bindung zwischen dem kleinen Jungen und der Frau, aber gegenseitige Akzeptanz. Eine zu tiefe emotionale Bindung würde den Jungen vermutlich wieder vom Ziel abbringen, unabhängig von Menschen zu werden ... Ich merke, daß mit dieser Ressource noch eine andere Fähigkeit mit hinzukommt, und zwar von Menschen etwas anzunehmen, auch etwas von anderen zu lernen. Das konnte ich damals als Erwachsener ja überhaupt nicht ... Das ganze Haus wirkt jetzt auch nicht mehr so bedrohlich und düster. Es ist nun alles hell."

UG: „Sehr gut. Ich bitte dich jetzt, in den Film, der da auf der Leinwand abläuft, direkt hineinzusteigen und mit deinem früheren Selbst, diesem kleinen Jungen dort wieder zu verschmelzen. Und nimm diese Ressource mit, die Fähigkeit, dankbar zu sein und von anderen etwas annehmen und lernen zu können. Laß das Licht über das ganze Leben von damals strahlen und alles aufhellen, so wie das düstere Bauernhaus hell wurde. Und nimm wieder wahr, was sich dadurch verändert, was jetzt möglich wird."

Nicole: ... „Ich kann jetzt bei dieser Frau in dem Bauernhaus bleiben, ich muß nicht weglaufen ... Später gehe ich in die Schule, wo ich viel lerne. Ich lerne gut. Es macht mir Freude ..."

UG: „Gut. Geh tief hinein mit all deinen Sinnen und deinen Gefühlen in diese Erfahrung: teilzuhaben am Leben, Wissen von anderen anzunehmen und vor allem dazuzugehören ... Laß den Lebensfilm weiterlaufen. Wie sieht dein Leben als Erwachsener aus?"

Nicole: ... „Nach der Schule studiere ich. Ich lerne sehr viel über Geschichte, Kunst und über die Menschen ... Dann mach ich eine Firma auf, so eine Art Bildhauer-Werkstatt, mit mehreren Leuten zusammen. Wir stellen Skulpturen her. Ich reise viel herum und mache Ausstellungen mit meinen Mitarbeitern überall auf der Welt. Unsere Skulpturen sind sehr begehrt. Ich kann sehr gut Stimmungen in Stein hauen oder in Bronze gießen. Ich habe enorm viel Freude daran und verdiene dabei auch ganz gut. Ich kann mir ein schönes großes Haus leisten mit einem Garten. Und meine Mitarbeiter sind immer um mich, einige wohnen sogar bei mir. Es ist schön, mit Menschen zusammen zu sein, und ich kann, wenn ich will, auch alleine sein, dann ziehe ich mich zurück. Ich muß es aber nicht. Jedenfalls fühle ich mich zugehörig. Aber eines ist ganz wichtig: Es müssen die richtigen Menschen sein, Menschen, die zu mir passen, mit denen ich sozusagen auf einer Wellenlänge bin ... Ich arbeite, bis ich ungefähr 80 bin, und sterbe dann irgendwann nach einem erfüllten Leben."

UG: „Laß einmal dein früheres Selbst der Nicole von heute einen Rat geben für ihr jetziges Leben. Hör einfach nur zu."

Nicole: (nach einer Weile) ... „Ich soll die Zeit nicht untätig vergehen lassen, soll bewußt mehr unter Menschen gehen, ohne Angst zu haben, abhängig zu werden. Mir einfach die Freude, den Spaß gönnen, mit Menschen zusammen zu sein."

UG: „Kannst du das annehmen?"

Nicole: „Oh ja!"

UG: „Was wären erste konkrete Schritte, dies in deinem heutigen Leben als Nicole zu verwirklichen?"

Nicole: „Ich spüre, daß sich mein Bedürfnis, einsam zu sein, verändert hat, und zwar dahin, die richtigen Menschen zu finden, die zu mir passen. Und wenn ich genau überlege, so gibt es schon einige in meinem Leben."

UG: „Wenn du sozusagen einen Ausblick tun würdest auf deine Zukunft, was könntest du in deinem Alltag konkret in die Wege leiten?"

Nicole: „Ich suche mir einen Mitarbeiter. Dann möchte ich ein Seminarzentrum aufbauen, Kurse und Seminare organisieren, zum Teil selbst durchführen. Ich komme dann viel mit Menschen zusammen, lerne viel und achte aber immer auch darauf, mit den Menschen zusammenzusein, die zu mir passen. Und wann immer ich das Bedürfnis habe, allein zu sein, kann ich mich zurückziehen. Ich spüre jetzt, daß ich alles freiwillig machen kann: mit Menschen zusammen sein und allein sein, ohne daß ein Zwang dahintersteht."

UG: „Gut. Damit hast du Wahlmöglichkeiten, du kannst dich entscheiden für das, was dir im Moment guttut, entweder allein zu sein oder unter Menschen zu gehen ... Ich glaube, wir sind jetzt an dem Punkt, wo die ganze Sache rund geworden ist, nicht wahr? Ist es o.k., wenn ich dich jetzt langsam wieder voll zurückhole ins Hier und Jetzt, in dein Wachbewußtsein?"

Nicole: „Ja."

Anschließend führe ich Nicole wieder Schritt für Schritt mit all ihren Sinnen zurück ins Wachbewußtsein.

10. Ist Zeit eine Illusion?

Wie wir uns erinnern, begann die Sitzung mit Nicole mit einer ganz normalen Time-Line, auf der sie sich physisch zurück in ihre Vergangenheit bewegte, um die auslösende Situation für ihr Problem zu finden. Schließlich passierte etwas, was sich unterscheidet von der üblichen, auf das jetzige Leben bezogenen Time-Line-Therapie: Nicole stieg zu einem bestimmten Zeitpunkt aus ihrer Time-Line aus und fand sich wieder in einem anderen Leben. Es war so, als ob sie quasi in ein Zeitloch fiel.

Eine Instanz in Nicole hielt sich nicht an irgendwelche chronologischen Abfolgen, an ein zeitliches Kontinuum, so wie sich das der menschliche Verstand vorstellt. Gleichgültig, ob wir diese Instanz nun Unterbewußtsein oder Emotionalkörper nennen, diese Ebene in uns kennt weder Zeit noch Raum, sie befindet sich jenseits davon. Entscheidend war, daß die Ursache für Nicoles belastendes Bedürfnis, sich immer wieder in die Einsamkeit zurückziehen zu müssen, nicht in ihrem jetzigen Leben lag, sondern eben in diesem vergangenen. Die damit zusammenhängende Energie, beruhend auf dieser alten Erfahrung, war für Nicole im heutigen Leben immer noch spürbar und wirksam, so als hätte sie die Erfahrung erst wenige Jahre zuvor gemacht.

Das führt uns zu einer sehr wichtigen und entscheidenden Frage: Gibt es die Zeit überhaupt, so wie wir sie uns vorstellen? Ist Zeit vielleicht nichts anderes als eine Illusion der beschränkten Vorstellungskraft unseres Gehirns?

Ich lade Sie jetzt ein, liebe LeserInnen, sich von mir einmal kurz entführen zu lassen in eine für Sie vielleicht nicht alltägliche Bewußtseinsdimension, wobei es natürlich Ihnen überlassen ist, die folgende Hypothese als wahr, als möglich oder als absurd zu bewerten.

Nicht nur Esoteriker, sondern auch Naturwissenschaftler sind inzwischen zu der Auffassung gelangt, daß es in Wirklichkeit keine Zeit gibt, daß alles gleichzeitig nebeneinander existiert. Hier kommen wir zu einem für unseren Verstand schwer nachvollziehbaren Phänomen: Einerseits gibt es die Zeit – andererseits gibt es sie jedoch wieder nicht.

Zeit ist nichts anderes als ein Bewußtseinsphänomen. Wir mußten die Zeit erfinden, um eine physische Realität erfahren zu können auf dieser Polaritätsebene der Erde. Ohne Zeit gäbe es keine Materie. Die Zeit erlaubt uns die Erfahrung einer Dimension, in der feste Formen existieren.

Aber letztlich – und das wissen unsere Wissenschaftler – gibt es diese festen Formen ebenfalls nicht wirklich, auch das ist eine Illusion, eine Täuschung. Und doch hat diese Täuschung ihre eigenen Gesetze. Wir können nicht plötzlich hingehen und so tun, als gäbe es Zeit und Raum nicht. Wir würden ganz schön auf die Nase fliegen. Ganz profan: Hielten wir uns nicht an die Zeiten öffentlicher Verkehrsmittel, wir würden jeden Zug oder Bus verpassen, zu spät zur Arbeit kommen und uns jede Menge Ärger einhandeln.

Oder wenn wir einen Kriminalroman lesen, so benötigen wir einige Stunden Zeit dafür, um die ganze Handlung bis zum Ende zu erfassen und um zu erfahren, wer schließlich der Mörder war. Das heißt aber nicht, daß die gesamte Handlung des Romans nicht von Anfang an zeitlos in diesem Buch existent gewesen wäre.

Es gibt eine Ebene – die Wirklichkeit hinter unserer subjektiven Wahrheit –, da existiert keine Zeit, sondern nur unbegrenzte Ewigkeit und Gleichzeitigkeit. Das, was existiert, ist nur das Jetzt und dann ein neues Jetzt und wieder ein neues Jetzt. Und das alles passiert sehr schnell hintereinander, so daß unser Verstand glaubt, Zeit hätte eine Kontinuität.

Diejenigen LeserInnen unter Ihnen, die in ihrem Leben Erfahrungen gemacht haben mit Meditation, haben sicher schon folgendes erlebt: Sie kommen während der Meditation in eine Bewußtseinsebene jenseits des Denkens, in eine schwer beschreibbare Art von Leere oder Stille, von der Sie anschließend nicht sagen können, das hat jetzt 5 Sekunden, 5 Minuten, 5 Stunden, 5 Wochen oder noch länger gedauert.

Das alles hat etwas mit verschiedenen Schwingungsebenen zu tun. Durch Meditation oder andere spirituelle Übungen können wir in höhere Schwingungsebenen gelangen. Auf der höchsten Ebene, unserem Höheren Bewußtsein, nehmen wir unsere Vergangenheit, Gegenwart und Zukunft gleichzeitig wahr. Da gibt es keine Trennung mehr, und wie im Ursymbol des Kreises ausgedrückt, keinen Anfang und kein Ende. Alles ist eins.

Auch ein Klient in einer Trancesitzung kann die Qualität von Zeit in völlig neuer Weise erleben. Wie oft höre ich am Ende einer Sitzung den erstaunten Satz: „Was, das hat jetzt eine Stunde gedauert, ich dachte, das waren höchstens ein paar Minuten!"

Zeit spielt in veränderten Bewußtseinszuständen keine Rolle mehr und stellt somit auch keine Begrenzung mehr dar. Wenn wir unserem Verstand und unseren Gefühlen erlauben, loszulassen und durch andere Dimensionen zu schweben, können wir entdecken, daß wir Erfahrungen auf verschiedenen zeitlichen und räumlichen Ebenen gemacht haben. So habe ich nicht selten in meinen Pastlife-Sitzungen Menschen begleitet, die von ihren Erfahrungen auf anderen Planeten berichten.

Sicherlich werden Sie sich jetzt fragen: „Wenn es also in Wirklichkeit keine Zeit gibt, wann spielen sich dann die sogenannten »vergangenen« oder »früheren« Leben ab?" Und vermutlich wird Ihr Verstand jetzt rebellieren: Vielleicht gibt es gar keine vergangenen oder früheren Leben, sondern parallel stattfindende Leben. Vielleicht macht ein anderer Teil von mir gerade in diesem Augenblick in einem anderen Körper seine Erfahrungen im 15. Jahrhundert. Und ich glaube nur deshalb, daß ich ich bin, weil ich entschieden habe, mich mit diesem heutigen Leben im 20. Jahrhundert zu identifizieren, das heißt mein Bewußtsein auf dieses Leben zu fokussieren.

Der Grund, weshalb wir nicht alle Leben gleichzeitig wahrnehmen können, liegt darin, daß wir glauben, wir existierten als ein abgetrenntes Ich. In Wirklichkeit sind wir jedoch nicht allein, sondern Teil von allem, was ist. Wir sind multidimensionale Wesen, mit allem verbunden. Es gibt keine Trennung, wir *sind* alles, eine Erfahrung, die schon viele Menschen gemacht haben in Meditationen, Grenzerlebnissen oder Erleuchtungszuständen.

Aber jetzt lassen Sie uns wieder auf die Erde kommen. Wer von uns lebt schon ständig in veränderten Bewußtseins- oder Erleuchtungszuständen. Und hier in unserem Lebensalltag gibt es Zeit, gibt es Vergangenheit, Gegenwart und Zukunft, gibt es so etwas wie Geschichte, sei es die eigene, persönliche oder die der Menschheit auf diesem Planeten. Und von unserer Bewußtseinsebene aus betrachtet gibt es dann natürlich auch – vorausgesetzt, es entspricht unserem Weltbild – frühere Leben, die wir in die Therapiearbeit mit einbeziehen können, wenn es angebracht sein sollte. Deshalb werde ich auch weiterhin von früheren oder vergangenen Leben sprechen, also die Zeit so behandeln, als ob sie real wäre.

11. Glaubenssätze und Entscheidungen

Kehren wir also wieder zurück zu Nicoles Erfahrungen während der Sitzung. Was lag nun ihrem Problem zugrunde, diesem zwanghaften Bedürfnis, sich in die Einsamkeit zurückziehen zu müssen? Wie wir uns erinnern, hatte sich Nicole in diesem früheren Leben ja bereits als Kind von den Menschen zurückgezogen und viele Jahre allein im Wald gelebt. Ihr anschließender Versuch, wieder in Kontakt zu Menschen zu gehen und auch etwas von ihnen zu lernen, das heißt, ihrem Leben einen Sinn zu geben, scheiterte, weil sie es durch das lange Alleinleben nicht mehr gewohnt war, sich anderen Menschen unterzuordnen und auch von anderen etwas anzunehmen. Nach dieser Erfahrung traf sie die Entscheidung: „Ich gehöre nicht dazu! Ich gehe nie wieder unter Menschen!"

Die Essenz ihrer Erfahrungen dieses vergangenen Lebens drückte sich schließlich in dem Glaubenssatz aus, dessen sie sich in der Regression am Ende ihres Lebens bewußt wurde: „Ich bin es nicht wert, dazuzugehören!" Diesen Glaubenssatz, verbunden mit der Entscheidung, nie wieder unter Menschen zu gehen, nahm Nicole mit in ihre nächsten Leben, und die negativen Auswirkungen belasteten sie in ihrem heutigen Leben immer noch.

Das, was hier geschah, ist typisch dafür, wie sich Erfahrungen aus früheren Leben auf unser heutiges Leben auswirken können. Diese Erfahrungen finden, wie schon einmal erwähnt, auf der Gefühlsebene statt. Aus emotionalen Erlebnissen entstehen Entscheidungen für die Zukunft und Glaubenssätze, die sich dem Seelengedächtnis einprägen und mit in die nächsten Inkarnationen genommen werden, wo sie sich blockierend auswirken können.

So können wir zum Beispiel in einem vergangenen Leben entschieden haben: „Ich werde nie wieder lieben!", wenn wir von einem Liebespartner verlassen wurden. Dem liegt vielleicht der Glaubenssatz zugrunde: „Ich bin nicht liebenswert!" Und dieser Glaubenssatz im Zusammenhang mit der alten Entscheidung beeinflußt dementsprechend die nächsten Inkarnationen.

Nicole trug also im heutigen Leben immer noch den Glaubenssatz in sich: „Ich bin es nicht wert, dazuzugehören!" Und das bewirkte ihr zwanghaftes Bedürfnis, sich von den Menschen zurückziehen zu müssen.

Ist ein Glaubenssatz entstanden, so zieht das auf der Verhaltensebene eine konsequente Entscheidung beziehungsweise Handlung nach sich. Die Auswirkungen können dann sein, daß man, wie in unserem Fallbeispiel, einsam ist, psychisch leidet oder auch körperlich krank wird.

Ein Glaubenssatz kann sich über viele Leben hinziehen, so wie sich ein Beziehungsthema in diesem Leben stetig wiederholt, wenn zum Beispiel eine Frau, die von sich selbst glaubt, nichts wert zu sein, immer wieder an dieselben Männer gerät, von denen sie unterdrückt wird.

Die andere Konsequenz ist die, daß der Glaubenssatz immer wieder bestärkt wird. Wenn er dann im nächsten Leben von neuem aktualisiert wird (und dafür sorgt unser Höheres Bewußtsein, denn wir sollen ja lernen, das aufzulösen), verhält man sich dementsprechend, gewinnt als Konsequenz dann auch kaum Freunde und erhält am Ende des Lebens wieder die Bestätigung und trifft dieselbe Entscheidung aufgrund der „Beweislage".

Schließlich entwickelt sich aus dem Glaubenssatz ein stabiles Glaubenssystem, das sich immer wieder von neuem aus sich selbst heraus erzeugt, ein sich selbst organisierendes System.

All dies geschieht meist auf der unbewußten Ebene, kann aber in der therapeutischen Arbeit bewußt gemacht werden. Es ist möglich, daß dem einzelnen der Vorsatz bewußt ist und der Glaubenssatz noch völlig im Verborgenen liegt, es kann jedoch auch umgekehrt der Fall sein.

Und hier kommen wir zum entscheidenden Punkt: Wie kann dieser Kreislauf nun – erst einmal erkannt – unterbrochen und verändert werden? Alle Modelle von Pastlife-Therapie, die ich bisher kennengelernt habe, gehen davon aus, daß das reine Wieder-Erfahren, das nochmalige emotionale Durchleben der entscheidenden traumatischen Erlebnisse des vergangenen Lebens die Lösung oder Heilung bringt. Dem liegt die Katharsis-Hypothese zugrunde: Wir lassen die Emotionen raus und sind dann vom Trauma befreit.

Ich gebe zu, in einigen Fällen funktioniert das tatsächlich. Aber nicht immer. Bevor ich NLP kennenlernte, wurde ich in diesem Bereich meiner Arbeit zunehmend unzufriedener. Ich stellte fest, daß sich Glaubenssysteme von Menschen oftmals durch viele Leben ziehen, was durch mehrere Rückführungen zum gleichen Thema leicht zu erkennen war. Und in diesen Fällen war es oft schwierig, diese hartnäckig verankerten Glaubenssysteme auf Dauer zu verändern.

Sicherlich legte ich auch großen Wert darauf, mit dem jeweiligen Klienten herauszufinden, welche Entscheidung er am Lebensende getroffen hatte, denn die war ja mitbestimmend für die zukünftigen Leben. Aber das Verändern dieser Entscheidungen war oft ein Problem, denn es reicht nicht aus, wenn sich derjenige auf der Verstandesebene sozusagen um-entscheidet. Das scheint nicht immer die Tiefen des Unterbewußtseins zu erreichen und so Veränderung zu bewirken.

Und da gibt es noch einen anderen Aspekt: Was geschieht mit diesem Teil in uns, unserem früheren Selbst, das da irgendwo in der Vergangenheit ein Trauma erlebt?

Existiert nicht das frühere Selbst von Nicole, dieser verzweifelte, halb wahnsinnige Mann, der einsam in der Hütte im Wald starb, irgendwo immer noch in ihrem Unterbewußtsein? Ich bin der Meinung, daß wir die Verantwortung für dieses frühere Selbst übernehmen und diesen Teil in uns heilen müssen, genauso wie wir uns um unseren verletzten Kindanteil in diesem Leben kümmern sollten. Wer sollte das sonst tun, wenn nicht wir selbst?

Das innere Kind, das durch Verletzungen in der Vergangenheit meist abgetrennt vom inneren Erwachsenen in uns lebt, leidet immer noch, hat nie aufgehört zu leiden, auch wenn wir äußerlich anscheinend ein erwachsener Mensch geworden sind. Es reagiert in bestimmten Lebenssituationen genauso wie damals, vielleicht als es drei Jahre alt war, als etwas Traumatisches passierte, wo es hilflos war und keine Unterstützung von außen bekam. Es ist also immer noch existent in uns, dieser verletzte, ängstliche Kindanteil.

Diesem Kind in uns geben wir schließlich im Change History- oder Re-Imprinting-Prozeß die Hilfe und Unterstützung, das heißt all die Fähigkeiten und Ressourcen, die es damals nicht zur Verfügung hatte, weil es noch zu klein war oder die Eltern zu unbedacht oder lieblos oder was auch immer waren.

Wenn wir in einer Re-Imprinting-Arbeit unseren Eltern Ressourcen schicken, so hat das eine verändernde Wirkung auf das Elternbild in uns. Natürlich haben wir damit unsere Eltern real nicht verändert und haben die alte Geschichte nicht vergessen, doch diese kann nun zum Gegenstand der Versöhnung und letztendlich wirklich zu Geschichte werden.

Sind wir im Change-History- oder Re-Imprinting-Prozeß wirklich mit allen Sinnes- und Gefühlsebenen beteiligt, so liegt im Umschreiben der alten Geschichte das Potential von neuer positiver Prägung. Und das gibt uns in unserem Leben Wahlfreiheiten, wir müssen nicht mehr automatisch wie computergesteuert reagieren.

All das können wir ebenfalls auf vergangene Leben beziehen. Nachdem ich begonnen habe, Change History oder Re-Imprinting auch auf die Pastlife-Arbeit auszuweiten, habe ich festgestellt, daß dies weitaus wirksamer als die Katharsis-Methode ist und in vielen Fällen zu effektiveren und dauerhafteren Lösungen führt.

Wenn ich zum Beispiel einen Wasserhahn habe, der leck ist, so kann ich einen Eimer darunter stellen. Nach einer Zeit ist der Eimer voll. Der Katharsis-Theorie zufolge würde ich den Eimer entleeren und hätte dann Ruhe ... aber eben nur eine Zeitlang. Dann würde das gleiche von vorne losgehen. Nach dem System des Umschreibens würde ich zwar auch den Eimer ausleeren, vor allem aber eine neue Dichtung einsetzen.

Um die Geschichte der Vergangenheit wirkungsvoll neu zu schreiben, ist es nach meiner Erfahrung notwendig, sowohl den Glaubenssatz als auch den Vorsatz oder die Entscheidung ins Bewußtsein zu holen, denn so zielen wir auf den Mechanismus der Erzeugung von Emotionen, dieses sich selbst organisierende System. Und die Geschichte sollte dann so umgeschrieben werden, daß das Glaubenssystem in einer Form erweitert werden kann, daß neue, dem heutigen Leben angemessenere Entscheidungen getroffen werden können.

Was Nicole und ich in der Sitzung vollzogen haben, war – wie bereits erwähnt – mehr ein Change History als ein Re-Imprinting. Aus der dissoziierten „Kino-Position" erkannte sie intuitiv eine entscheidende Ressource, die ihrem damaligen männlichen Selbst fehlte: Dankbarkeit und damit auch die Fähigkeit, etwas von anderen annehmen und lernen zu können. Das allein veränderte dann schließlich die ganze Situation, und die Weichen für das Umschreiben ihrer Geschichte konnten neu gestellt werden. Daß ihre Mutter sie als Kleinkind damals verlassen hatte und sie bei dieser fremden, anfangs von ihr als böse erlebten Frau aufwuchs, spielte dabei für sie nur indirekt eine Rolle.

Ich möchte an dieser Stelle jedoch erwähnen, daß es nicht die Regel ist, daß mit einer entscheidenden Ressource bereits eine Veränderung und damit ein Umschreiben möglich werden kann. Meist ist es zur Veränderung eines Glaubenssystem auch in der Pastlife-Arbeit notwendig, das frühere Selbst und die anderen an der Situation beteiligten Personen mit Ressourcen zu „versorgen".

Nachdem Nicole nun aus der dissoziierten „Kino-Position" ihrem früheren männlichen Selbst die entscheidende Ressource geschickt hatte, wurde es schließlich für sie möglich, ein neues Drehbuch für ihr vergangenes Leben zu schreiben.

Ab diesem Zeitpunkt war es für Nicole entscheidend wichtig, wieder mit ihrem früheren Selbst, diesem kleinen Jungen im 19. Jahrhundert, zu verschmelzen und sein „neues Leben" mit allen Sinnen und Gefühlen voll assoziiert zu erleben. Dieses assoziierte Erleben ist letztlich das, was das Unterbewußtsein beeinflußt und was die Veränderung im wahrsten Sinne des Wortes „in Fleisch und Blut" übergehen läßt.

Nicole machte dann die Erfahrung, teilzuhaben am Leben, Wissen von anderen anzunehmen und auch dazuzugehören. Und vor allem lernte sie, daß dies möglich ist, ohne abhängig von Menschen zu sein, vorausgesetzt es sind Menschen, die zu ihr passen.

Und hier kommen wir wieder zum Lernziel ihrer Seele, das in unserem Change-History-Prozeß in jedem Falle gewürdigt und erhalten werden sollte. Ihre Seele wollte im damaligen Leben lernen, von Menschen unabhängig zu sein, Menschen nicht zu brauchen. Vermutlich basierte dieses Lernziel wiederum auf einer Erfahrung, die sie in einem anderen früheren Leben gemacht hatte, wo zu starke Abhängigkeit von anderen sich für sie negativ auswirkte.

Wie Nicole von der Meta-Ebene (Ebene des Höheren Bewußtseins) erkannte, hatte sie dieses Lernziel jedoch nicht erreicht. Letztlich konnte sie weder allein noch mit Menschen zusammen sein, und das ständige Alleinsein führte schließlich zum Wahnsinn. Sie erkannte die Sinnlosigkeit und Eintönigkeit dieses Lebens, weil sie nie eine Aufgabe gehabt hatte, die ihrem Leben Sinn gegeben hätte.

Wie in Nicoles Fall schwanken unsere Seelen in verschiedenen Inkarnationen gemäß dem selbst auferlegten Karma-Gesetz oftmals zwischen Extremen der Polarität hin und her, die sie lernen und erfahren wollen: Abhängigkeit – Unabhängigkeit, Angst – Waghalsigkeit, Vertrauen – absolutes Mißtrauen, Egoismus – Aufopferung für andere o.ä. Haben wir das eine extrem erlebt und damit Schiffbruch erlitten, so suchen wir den Ausgleich im anderen Extrem. Dabei werden wir zu Gefangenen dieses Karma-Systems, aus dem es schwierig ist, auszusteigen. Und all das geschieht, weil eine innere Instanz uns selbst ständig bewertet und so neue Leben erschafft, in denen wir unsere eigene Bestrafung für früheres Versagen oder „Missetaten" ausagieren. Die Strafe, die wir uns dabei selbst auferlegen, ist viel härter als die Strafe, die wir von anderen erhalten würden.

Schuldgefühle gehören meiner Erfahrung nach zu den Emotionen, die uns Menschen am stärksten blockieren oder begrenzen. Deshalb versuche ich in meiner Beratungsarbeit die Klienten dahingehend zu unterstützen, Schuld loszulassen und sich mit sich selbst auszusöhnen. Aussöhnung bedeutet für mich anerkennen, daß wir nicht nur Licht, sondern auch Schatten in uns tragen, daß all diese ungeliebten Persönlichkeitsanteile, diese Verhaltensweisen und Muster, mit denen wir uns nicht identifizieren wollen, ebenfalls zu uns, ja einfach zum Menschsein dazugehören.

Ich bin der Meinung, daß Heil-Werden nur über den Weg des Ganz-Werdens möglich ist; re-integrieren, zu uns zurückholen, was wir von uns abgespalten haben: unseren Schatten und auch all das, was wir irgendwann einmal, weil es so schmerzhaft war, in das Dunkle des Unterbewußtseins verdrängt haben, um uns schlußendlich mit allen Aspekten unserer Persönlichkeit und unserer Geschichte auszusöhnen.

Die NLP-Grundsätze oder -Vorannahmen können uns auf diesem Weg sehr unterstützen. Beziehen wir doch einige von ihnen einmal auf das Beispiel Nicole:

12. Einige NLP-Grundsätze

Hinter jedem noch so problematischen Verhalten steckt eine positive Absicht. Jedes Verhalten ist in einem bestimmten Kontext eine Fähigkeit.

Das problematische Verhalten von Nicole drückte sich bekanntlich in dem Zwang aus, sich von den Menschen in die Einsamkeit zurückzuziehen. Dieses Verhalten wurde von ihr im gegenwärtigen Leben als negativ und belastend bewertet. Während des Regressionsprozesses erfuhr sie die Ursache und auch die dahinterliegende positive Absicht ihrer Seele: zu lernen, von anderen Menschen unabhängig zu sein und allein sein zu können. Diese Erkenntnis ermöglichte ihr schon den ersten Schritt zur Aussöhnung mit ihrem problematischen Verhalten.

In welchem Kontext könnte ihr Verhalten nun eine Fähigkeit bedeuten? Dieser Kontext existierte bereits in ihrer vergangenen Inkarnation: das Leben in der Natur. Nicoles früheres Selbst, dieser kleine Junge, hat es immerhin geschafft, ohne die Hilfe von anderen Menschen in der freien Natur zu überleben, und das beginnend im kindlichen Alter von ca. 7 Jahren, was allein schon eine beachtliche Leistung darstellt. Er hat gelernt, sich von den Früchten der Natur zu ernähren, mit Tieren und Pflanzen zu kommunizieren, sprich ein Teil der Natur zu werden (siehe auch sein Vertrauen im strömenden Wasser des Flusses). Auf diese Fähigkeit, die Nicole ja auch heute noch in sich trägt, kann sie stolz sein, und wer weiß, wann sie ihr noch einmal nutzen kann? Problematisch wurde es erst dann, als sie die Eintönigkeit und Einseitigkeit dieses isolierten Lebens nicht mehr aushielt und den Kontakt zu Menschen und einen Lebenssinn suchte.

Es gibt kein Versagen, es gibt nur Feedback.
Wenn etwas nicht funktioniert, mach etwas anderes.

Von der Meta-Ebene ihres Höheren Bewußtseins betrachtet, erkannte Nicole, daß der Weg über die totale Isolation nicht funktionierte, um das Ziel ihrer Seele zu erreichen, denn er führte für ihr früheres Selbst am Ende in den Wahnsinn. Nachdem sie erkannt hatte, daß sie damals jedoch keinen anderen Ausweg wußte, fiel es ihr leicht, sich selbst dieses „Versagen“ zu verzeihen. Die Schlußfolgerung war, einen anderen Weg zu suchen.

Menschen treffen die beste ihnen zur Verfügung stehende Wahl; wenn sie eine bessere Möglichkeit erkennen, werden sie sie nutzen.
Bekanntlich zog sich Nicole in ihrem früheren Leben zweimal von den Menschen zurück: das erste Mal im jungen Alter von ca. 7 Jahren, weil sie es bei dieser „bösen alten Frau“ nicht mehr aushielt, das zweite Mal, im Alter von Ende 20. Sie hatte versucht, sich Menschen unterzuordnen, etwas von ihnen zu lernen, jedoch stellte sich dies für sie als unmöglich heraus, da sie zu lange alleine und unabhängig gelebt hatte. Sicherlich hatte sie beide Male die beste, ihr zur Verfügung stehende Wahl getroffen. Hätte sie eine bessere Möglichkeit erkannt, hätte sie sie sicherlich genutzt.

Menschen haben alle nötigen Ressourcen für jede erwünschte Veränderung in sich.
Aus der dissoziierten Meta-Position und mit ihrem heutigen Bewußtsein konnte Nicole schließlich erkennen, welche Fähigkeit ihrem damaligen Selbst, dem kleinen Jungen, fehlte: Dankbarkeit und etwas von anderen annehmen und lernen können. Und diese Fähigkeit, die ihr in ihrem heutigen Leben zur Verfügung stand, konnte sie schließlich ihrem früheren Selbst zukommen lassen und damit die entscheidende Veränderung bewirken.

Die Landkarte ist nicht das Gebiet: Das Verhalten eines Menschen richtet sich nach seinem inneren Modell der Welt und nicht danach, wie die Welt wirklich ist. Und es gibt keine richtigen oder falschen Modelle der Welt, sondern lediglich solche, die hilfreich oder weniger hilfreich sind, unser Leben auf die Art und Weise zu gestalten, wie wir es uns erhoffen.
Wie hat Nicole in ihrem vergangenen Leben die Welt wohl erlebt? Einen Vater gab es nicht, die Mutter, von der sie sich schon als Kleinkind nicht geliebt fühlte, verließ sie, und von der alten Frau, bei der sie schließlich aufwuchs, erhielt sie ebenfalls nicht die Zuwendung, die sie gebraucht hätte. Einsam und alleingelassen hat sie sich also bereits in der Kindheit gefühlt. Diese frühkindlichen und auch die

späteren Erfahrungen in ihrem Erwachsenenleben ließen in ihr das Modell einer Welt entstehen, zu der sie nicht dazugehörte. Dieses Modell war aus ihrer Sicht zwar verständlich, jedoch weder richtig noch falsch. Es stellte sich sowohl für das damalige als auch für ihr heutiges Leben als wenig hilfreich heraus, da es sie nicht zufrieden und glücklich machte. Nach dem Change-History-Prozeß, das heißt dem Umschreiben der alten Geschichte, war es schließlich für Nicole möglich, ein neues Weltmodell zu entwickeln. Sie konnte das zwanghafte alte Modell (sich in die totale Einsamkeit zurückzuziehen) ersetzen durch ein Weltbild, das ihr für das heutige Leben weitaus mehr Wahlmöglichkeiten gab: Es gibt Menschen, die nicht zu mir passen, und es gibt welche, die gut zu mir passen, die auf meiner Wellenlänge sind. Bei denen kann ich mich zugehörig fühlen, und es tut mir gut, mit ihnen zusammen zu sein. Wenn ich das Gefühl habe, allein sein zu wollen, kann ich mich jederzeit zurückziehen, das macht mich gleichzeitig auch unabhängig. Nicole erkannte ganz klar, wie wichtig es für sie ist, sehr achtsam sich die Menschen auszusuchen, mit denen sie ihre Zeit verbringen will. Letztlich hat sie erfahren, daß sie nur mit Menschen zusammen lernen kann, von Menschen unabhängig zu sein.

Die NLP-Grundsätze sollten natürlich vom Therapeuten ebenfalls auf sich und seine Arbeit angewandt werden. Nehmen wir beispielsweise die Aussagen: „Es gibt kein Versagen, es gibt nur Feedback“ und: „Wenn etwas nicht funktioniert, mach etwas anderes.“ Hat ein Therapeut diese beiden NLP-Grundsätze wirklich verinnerlicht, so wird er, wenn eine Intervention beim Klienten nicht das von beiden erwünschte Ziel erreichte, das nicht als sein eigenes Versagen bewerten, sondern als Feedback. Weil das erstere also nicht funktionierte, wird er einen anderen Weg in der Arbeit mit dem Klienten einschlagen.

Auf den Klienten bezogen, würde das bedeuten: Der Therapeut unterstützt ihn dahingehend, vergangene „Fehler“ nicht als Versagen zu bewerten, sondern als Erfahrungen, die ihm gezeigt haben, daß das vielleicht nicht der geeignete Weg war, sein Ziel zu erreichen, um dann gemeinsam einen besseren zu finden, so wie im vorliegenden Fallbeispiel.

13. Heilung von Beziehungen

Die Reinkarnationslehre geht davon aus, daß wir mit jedem, zu dem wir eine enge Beziehung haben, seien es die Eltern, Liebespartner, die eigenen Kinder, Freunde oder auch Arbeitskollegen, bereits in früheren Leben zusammen waren. Dabei können unsere „Rollen" wechseln, weil wir uns entschieden haben, verschiedene Erfahrungen zu machen. Mein heutiger Vater kann in einem anderen Leben meine Tochter gewesen sein und ich der Vater oder die Mutter. Meine Erfahrung mit der Pastlife-Therapie hat mir gezeigt, daß wir uns jedoch auch häufig in gleichen Konstellationen wiederinkarnieren, daß vielleicht die heutigen Eltern bereits früher schon meine Eltern waren. Jedenfalls scheint es im Bereich der Beziehungen keine Zufälle zu geben.

Wie kommen nun diese sogenannten „karmischen Verbindungen" zustande? Glauben wir der Reinkarnationslehre, so haben wir alle bereits unzählige Leben auf dieser Erde verbracht und währenddessen viele Menschen geliebt und gehaßt. Diese Liebes- und Haßgefühle binden uns aneinander und vor allem das, was aus den früheren Beziehungen unvollendet ist. Wir treffen uns wieder, um letztendlich Unabgeschlossenes zu vollenden.

Eine der Grundlagen des Tibetischen Buddhismus ist der Glaube, daß der Bewußtseinszustand und die nicht erfüllten Wünsche im Augenblick des Todes über das nächste Leben entscheiden. Und die tibetischen Mönche verbringen viele Jahre der Meditation unter anderem damit, sich darauf vorzubereiten, bewußt zu sterben, das heißt ihre Entscheidungen für das nächste Leben wach und bewußt zu treffen.

Wenn wir uns nicht in dieser Art auf das Sterben vorbereitet haben, so treffen wir im allgemeinen die Entscheidungen am Lebensende unbewußt. Und wir entscheiden nicht nur – wie im Fall Nicole – etwas über uns selbst, sondern auch in bezug auf die Beziehungen zu den Menschen, die uns im jeweiligen Leben nahestanden.

So habe ich beispielsweise kürzlich mit einer Klientin (nennen wir sie Christiane) gearbeitet, deren panische Angst vor Gefühlen und Nähe es ihr unmöglich machte, eine längere Beziehung mit einem Mann einzu-

gehen. Meist trennte sie sich bereits wieder nach kurzer Zeit, wenn ihr der Kontakt zum jeweiligen Partner zu eng wurde.

In der Regression erfuhr Christiane dann, daß sie in einem früheren Leben eine überaus glückliche Beziehung zu einem Mann gehabt hatte, der alles für sie war: Liebespartner, Freund, Vater und Mutter. Nach einer unglücklichen Kindheit fühlte sie sich zum ersten Mal in ihrem Leben von einem Menschen wirklich geliebt, und das vor allem um ihrer selbst willen. Ihr Vater hatte die Mutter nicht aus Liebe geheiratet, sondern nur wegen ihres geerbten Vermögens und um dadurch an Macht zu gelangen (dementsprechend disharmonisch war auch deren Ehe). Und so entwickelte sie bereits in der Kindheit die Angst, von einem Mann nur wegen ihres Geldes geheiratet zu werden, und nicht um ihrer selbst willen. Ihrem Freund war jedoch ihr Geld völlig gleichgültig, er liebte sie wirklich.

Kurz vor der Hochzeit starb er jedoch bei einem Sturz vom Pferd. Es war für sie ein furchtbarer Schock, als sie von seinem Tod erfuhr, und sie traf die Entscheidung: „Ich werde in Zukunft nie jemand anderen lieben als ihn!“ Diese Entscheidung hatte nicht nur Konsequenzen auf ihr damaliges Leben. Ab dem Zeitpunkt verschloß sie ihr Herz und ihre Gefühle und ließ nie wieder irgendeinen Mann in ihre Nähe. Mit derZeit idealisierte sie ihren Jugendfreund immer mehr, während – durch das Beispiel des Vaters geprägt – ihr Mißtrauen gegenüber anderen Männern wuchs, daß sie es nur auf ihren Besitz abgesehen hätten.

Die Entscheidung, nur diesen einen zu lieben, der ganz anders war als alle anderen Männer, wiederholte sie am Lebensende, und hinzu kam eine weitere Entscheidung: „Ich werde nie wieder einem anderen Mann trauen!“ So hielt sie ihrem bereits vor Jahrzehnten gestorbenen Geliebten die „Treue“ bis in den Tod ... und sogar über den Tod hinaus.

Nachdem ich sie gebeten hatte, über eine imaginierte Time-Line vom damaligen Leben zum heutigen Leben zu schweben, konnte sie erkennen, daß sie mindestens noch drei weitere Leben damit verbracht hatte, unbewußt an der Entscheidung festzuhalten, nur diesen einen Mann von damals zu lieben. Eines dieser Leben verbrachte sie in Afrika auf einer kleinen Lodge, einem Tierreservat, wo sie sich ausschließlich um kranke (und auch gesunde) Tiere kümmerte. Sie sagte wörtlich: „Tiere sind die besseren Menschen, weil sie aus reinen Gefühlen handeln und nicht aus Herrschsüchtigkeit.“ So lebte sie ziemlich abgekap-

selt von der Welt und hatte außer zu einigen Bediensteten keinen Kontakt zu Menschen.

Als wir dann zurückgingen in den Raum und die Zeit vor dieser vergangenen Inkarnation, erkannte Christiane schließlich von der Meta-Ebene des Höheren Bewußtseins aus betrachtet, die Lernerfahrung, die ihre Seele im damaligen Leben ursprünglich machen wollte: das Herz zu öffnen, alles an sich heranzulassen, die ganze Polarität des Lebens zu erfahren, Neugier, Nähe, Distanz, gute und schlechte Momente, Gefühle von Liebe und Geliebtwerden, jedoch auch von Nicht-Geliebtwerden. Statt dessen war jedoch das Gegenteil geschehen: Mit dem Tod ihres Geliebten starb gleichzeitig in ihr die Fähigkeit zu lachen, zu lieben, offen, ja vor allem neugierig zu sein, und sie verschloß ihr Herz und damit ihre Gefühle, und das für einige Leben lang einschließlich dem heutigen.

Weiterhin erkannte Christiane im damaligen Vater ihren heutigen Vater wieder. Ihre Eltern (wobei die Mutter von damals nicht identisch war mit ihrer heutigen) waren schon lange geschieden, und zu ihrem Vater hatte sie auch im jetzigen Leben ein schlechtes Verhältnis. Sie bezeichnete ihn als feige und als Versager, der es allein zu nichts bringe.

Christianes Problem war, daß sie zwei Männerbilder entwickelt hatte und an beiden festhielt: Das negative Männerbild bezog sich auf die „normalen" Männer und war durch das Vorbild ihres Vaters im damaligen Leben geprägt worden. Es beinhaltete den Glaubenssatz, daß man Männern nicht trauen könnte, da diese sie nicht um ihrer selbst willen lieben würden, sondern es nur auf ihr Geld abgesehen hätten. Demgegenüber stand ein idealisiertes positives Männerbild, das sich nur auf den „Einen" bezog, der die große Ausnahme war.

Der nächste Schritt in der Arbeit mit Christiane bestand darin, die Beziehung zu ihrem Vater im damaligen Leben zu klären. Von der Meta-Ebene des Höheren Bewußtseins erkannte sie die positive Absicht der Seele ihres damaligen Vaters: Er wollte ursprünglich lernen, sich selbst und andere zu lieben, das heißt zu erkennen, daß die Liebe das Entscheidende ist und nicht Macht und Reichtum, der ihn und seine Familie letztlich nicht glücklich gemacht hatte. Christiane war zwar von dieser Erkenntnis berührt, jedoch noch nicht so tief, daß es ihr negatives Männerbild genügend hätte verändern können.

Im nachfolgenden Re-Imprinting-Prozeß war es entscheidend, dem Vater die Ressource zu schicken, genügend Mut zu entwickeln, seinen inneren, extrem verborgenen weichen und verletzlichen Kern zu entdecken und anzunehmen. Durch dieses Zu-Sich-Stehen konnte sich ein neues Selbstbewußtsein entwickeln, was seine frühere Strategie, fehlendes Selbstbewußtsein durch Geld und Macht zu kompensieren, überflüssig machte.

Das frühere Selbst von Christiane erlebte diesen „neuen Vater“ als sehr liebevoll und offen, und das ermöglichte ihr, ein neues positives Männerbild zu entwickeln. Christiane durchlief mit diesem jetzt neu verinnerlichten Männerbild noch einmal ihr damaliges Leben, wobei sie den Verlust ihres Freundes zunächst schon noch als schmerzvoll empfand. Nachdem sie ihn jedoch in seiner Einzigartigkeit, die vor allem in seiner Liebesfähigkeit lag, gewürdigt hatte, konnte sie sich jedoch nach einer Trauerphase wieder für die Beziehung zu einem anderen Mann öffnen.

Beim Future-Pace-Schritt konnte sich Christiane für ihr heutiges Leben sehr gut eine längere, enge und liebevolle Beziehung zu einem Mann vorstellen. Dieser Gedanke bereitete ihr keinerlei Ängste mehr. Und in bezug auf ihren Vater war in ihr der Wunsch entstanden, von sich aus Schritte auf ihn zuzumachen, um mit ihm eine Beziehung auf einer neuen Basis zu entwickeln, zumal ihr Vater sich einen guten Kontakt zu ihr immer schon gewünscht hatte. Es war Christiane selbst, die sich von ihm abgewandt hatte.

Ich habe in der Pastlife-Arbeit die Erfahrung gemacht, daß Menschen tief berührt sind, wenn es ihnen auf der Meta-Ebene des Höheren Bewußtseins gelingt, hinter die Masken der Persönlichkeit (sei es die eigene oder die anderer) zu schauen und die Seele sowie deren positive Absicht zu erkennen. Und da sind es nicht selten die Seelen, mit denen wir in tiefer Liebe verbunden sind, die uns die schmerzhaftesten Erfahrungen ermöglichen, damit unsere Seele lernen kann. Wenn wir das erkennen können, fällt es uns leichter, uns mit ihnen auszusöhnen.

14. Die Lernziele unserer Seele würdigen

Ich bin mir darüber bewußt, daß meine hier vorgestellte Methode, die Geschichte eines vergangenen Lebens umzuschreiben, bei einigen Vertretern der Reinkarnationslehre auf Widerspruch stoßen wird. Die meisten Pastlife-Therapeuten, die nach der Katharsis-Methode arbeiten, verändern mit dem Klienten nichts am damaligen Leben. Sie lassen alles, was jemals geschah, so stehen und betrachten es als vollkommen und vom Höheren Bewußtsein so vorgesehen. Sie sind der Meinung, daß wir in jedem Leben unser Ziel erreichen. Jegliches Übertünchen eines schmerzlichen Ausgangs mit einem „Happy End" wäre in ihren Augen vermessen, würde sich doch der begrenzte Verstand aufschwingen zu beurteilen, was das Beste gewesen wäre. Und schließlich stellt sich auch die Frage, inwieweit ein Therapeut überhaupt in schicksalshafte Abläufe eingreifen darf.

Wie immer liegt in allem ein Fünkchen Wahrheit. Diese Meinung habe ich auch einmal geteilt, bin jedoch durch die Pastlife-Arbeit mit Menschen im Laufe der Jahre dahin gekommen, diesen Standpunkt zu differenzieren. Ich bin inzwischen der Ansicht, daß wir bei weitem nicht in jedem Leben unser Lernziel erreichen, daß wir für eine Lektion oftmals mehrere Inkarnationen benötigen, bis sie von unserer Seele integriert wird.

Sicherlich habe ich zahlreiche Menschen in vergangene Leben begleitet, wo sich nicht die Notwendigkeit eines Change History ergab und sich das reine Durchleben vergangener Erfahrungen als hilfreich und heilsam herausstellte, seien dies jetzt negative oder auch positive Erfahrungen gewesen.

So konnte kürzlich eine Klientin in einer Sitzung erfahren, daß sie sich in einem vergangenen Leben intensiv mit Pflanzen, Kräutern und Heilkunde beschäftigt und schließlich sehr erfolgreich als Heilerin gearbeitet hatte. Dieses Leben war in sich „perfekt", wenn man in diesem Zusammenhang überhaupt von perfekt sprechen kann. Ihre Seele hatte damals das gelernt, was sie sich zu lernen vorgenommen hatte, und da gab es natürlich nichts zu verändern.

Der positive Effekt dieser Arbeit für ihr heutiges Leben lag darin, daß sie das Vertrauen in ihre eigenen Fähigkeiten bestärkte. Sie hatte vor einiger Zeit die Heilpraktikerprüfung erfolgreich bestanden und tat sich seitdem schwer, mit der Arbeit zu beginnen. Obwohl sie viel Wissen über Heilkunst und verschiedene Ausbildungen absolviert hatte, fehlte ihr noch das letzte Vertrauen in sich selbst, es zu schaffen. Die Erfahrung, bereits in der Vergangenheit erfolgreich in diesem Bereich gearbeitet zu haben, gab ihr schließlich den letzten „Kick", den sie noch brauchte, um schließlich Praxisräume anzumieten.

So können in früheren Inkarnationen gelebte Fähigkeiten zu Ressourcen für unser heutiges Leben werden, indem wir intensiv mit all unseren Sinnen in das Erleben und Ausüben dieser Fähigkeiten „hineinsteigen", sprich uns damit assoziieren. Warum andere Menschen modellieren, die wir wegen ihrer Begabungen bewundern? Modellieren wir doch unser eigenes früheres Selbst, wenn wir die Möglichkeit dazu haben!

Meiner Erfahrung nach hat sich gezeigt, daß es immer dann hilfreich ist, mit Change-History- oder Re-Imprinting zu arbeiten, wenn ein Klient ein Glaubenssystem verinnerlicht hat, das sich über mehrere Leben bis ins heutige hartnäckig verankert hat. Und in einem solchen Fall betrachte ich persönlich es als sinnvoll und auch legitim, die vergangene Geschichte ressourcevoll neu zu schreiben. Bedeutet das, was wir im Change-History- und Re-Imprinting-Prozeß vollziehen, nicht auch, daß wir unseren von Gott gegebenen freien Willen einsetzen, um aus einem erweiterten Bewußtsein heraus eine andere Antwort auf die Geschehnisse zu geben?

Die positive Absicht von Therapeut und Klient besteht ja gerade darin, daß der Klient von den Fesseln seiner Vergangenheit befreit werden soll, daß er herauskommt aus alten zwanghaften Programmierungen, die ihn bisher immer wieder von neuem zu ähnlichen Handlungen veranlaßten.

Gibt es überhaupt einen Unterschied zur Aufarbeitung des heutigen Lebens? Da gehen wir in der Time-Line-Therapie doch auch nicht zurück und erleben noch einmal den tiefen Schmerz des Kindes in uns, das vielleicht schon in den ersten Lebensjahren vom Vater brutal geschlagen wurde, und sagen: „Das lassen wir nun mal so stehen. Das ist vom Höheren Bewußtsein so vorgesehen und demnach Schicksal, und in das Schicksal dürfen wir nicht eingreifen." Das würde absurd, ja sogar lieblos klingen, nicht wahr? Und jeder würde meinen, dieses verletzte innere Kind sollte – auf welchem Wege auch immer – geheilt werden! Warum sollen wir also mit den Erfahrungen unseres früheren Selbst in einem vergangenen Leben anders umgehen?

Folgen wir der Reinkarnationslehre, so gibt es keine Zufälle – das heißt, Ereignisse fallen uns nicht zu, sondern sind von der Höheren Führung gelenkt, damit unsere Seele Lernerfahrungen „in der Erdenschule" machen kann. Und eben um diese Lernerfahrungen geht es. Wenn wir die Time-Line-Therapie ausweiten und vergangene Leben mit einbeziehen, so sollte neben den Entscheidungen und Glaubenssätzen in jedem Fall gemeinsam mit dem Klienten dessen Lernziel für das jeweilige Leben herausgearbeitet, gewürdigt und als Ziel erhalten bleiben.

Dabei hilft uns diese besondere Form der Meta-Position, die Ebene des Höheren Bewußtseins, von der aus wir von außen (oder von oben) die vergangenen Erlebnisse anschauen, um den höheren Sinnzusammenhang erfassen und schließlich alles als Teil des kosmischen Schauspiels erkennen zu können. Therapeut und Klient bilden auf dieser Meta-Ebene ein „Therapeuten-Team", das dem früheren Selbst entweder individuell oder systemisch zur Seite steht und Unterstützung gibt.

Wird die Geschichte des früheren Lebens zu schnell umgeschrieben oder „verschönt", so kann es leicht passieren, daß die Aufgabe, die sich die Seele gestellt hatte, nicht erkannt und dadurch übersprungen wird. Und – wie bereits erwähnt – Unvollendetes wird uns wieder begegnen, damit es vollendet werden kann.

Ein weiterer wichtiger Aspekt stellt die Aussöhnung des Klienten mit seinem früheren Selbst und seinen Handlungen dar. Das wird oftmals schon dadurch möglich, wenn er erkennt, daß nicht nur er diese bestimmten Erfahrungen auf einer höheren Ebene selbst gewählt hatte, sondern auch alle anderen mitbeteiligten Personen; so wie eine Gruppe von Schauspielern, die vereinbart haben, ein bestimmtes Stück auf der Bühne zu spielen. Und dabei haben sie sich jeweils vorher bereit erklärt, entweder die Rolle des Täters oder die des Opfers zu übernehmen.

Die Aussöhnung ist jedoch nicht immer so leicht wie im Fallbeispiel Nicole, die ihrem früheren Selbst – und damit natürlich sich selbst – sehr schnell verzeihen konnte. Damit es überhaupt zur Aussöhnung kommen kann, ist es unbedingt erforderlich, daß der Therapeut einen wertfreien Rahmen zur Verfügung stellt, das heißt, daß er selbst den Klienten nicht verurteilt, wenn dieser sich zum Beispiel in einem früheren Leben als Täter erlebt. Alle Themen, die von Schuldgefühlen begleitet sind, sollten sehr einfühlsam, behutsam und geduldig mit dem Klienten bearbeitet werden, und das kann unter Umständen mehrere Sitzungen erfordern.

Zusammenfassung einer erweiterten Time-Line-Arbeit in bezug auf vergangene Leben

Es gibt folgende Möglichkeiten in der therapeutischen Praxis – und hier spreche ich die TherapeutInnen an –, bei denen eine erweiterte Time-Line-Arbeit angebracht sein kann:

a) Spontan-Regression

Ein Klient kommt zu Ihnen mit einem bestimmten Symptom, und Sie versuchen mit Hilfe der Time-Line-Therapie dessen verursachende Ursprungssituation herauszufinden. Keiner von Ihnen beiden denkt dabei an die Möglichkeit, daß diese in einem vergangenen Leben liegen könnte. Der Klient findet sich jedoch plötzlich in einem solchen wieder, das heißt, es kommt zu einer – für Sie beide überraschenden – Spontan-Regression in ein früheres Leben, weil das Unterbewußtsein des Klienten es so beabsichtigte (wie im Fallbeispiel Nicole).

b) Auftrag vom Klienten

Ein Klient kommt zu Ihnen, der von sich aus bereits vermutet, die Ursache für sein Problem liege nicht in diesem Lebenszeitraum, sondern in einem vorhergehenden, was schließlich darauf hinweist, daß Reinkarnation zu seinem Weltmodell gehört. Er gibt Ihnen quasi damit schon den „Auftrag", beim Erforschen der Ursache vergangene Leben mit einzubeziehen.

c) Gemeinsame Entscheidung vom Therapeuten und Klienten

Ein Klient hat bereits viel an sich gearbeitet (sei es mit Ihrer oder der Hilfe anderer Therapeuten, Selbsterfahrungsgruppen etc.), und trotzdem gibt es da ein unbewältigtes, hartnäckiges Problemthema, das noch nicht gelöst werden konnte. Wenn Sie selbst offen dafür sind, die Möglichkeit einer Erfahrung aus einem früheren Leben ins Kalkül zu ziehen, klären Sie mit dem Klienten ab, ob dieser ebenfalls bereit wäre, die Time-Line-Therapie bewußt zu erweitern, das heißt sich in der Ursachenerforschung nicht auf dieses Leben zu beschränken. Hierbei sollte jedoch in jedem Fall das Weltmodell des Klienten entscheiden und niemals das des Therapeuten.

In welchen Fällen sollten keine Regressionen in vergangene Leben durchgeführt werden?

Wenn ein Klient von sich aus eine Regression in ein vergangenes Leben wünscht, sollte in jedem Fall vorher abgeklärt werden, was seine dahinterstehende Absicht und sein Ziel ist. Manche Menschen könnten zum Beispiel eine Rückführung dazu benutzen, ihr Ego „aufzupolieren", um sich von anderen abzuheben und als „weiter entwickelter" zu erscheinen („spirituelle Hierarchie"). Da hört man dann manchmal Aussagen wie: „Ich war Pharao" oder: „Ich war Napoleon" oder: „Ich war schon so viele Male hier, ich bin eine uralte Seele" usw. Es ist natürlich immer möglich, daß Menschen während der Regression ihr Wunschdenken und ihre Phantasie auf ihr früheres Selbst projizieren. Meiner Meinung nach können wir uns jedoch auch identifizieren mit Erfahrungen, die andere im Laufe der Menschheitsgeschichte gemacht haben und die alle im kollektiven Unbewußten gespeichert sind (archetypische Erfahrungen).

Bei all dem gilt jedoch: Die Geschichte ist unwichtig, wichtig ist nur die Lektion, die sich eine Seele vorgenommen hat. Im übrigen sollte Regression in ein vergangenes Leben dazu dienen, immer wiederkehrende Muster abzubauen und nicht, sie zu bestärken.

In den nachfolgenden Fällen würde ich persönlich ***nicht*** *zu einer erweiterten Time-Line-Arbeit in ein vergangenes Leben raten:*

- wenn die Möglichkeit der Reinkarnation dem Weltbild des Klienten widerspricht,
- bei Menschen, die stark dazu tendieren, vor dem Hier und Jetzt zu flüchten (dazu gehören auch Medikamenten-, Alkohol- und Drogenabhängige),
- bei Menschen mit extrem starken Ängsten und Zwangsvorstellungen,
- bei Menschen mit Wahnvorstellungen sowie psychotischen und schizophrenen Symptomen.

Der erweiterte Time-Line-Prozeß

Je nachdem, wieviel Zeit in einer Sitzung zur Verfügung steht, so ist es möglich, die einzelnen Schritte dieses Prozesses in einer Sitzung zu durchlaufen, es kann jedoch auch erforderlich sein, daß sich der Gesamtprozeß über mehrere Sitzungen erstreckt.

1. Die geeignete Regressionsmethode auswählen

Nachdem Sie mit dem Klienten das Problemthema (Symptom) abgeklärt haben, stimmen Sie die weitere Vorgehensweise für die Bewegung durch die Zeit auf ihn ab. Ist es jemand, der leicht in Trance-Zustände kommen kann, können Sie mit einer externalisierten Time-Line arbeiten (das unterstützt mehr die motorische Kinästhetik und Aktivität des Klienten). Handelt es sich um eine Person, die eher Schwierigkeiten hat, loszulassen und zu entspannen, bieten sich mehr imaginative Methoden an, bei denen der Klient entspannt sitzt oder liegt.

a) Externalisierte Time-Line

Lassen Sie den Klienten entsprechend seiner inneren Zeitvorstellung im Raum eine Time-Line markieren, auf der er sich „physisch" zurück in die Vergangenheit bewegen kann bis zum frühesten Erlebnis mit seinem Symptom. Aktivieren Sie in der Gegenwart das Thema, das heißt, identifizieren Sie das spezifische Symptom genauer (Gefühle, innerer Dialog, Bilder etc., die damit verbunden sind), und ankern Sie das. Lassen Sie den Klienten die ganze Zeit über am Gefühl bleiben, während er sich auf seiner Time-Line zurückbewegt bis zur frühesten Erfahrung mit seinem Symptom (halten Sie dabei den Anker).

b) Imaginative Regressionsmethode (innere Time-Line)

Begleiten Sie den sitzenden oder liegenden Klienten durch Anwendung des Milton-Modells in einen entspannten Zustand, wobei Sie – je nach Weltmodell des Klienten – sein Unterbewußtsein oder Höheres Bewußtsein um Unterstützung bitten können, ihn zur Ursprungssituation seines Symptoms zu führen.

Sie können den Klienten anregen, sich eine innere Time-Line vorzustellen, auf der all seine Erlebnisse gespeichert sind. Diese Zeitlinie führt von der Gegenwart sowohl weit zurück in die ferne Vergangenheit als auch nach vorn in die ferne Zukunft. Der Klient kann sich nun vorstellen, über diese Time-Line zurück in seine Vergangenheit zu schweben als körperloser Geist (lt. Milton Erickson) oder auf ihr entlangzulaufen, bis er zur Ursprungssituation seines Symptoms gelangt.

(Sicherlich gibt es noch weitere Regressionsmethoden, die ebenfalls sehr wirksam sind, jedoch hier nicht alle aufgeführt werden können.)

2. Den Übergang von der Time-Line in ein vergangenes Leben vollziehen

Wenn der Klient im entspannten Trancezustand zur Ursprungssituation in einem vergangenen Leben gelangt ist, können Sie fortfahren, wie im weiteren beschrieben.

Hatten Sie mit einer externalisierten Time-Line begonnen, und der Klient überschreitet die Grenzen von Geburt und Zeugung und findet sich selbst schließlich wieder in einem früheren Leben, so empfiehlt es sich meist, ab diesem Zeitpunkt die Time-Line zu verlassen. Lassen Sie den Klienten im Sitzen tiefer in das Erleben hineingleiten. Sie können ihn dabei unterstützen mit Fragen auf den verschiedenen Neuro-Logischen Ebenen: Wo bist du hier? Welche Jahreszahl schreibt man? Wer ist bei dir? Was hörst, siehst, fühlst, schmeckst und riechst du? (Umwelt, VAKOG); Was tust du hier? (Verhalten); Welche Fähigkeiten hast du? usw.

3. Das vergangene Leben erforschen

Lassen Sie anschließend den Klienten die wichtigsten Stationen und Ereignisse dieses früheren Lebens durchlaufen. Sie können von der Zeit und dem Ort ausgehen, wo er „gelandet“ ist und ihn in der Zeit weiter nach vorn gehen lassen oder aber – wie im Fall Nicole – zurückgehen in die Kindheit des damaligen Lebens. (Lassen Sie sich hier von Ihrer Intuition leiten!) Der Klient sollte dabei wählen können zwischen assoziiertem Erleben und dissoziiertem Von-Außen-Betrachten bei sehr schmerzhaften Erlebnissen. Greifen Sie während dieser Phase nicht in das Geschehen ein, und stellen Sie keine Suggestiv-Fragen, die ihn in eine bestimmte Richtung bringen könnten. (Statt zum Beispiel vorzugeben: *„Gehe jetzt einmal in dieses Haus hinein“*, können Sie es ihm und seinem inneren Geschehen überlassen durch eine Frage wie: *„Und was wirst du als nächstes tun? Gehst du in dieses Haus hinein?“*)

4. Entscheidungen und Glaubenssätze erkennen

Jeweils am Ende eines wichtigen Ereignisses, das mit dem Problemthema zusammenhängt, fragen Sie den Klienten, welche Entscheidung(en) er in diesem Moment für seine Zukunft trifft, und lassen Sie ihn dann diese Entscheidung(en) mehrmals laut wiederholen, damit die hiermit verbundenen unterdrückten Gefühle losgelassen werden können. Unterstützen Sie den Klienten auch darin, zu erkennen, welche Glaubenssätze und Generalisierungen er aufgrund dieser Erfahrung gebildet hat.

5. Den Sterbeprozeß erfahren

Begleiten Sie den Klienten bis zum Augenblick seines Todes. Hier lassen Sie ihn sein gesamtes Leben Revue passieren und nochmals seiner Entscheidungen und Glaubenssätze bewußt werden, die er aufgrund der Erfahrungen in diesem Leben gebildet hat.

Führen Sie ihn dann durch den Prozeß des Sterbens hindurch, wobei der Klient einen Tunnel visualisieren kann, durch den sein Geist hindurchschwebt durch Raum und Zeit in eine höhere immaterielle Dimension jenseits der materiellen irdischen Ebene. In dieser Phase kann es sein, daß er sehr intensive, transpersonale Erlebnisse hat (Wahrnehmungen von wundervollem Licht und Lichtwesen, Farben, Klängen, Naturbildern etc.). Lassen Sie ihm die Zeit, die er benötigt, um das voll auszukosten. Es unterstützt auch das nachfolgende Dissoziieren und hat darüber hinaus oftmals die Auswirkung, daß Ängste vor dem Tod, die dieser Mensch im jetzigen Leben hat, gemildert oder ganz aufgelöst werden können.

6. Das Lernziel der Seele erkennen

Von der Meta-Ebene aus, der Ebene des Höheren Bewußtseins, lassen Sie ihn anschließend noch einmal dissoziiert die Erfahrungen des vergangenen Lebens betrachten und den höheren Sinn erkennen. Fragen Sie ihn, welches Lernziel (positive Absicht) seine Seele sich vorgenommen hatte für diese Inkarnation.

Hat er dieses erkannt, fragen Sie ihn weiter, ob er glaubt, daß er (das heißt sein früheres Selbst) das Lernziel erreicht hat. Hier werden Sie dann meist an einen Punkt kommen, an dem sich der Bezug zum heutigen Leben herauskristallisiert: Es ist möglich, daß Ihr Klient erkennt, daß er alles gelernt hat, was seine Seele lernen wollte, daß das damalige Leben in sich vollkommen war, auch wenn es schmerzvolle Erfahrungen beinhaltete. Unter Umständen konnte schon das Durchleben der vergangenen Inkarnation eine ressourcevolle Erfahrung für das heutige Leben bedeuten. (Es kann auch den Fall geben, daß seine Seele eine Lektion gelernt hat, jedoch eine andere nicht, zum Beispiel in bezug auf eine karmische Beziehung zu einem anderen Menschen.)

Sehr häufig wird sich jedoch herausstellen, daß das Lernziel nicht erreicht wurde und seine Seele sich deshalb die gleiche Aufgabe für das heutige Leben erneut gestellt hat.

Zu diesem Zeitpunkt können Sie ihn auch bitten, sich vorzustellen, er schwebe über eine imaginäre Zeitlinie, die vom Ende des damaligen Lebens bis zum heutigen führe, um zu sehen, wie viele weitere Leben ebenfalls von diesem Thema beeinflußt und geprägt waren. (Möglicherweise erkennt er noch einige weitere – oder er beschränkt sich nur auf die damalige und die heutige Inkarnation.)

7. Das Lernziel (positive Absicht) würdigen und sich vergeben (Reframing)

Unterstützen Sie in jedem Fall Ihren Klienten darin, sein Lernziel zu würdigen, das heißt, seine ursprüngliche positive Absicht anzuerkennen, gerade dann, wenn er das Gefühl hat, damals versagt zu haben oder sich in irgendeiner Form schuldig gemacht zu haben.

Fragen Sie ihn (gemäß den NLP-Grundsätzen), ob er sich selbst verzeihen kann, daß er damals keinen anderen, besseren Weg zur Erreichung seines Zieles wußte. (Es kann unter Umständen erforderlich sein, das Thema „Schuld“ vielleicht in einer späteren Sitzung nochmals ausführlicher zu bearbeiten, wobei es davon abhängt, welchen Versagens der Klient sich schuldig fühlt.)

Wenn bedeutsame Bezugspersonen damals beteiligt waren, ist es möglich, diese auf der Meta-Ebene zu befragen nach ihrer positiven Absicht bzw. ihrem eigenen Lernziel. In vielen Fällen ermöglicht diese Erfahrung bereits ein Aussöhnen mit sich selbst und den anderen, weil man erkennt, daß auch sie ihre Erfahrungen selbstverantwortlich gewählt hatten.

Um karmische Beziehungen zu klären, ist es hilfreich, den Klienten zu fragen, ob er diese Seelen im heutigen Leben kennt und sie ihm in anderer Gestalt wiederbegegnet sind.

8. Ein Change History oder Re-Imprinting durchführen

Die nachfolgenden Schritte können sowohl in der inneren Vorstellung als auch unter Einbeziehung von Bodenankern und externaler Time-Line durchlaufen werden:

Bitten Sie den Klienten, sich aus der „Kino-Position" noch einmal seinen damaligen Lebensfilm anzuschauen, damit er erkennen kann, ab wann sein früheres Selbst sozusagen „vom Kurs abgekommen" war und welches die entscheidenden Situationen waren, die ihn geprägt hatten. Mit diesem Schritt leiten Sie den Change-History- oder Re-Imprinting-Prozeß ein.

Lassen Sie den Klienten die Ressourcen oder Wahlmöglichkeiten herausfinden, die seinem früheren Selbst (und/oder anderen beteiligten Personen) fehlten, die ihm jedoch im heutigen Leben zur Verfügung stehen (ggf. ankern Sie diese). Lassen Sie die Ressourcen vom Klienten auf sein früheres Selbst (bzw. die anderen beteiligten Personen) übertragen, so daß sich die Dynamik des Systems verändern kann.

Ab diesem Zeitpunkt sollte der Klient wieder in seinen Lebensfilm „hineinsteigen" und mit seinem früheren Selbst verschmelzen (wenn nötig, eventuell auch mit anderen beteiligten Personen), um dann die veränderte(n) Situation(en) mit den neuen Ressourcen und daraus entstehenden Wahlmöglichkeiten assoziiert – und das intensiv mit all seinen Sinnen – zu erfahren.

Lassen Sie den Klienten nun mit den Ressourcen den ganzen Weg entlang der Time-Line bis zu seinem damaligen Tod zurücklegen und ihn so die Geschichte des früheren Lebens neu schreiben. Bei all dem sollte das Lernziel der Seele nicht aus den Augen verloren werden, denn es geht darum, einen besseren Weg zu dessen Verwirklichung zu finden.

Am Ende des damaligen Lebensabschnittes bitten Sie den Klienten, seine Entscheidungen, Glaubenssätze und Generalisierungen unter Einbeziehung der neuen Erfahrungen auf den letzten Stand zu bringen, damit er in seinem heutigen Leben mehr Wahlmöglichkeiten erhält.

Sehr hilfreich ist auch ein kurzer Dialog zwischen früherem Selbst und heutigem Selbst, wobei die frühere Persönlichkeit der heutigen einen Ratschlag geben kann für ihren Lebensalltag.

9. Die Ressourcen und veränderten Glaubenssätze durch die Zeit zurück in die Gegenwart tragen
Ab diesem Zeitpunkt lassen Sie den Klienten zurückgehen auf der Time-Line (oder in der Imagination über die Time-Line schweben), um dann die Ressourcen (vielleicht in Form von Licht, Farbe, Klang, Gefühl, Symbol o.ä.) in alle Erlebnisse fließen zu lassen, die vom ursprünglichen Problemthema geprägt waren. Das können Erfahrungen in einigen weiteren Inkarnationen gewesen sein bis hin zu allen entscheidenden Erlebnissen im heutigen Lebensabschnitt.

10. Future Pace
Wenn Sie und der Klient in der Gegenwart wieder angelangt sind, fragen Sie ihn, wie die verinnerlichten Ressourcen und neuen Glaubenssätze seine Zukunft positiv beeinträchtigen können. Sie können ihn ermuntern, die aus der Vergangenheit mitgebrachten Ressourcen auf der Time-Line in die Zukunft mitzunehmen, sie dort irgendwo „einzupflanzen", damit sie ihn hier zukünftig auf dem Weg zur Erreichung seines Zieles wirksam unterstützen können. Fragen Sie Ihren Klienten zum Schluß auch, welche ganz realistischen kleinen Schritte er im Alltag in nächster Zukunft tun kann.

11. Den Klienten voll aus dem Trancezustand ins Hier und Jetzt zurückholen
Sollte sich der Klient während des gesamten Prozesses sitzend oder liegend in Trance befunden haben, so ist wichtig, die Trance vollständig zu beenden, das heißt, ihn von innen wieder nach außen in sein Alltagsbewußtsein und ins Hier und Jetzt zurückkehren zu lassen. Sicherlich sind Ihnen hier geeignete Methoden bekannt, zum Beispiel über den Atem, körperliche Bewegungen, alle Sinne ansprechen, von 10 auf 1 zählen usw.

***

Die hier vorgestellte Methode erhebt keinen Anspruch auf allgemeingültige Wahrheit. Sie stellt eine Landkarte und gleichzeitig das Ergebnis eines Entwicklungsprozesses dar, der wie jeder Prozeß nie endgültig abgeschlossen sein wird. Es würde mich freuen, wenn meine Anregungen und Impulse Sie dabei unterstützen und ermutigen, neue Wege zu gehen und Grenzen zu überschreiten, wenn es darum geht, die Fesseln der Vergangenheit zu lösen und alles in einem größeren Sinnzusammenhang zu sehen.

Ich lade Sie ein, liebe LeserInnen, mit diesem hier vorgestellten Time-Line-Modell Ihre eigenen Erfahrungen zu machen, zu experimentieren und – Ihrer Intuition folgend – es weiterzuentwickeln. Ich wünsche Ihnen viel kreative Inspiration, Freude und Erfolg dabei!

Literatur

ANDREAS, Connirae & Tamara, *Der Weg zur inneren Quelle*. Paderborn 1995, [2]1997

BANDLER, Richard & GRINDER, John, *Neue Wege der Kurzzeit-Therapie*. Paderborn 1984, [12]1997

BATESON, Gregory, *Geist und Natur*. Frankfurt 1982

BATESON, Gregory, *Ökologie des Geistes*. Frankfurt 1981

DILTS, Robert, *Die Veränderung von Glaubenssystemen*. Paderborn 1993

DILTS, Robert, *Identität, Glaubenssysteme und Gesundheit*. Paderborn 1991, [3]1995

GROF, Stanislaf, *Alte Weisheit und modernes Denken. Spirituelle Traditionen in Ost und West im Dialog mit der neuen Wissenschaft*. München 1986

GROF, Stanislaf, *Geburt, Tod und Transzendenz. Neue Dimensionen in der Psychologie*. München 1985

GROF, Stanislaf & Christina, *Jenseits des Todes. An den Toren des Bewußtseins*. München 1984

JAMES, Tad & WOODSMALL, Wyatt, *TIME LINE*. Paderborn 1995, [6]1998

NLP-Ausbildungen und -Fortbildungen, Meditationswochen, Kreativitätstrainings

Kay Hoffman
Freischützstraße 110/803
D-81927 München

Tel.: 089/952336
Fax: 089/952446

Seminare, Fortbildung, Einzelberatung

Ursula Gerken-Haberzettl
Neuwerker Weg 33 B
D-90547 Stein bei Nürnberg

Tel.: 0911/6707603
Fax: 0911/6707604

Innen und außen verbinden sich

212 Seiten, kart.
DM 34,80
ISBN 3-87387-344-3

Persönliches Wachstum und spirituelles Erwachen können durch eine tiefe Form der Selbsterfahrung unterstützt und gefördert werden. Eine empirische Absicherung für die moderne Bewußtseinsforschung und die Transpersonale Psychologie leisteten besonders Stanislav und Christina Grof. Rüdiger von Roden verbindet in seinem Konzept des *Erlebens erweiterten Bewußtseins* das Holotrope Atmen nach Grof mit der Arbeit im archetypischen Kraftfeld. Sie ist hervorgegangen aus der von ihm seit 1981 für seine Gruppen- und Einzelarbeit entwickelten *Psychoenergetik*. Das Buch ist geeignet für allgemein Interessierte an energiefördernder Selbsterforschung - besonders auch für im psychosozialen Bereich Tätige, die ihre eigene Erfahrung durch geführte Transformationsarbeit bereichern und erweitern wollen und neue Impulse für ihre physische, psychische und spirituelle Arbeit mit Klienten suchen.

Rüdiger von Roden, Jahrg. 1955. Psychotherapeut und Heilpraktiker. 1977-1981 Schüler, dann Mitarbeiter von Graf Dürckheim und Maria Hippius. Von Stanislav und Christina Grof persönlich autorisiert, Holotropes Atmen und Transpersonale Psychologie zu vermitteln. Entwicklung der *Psychoenergetik*. Ausgedehnte Seminartätigkeit und Leitung von Ausbildungsgruppen.

JUNFERMANN VERLAG ● Postfach 1840
33048 Paderborn ● Telefon 0 52 51/3 40 34